图书在版编目（CIP）数据

清波寻宋 / 刘路著. -- 石家庄 : 花山文艺出版社, 2023.9

ISBN 978-7-5511-0538-5

Ⅰ. ①清… Ⅱ. ①刘… Ⅲ. ①中国历史—宋代—通俗读物 Ⅳ. ①K244.09

中国国家版本馆CIP数据核字(2023)第169733号

书　　名：清波寻宋
　　　　　Qingbo Xun Song
著　　者：刘　路

统筹出品：浙江大春传媒有限公司　南宋书房
特约编辑：赵群伟　王晓宇
责任编辑：郝卫国
责任校对：李　伟
排　　版：壹品设计
封面设计：石　几
美术编辑：王爱芹
出版发行：花山文艺出版社（邮政编码：050061）
　　　　　（河北省石家庄市友谊北大街330号）
销售热线：0311-88643299/96/17
印　　刷：杭州捷派印务有限公司
经　　销：新华书店
开　　本：700毫米×1000毫米 1/16
印　　张：21
字　　数：297千字
版　　次：2023年9月第1版
　　　　　2023年9月第1次印刷
书　　号：ISBN 978-7-5511-0538-5
定　　价：98.00元

清波寻宋

刘路 著

花山文艺出版社
河北·石家庄

序　一

《清波寻宋》编委会请我为该书写一个序，我拿到样稿，读之，爱不释手。关于宋的书我读过一些，可读性如此强的还真的不多。读罢，我的感受：一是内容丰富，全书全方位地讲述了宋时多位皇帝、许多名人、各种名胜、街巷建筑和宋韵风情故事，读了此书，对南宋和南宋的杭州会有一个比较清晰的了解与认识。二是可读性很强，各种故事，信手拈来，娓娓道来，文笔很是鲜活，文风相当雅正，可以说是“传统文化，时尚表达”的一个好案例。三是插图非常丰富，有宋时画图，有当代摄影，有碑文影印，有书家题签，可以说是图文并茂、雅俗共赏。我认为是一本值得一读的书。请读者沏好茶，放下杂事，捧书慢慢地品。

宋朝是一个很值得品味的朝代，过去对这个朝代的评价不太公允，有许多偏见。其实，宋绝对是一个伟大的朝代。它是一个经济总量为世界第一的富裕朝代，一个中国历史上对外最开放的、设立海关最多的朝代，一个中国历史上城市化率最高的朝代，一个把中国的四大发明完成了三大发明的朝代，一个崇尚雅文化、以“高雅、典雅、优雅、儒雅、风雅”为显著特点的朝代，一个英雄主义极盛的朝代，也是一个最后一个皇帝跳海殉国、跟着的数万军民一起跳海以明气节的朝代。别说宋朝是一个小朝廷，它是中国封建社会 2000 多年历史中，唯一持续了 300 多年的朝代。当然，宋朝也像许多的朝代一样，有昏君、有奸臣、有小人，有令当今的人直摇头的许多人与事。但是，数百年来，当中华民族到了危急时刻，我们总是把宋代人的诗词拿出来激励彼此——陆游的、岳飞的、李清照的、辛弃疾的、文天祥的等，所以我们应该对这个朝代的人们与气节心怀敬意。

南宋建都临安，是南宋的不幸又是大幸。在浙江这块神奇的土地上，南宋经过江南文化的滋养、富足经济的支撑、勤劳的南宋人的奋斗，创造出了许多经济社会发展的奇迹，也积淀了无数的文化财富。

三面湖山一面城的临安，西湖的每一滴水都充满了文化。于是西湖之畔的古清波门这个地方，就以“清波”两字荡漾着无数催人泪下的壮烈、直抵人心的情怀、风雅无边的往事、随时流淌的风情。读读宋时的文化故事，我们会对千年的过去、对现在有更深的感悟，会对无数前人用脚掌磨过的杭州有更多的认识，也会对人生有更多的体验与感怀。

宋代人最爱读书，宋代的书院是唐代的十倍之多。书院是宋代人围绕着书，开展包括藏书、读书、教书、讲书、修书、著书、刻书等各种活动的文化场所，爱读书是宋代人给我们留下的生活习惯，也是最值得今人倡导的生活方式。我们无法改变生命的长度，但是，多读读书，我们可以增加生命的厚度。

读了这本书，相信读者们再次漫步西湖时，会放轻脚步，细细欣赏，在先贤足迹之上，留下自己的感悟。

胡　坚

序 二

清平乐·清波寻宋

孤篷试卷，看满江红遍，一跃龙飞开玉辇，留取丹心辉简。　四方昭炳云雅，湖山水洞谁家，柳浪晓春笑语，钱塘自古繁华。

每一座城市，都有自己独特的气质。在漫漫的历史长河中，或早或晚，一座城市总会迎来自己的蝶变时刻。那一刻，她被塑造性格，被赋予灵魂，从此卓尔不群。

杭州的蝶变，无疑发生在宋代。“三秋桂子，十里荷花”，文人雅客不吝笔墨，终将娟秀湖山，化作落入凡间的天堂。而南宋皇室的迁播驻跸，又阴差阳错，让这座“东南第一州”一跃而为“大宋第一州”，由此荣登中华古都之列。

绍兴年间，杭州城在西城墙的中部，开凿了一座全新的城门。门外绿柳成荫，碧波荡漾，于是，城门有了一个颇为诗意的名字——清波门。

清波是一个很小的地名，小到只是一座城门；清波又是一个很大的地名，自宋人周煇写了“清波二志”，“清波”便成为杭州的雅称。时至今日，清波门早已在万古千秋中风化得无影无踪，只留下今人树起的一座纪念碑，任人叹咏凭吊；而“清波”一名，却在当代的杭州留下了抹不去的深刻记忆，这便是今日杭州市上城区的清波街道。

在清波寻找宋韵，是一件轻松又繁复的事情。轻松，是因为清波处处有宋，处处可寻。八百年未变的地名，八百岁高寿的古树，八百年从未干涸的钱塘大井，还有一不留神，就与八百年前的古人打个照面的街头巷口。漫步于西湖畔的柳浪闻莺，穿梭于御街上的皇城小镇，仿佛八百年前的杭城临府从未走远，我们仍然置身其中。

繁复，还是因为清波处处有宋，处处可寻。且不说别的，就说与清波结缘的那一串名人名单，就足以让人眼花缭乱，惊叹不已。皇帝如宋高宗赵构、宋孝宗赵昚、宋光宗赵惇、宋宁宗赵扩、宋理宗赵昀，皇后如元祐皇后孟氏、慈懿皇后李凤娘、恭圣仁烈皇后杨桂枝、寿和圣福皇后谢道清，妇孺皆知者如柳永、范仲淹、欧阳修、蔡襄、周敦颐、沈括、苏轼、秦观、李清照、岳飞、杨万里、朱熹、刘松年、陆游、文天祥，名动一时者如赵抃、陈襄、苏颂、周邠、仲殊、郎简、张俊、杨沂中、徐度、施全、洪迈、周必大、周煇、王明清、楼钥、赵汝愚、张杓、韩侂胄、郑清之、岳珂、赵与篡、方回、周密……难怪有人评价：这简直是一个“神仙街道”。

清波传承着宋韵的精神图腾，承载着杭城的两大气质，它是宋代的三大中心，更是湖山秀色与繁华城邑的完美交融。

清波传承着宋韵的精神图腾。从开两宋士风之先的范仲淹，到“留取丹心照汗青”的文天祥；从“笑谈渴饮匈奴血”的岳飞，到刺杀秦桧的施全；从

清波全景图（吴海平　摄）

“欲斩佞臣头”咒骂秦桧的黄中辅，到“休说渠家末世孙”怒斥韩侂胄的匿名诗人……两宋优秀士大夫的“致君行道”理想与优秀武将的“尽忠报国”精神，在清波代代传承，生生不息。

清波承载着宋代杭城的两大气质：一方面，一座朝天门，将大内皇城与民间街坊分割开来，在官民之间画出了界限，透出“官民之别”的气质；另一方面，皇城门口的市场，半开放的御园，民坊间的朝廷机构，闹市里的王府后宅，又让这道界限模糊不清，让人沉浸在“官民同乐”之中。既“有别”又“同乐”，看似矛盾的两大气质，在清波确实如此和谐统一。

清波是宋代的政治重心、文化核心和商业金融轴心。

清波是宋代的政治重心。有南宋“天安门”之称的朝天门，南宋京尹坐镇的临安府治，清河郡王张俊的府第，全部落户清波。从清波的坊巷里，走出了宋宁宗和宋理宗两位皇帝；也有四位皇后走入清波，建立家庙。抗击金军、淳熙内禅、绍熙内禅、庆元党禁、嘉定更化、理宗即位，这些南宋政治史上的重大事件，都与清波有着千丝万缕的关联。

清波还是宋代的文化核心。学术教育、文学艺术、新闻信息、图书出版、科学技术，宋代文化的各个方面都离不开清波的影响。学术教育方面，清波有大学，也有大师。位于清波的临安府学，一度还是南宋的临时太学，日后更发展成为杭州的孔庙。清波不仅有传说中周敦颐的祠堂，更有朱熹在此驻足。文学艺术方面，清波留下了苏轼、秦观、杨万里、陆游的诗，柳永、李清照的词，欧阳修的文，蔡襄的字，刘松年的画，一个街道就是一座顶级的大宋文学艺术馆。清波是大宋发达的新闻信息中心，收发官方新闻的进奏院就在朝天门下，传播小道消息的小报更是在朝天门外满天飞。清波还是大宋繁荣的图书出版中心，这里有著名的学术出版社，有接地气的大众出版商，更有修书又藏书的国家图书馆。最后，清波在科技领域也有一席之地。南宋初年的三架浑仪，有两架就保存在清波。

清波是大宋的商业金融轴心。一街一河，奠定了 12 至 13 世纪清波的经济地位。一条繁华御街，熙熙攘攘八百年，至今仍然是杭城首屈一指的商业街。无数金银珠宝、有价证券在这里交易，使清波又成了南宋的金融中心。一条繁忙运河，使杭州既是大运河的起点，又是海上丝绸之路的腹地。

城邑的繁华，不能掩盖清波的湖光山色。不愿坐在衙门里的苏东坡，要泛舟娟秀灵妙的西湖，才肯处理案牍；御街河坊里的达官巨贾，也要登上钟灵毓秀的吴山，才能观灯赏月。欧阳修一句“盖钱塘兼有天下之美，而斯堂者，又尽得钱塘之美焉”，便让清波吴山上的有美堂凌天下湖山绝顶，美尽于此，无求于他处。

就让我们一起，踏上这条清波寻宋之旅，品味“神仙街道”的两宋文化底蕴，在时空的交织中，共同感受那来自历史的温度。

刘　路

目录

第一章　孤篷试卷

清波之道——贤士大夫的“行道”之路

第二章　看满江红遍

清波之志——良将志士的舍生取义

第三章　一跃龙飞开玉辇

清波之贵——走进闹市的王室贵胄

第四章　留取丹心辉简

清波之气——浩然正气的天府京尹

第五章　四方昭炳云雅

清波之学——继往开来的文章大业

第六章　湖山水调谁家

清波之韵——文人墨客的诗情画意

第一章　孤篷试卷

清波之道——贤士大夫的『行道』之路

昨夜扁舟雨一蓑，满江风浪夜如何？
今朝试卷孤篷看，依旧青山绿树多。

——［宋］朱熹《水口行舟二首》（之一）

一　宴游兴造：范仲淹的“看不见的手”

刘忠顺的疑惑

◉

宋仁宗皇祐二年（1050），初春的微风早早拂过杭州，城外西湖的东南岸，悄然泛起了若隐若现的碧波。吐绿的柳丝间，三两只黄莺正在追逐穿梭，不时停歇在枝头，婉转吟唱，那歌声清越明亮，宛若清晨里一曲唤醒沉眠的小调。

又是一阵风吹过，柳浪纵横，小调骤停。黄莺已惊得四散，只留下西湖水

[宋] 李嵩绘《西湖图》（上海博物馆藏）

面的层层涟漪，仿佛是湖水在寒气未尽的风中打着寒战。刚刚还有着几分春意的绿光，转眼就在风凉水冷中，透出了逼煞人的清冷，它提醒着人们，谁才是这个季节里真正的主角。

然而，这份清冷却阻挡不住杭州人的热闹。今天并不是什么特别的日子，可一大早，就有不少人出了杭州城，直奔这片“柳浪”而来。他们或成群结队，或形单影只：有手捧供品、一脸虔诚的达官贵人，也有拎着锯子、提着油漆桶的各色工匠，甚至还有推着小车扛着木料来的“施工队”。这明显不是一路人，可他们的去处却又出奇地一致——临湖的寺庙。

后世以“柳浪闻莺”闻名于世的西湖东南岸，在北宋时却是杭州城外著名的“寺庙区”。从涌金门至钱湖门，自北而南，依次分布着灵芝崇福寺、慧明院、水心保宁寺、兴福院、法善院、宝成院等庙宇，它们均修建于五代宋初，百年间香火未绝。

[清] 董邦达绘《柳浪闻莺》（台北故宫博物院藏）

在渐行渐密的人流中，有一人显得十分特殊。一袭黑色罗制圆领衫在人群中并不显眼，但却与他那灰白的头发形成了鲜明对比。与身边那些急匆匆奔向目的地的人们不同，他踟蹰不前，似乎并不确定自己要去拜哪座庙门。这时，几座寺庙突然像说好了似的，一同叮叮当当，响起了嘈杂的敲击声。那人听了，眉头便是一皱，这使他本已皱纹纵横的老脸上又多了几道深深的沟壑，深陷眼窝的双目却因此反而突了出来。他冷冷地盯着身旁行色匆匆的人们，满目都是沮丧与不安。

终于，这位年过花甲的老人就近迈入了兴福院的山门，可首先映入眼帘的却是一个大汉与和尚的辩论。原来，大汉刚刚在朝天门外看到兴福院的招工告示，便兴致勃勃地前来应招。可见了负责施工的和尚，他才发现这工钱给得太少了。两人因此掰扯起来，最后还是大汉无可奈何地屈服了。

不过是为了一口饭，唉！花甲老人在心中不禁哀叹。不远处，善男信女们已经开始焚香膜拜，有人三跪九叩，有人挥金捐赠，有人暗自流下了泪水……每个人的方式虽不尽相同，但分明都在祈求一份平安——至少是心中的一点儿宁静。人人脸上都写着“虔诚”二字，可是两个字放在一起，却分明刻出了一个“愁”字。

良田遍野的三吴之地，此刻却在闹饥荒。

杭州城的一把手——知杭州军州事（简称“知州”）倒是第一时间开了粮仓赈灾，可城里的储备粮只能解眼下的燃眉之急，后面的日子怎么办？人们会被活活饿死吗？这可不是危言耸听。杭州粮食紧缺，粮价随即一路狂飙，平日里六七十文钱一斗的大米，前一阵已经涨到了一百二十文，足足翻了一番。

米商哄抬米价，大家只好寄希望于知州大人出手打击，可没想到这位知州竟然公开支持米商继续涨价。现如今，杭州的大米已经涨到一百八十文一斗了，是平日里价格的三倍！

有意思的是，州府的衙役们还沿着城外水路，在沿岸到处张贴官府的告示。告示不仅详述了杭州饥荒的灾情，还公然宣称城中的米价已经高达一百八十文一斗，好像生怕朝野上下无人不知杭州官府支持米商哄抬米价。

正当人们怀疑知州大人在发“国难财”时，杭州城里的寺庙突然集体大兴土木，纷纷贴出告示，招工修缮寺院。可这些寺庙就像是结成了价格联盟，招工的工钱比平时给的都要低。而这个主意，竟然又是那位知州大人出的。知州曾经把各寺庙的住持召集起来，开了个会，会议的基本精神就是现在闹灾荒，工价肯定比平时低，你们不趁机大兴土木，还等什么呢？不仅如此，这位知州自己竟然也趁火打劫，低价招工，给官府修粮仓、修办公楼甚至修宿舍，仅仅一天，就招工上千名。

一边是操纵粮价飞涨，一边是操纵工钱骤降；一边是地里青黄不接，一边是州城大兴土木。这已经不是“割韭菜”了，而是连根拔起！花甲老人越想越气，他很想带着这些廉价工匠和买高价米的杭州灾民，去凤凰山脚下的杭州州治找知州讨个说法。但他知道，去了也是白去，因为肯定会扑个空。

此时此刻，知州大人正带着州里的官吏泛舟游于西湖之上。刚刚走出兴福院来到西湖畔的花甲老人，正远远地望着湖上这群敲骨吸髓、不务正业的“浑蛋”。就在这时，不远处的湖面上突然响起了划船竞技的擂鼓声，那低沉的鼓点与寺庙施工的捶打声交织在一起，让人有一种说不出的烦闷。

花甲老人的情绪终于爆发了。他怒气冲冲地转身离去，什么也顾不得了。他要回到自己的官署，现在、立刻、马上，写奏章弹劾这个“不恤荒政，嬉游不节”“公私兴造，伤耗民力”的“昏官”！

皇祐二年，一生清廉刚正、开两宋士风之先的范仲淹已经六十二岁了，他身在杭州，仍然不得不面对这场“恶战”。

不过，与你想象的不同，在这场“恶战”里，范仲淹并不是正气凛然、弹劾昏官的花甲老人，而是那位被弹劾的“昏官”。

什么？有没有搞错！这还是范仲淹吗？在中国，你可能不知道宋仁宗是谁，但只要接受过基础的文化教育，就一定听说过范仲淹的大名。那个以主导庆历新政和“先天下之忧而忧，后天下之乐而乐”而闻名的范仲淹，难道也像“凿壁偷光”的匡衡、写《悯农》的李绅一样，在飞黄腾达后人品出现了“神反转”？

这不仅是你的疑惑，也是那位花甲老人——新任两浙转运使刘忠顺的疑惑。刘忠顺比范仲淹大两岁，两人是同龄人。他本以为，与朝野公认的君子范仲淹共事，当是一段佳话。谁承想，甫一至杭，就遇到了这样的范仲淹，这未免与朝野间的公议相去太远！作为转运使，刘忠顺有监察辖区内各州官员的职责。眼看范仲淹这般胡来，刘忠顺终于忍无可忍，遂奋笔疾书，他要用一纸弹章将范仲淹赶下马。

面对怒发冲冠的刘忠顺，范仲淹只是从容地笑了笑。十多年过去了，他依然是那个敢去皇帝家门口拍门强谏的刚正直臣。但知州不是谏官，要解决老百姓的吃饭问题，光靠一身正气两袖清风是远远不够的。

得有办法。

用市场调节粮价

◉

现在最让范仲淹头疼的，还不是粮食价格，而是导致粮价暴涨的原因——杭州没粮食；而导致杭州没粮食的原因又不在杭州，而在杭州以北的太湖平原。

北宋的杭州一共辖九个县，其中钱塘、仁和二县设在杭州城里。杭州九个县虽然也产粮食，但产量有限。杭州人能够吃饱肚子，主要依靠的是太湖平原。地处太湖平原的湖州（今浙江省湖州市）、秀州（今浙江省嘉兴市）、苏州、常州，在当时与杭州一样，同属两浙路。虽然那时尚没有“苏常熟，天下足”的名谚，但这一地区已是举足轻重的天下粮仓。

可如果“苏常不熟”呢？天下足不足不好说，但包括杭州在内的两浙州县一定会饿肚子。眼下杭州的饥荒，就是太湖平原歉收引起的。而且这次饥荒来得毫无征兆，两浙路各州的知州们被打了个措手不及。

遇到这种情况，最基本的操作除了开仓放储备粮赈灾外，那就是向各地借调粮食了。但问题是，杭州最大的粮仓太湖平原自己都歉收了，杭州周边的其他各州也都仰仗着太湖平原吃饭，现在各州知州不跑到杭州借粮食就不错了，哪还有余粮拿来救济你？

当然，虽然说是粮食歉收，但并不意味着家家户户都歉收。何况平日里大小米商一定也有囤粮，甚至可能有奸商正在囤积居奇。要是能让他们来支援，杭州至少能平安熬过歉收岁月。问题就在于，这些民粮大部分同样出自太湖平原。范仲淹一个杭州的知州，总不好跑到别人的地盘上借粮食。

显然，通过行政力量来支援杭州，需要更高的权限，范仲淹此刻并没有这样的权限。走这条路，必然要面临繁复的手续和无休止的官场扯皮。在朝中和地方上做了这么多年官，范仲淹太明白其中的利害。等你把粮食要来了，杭州

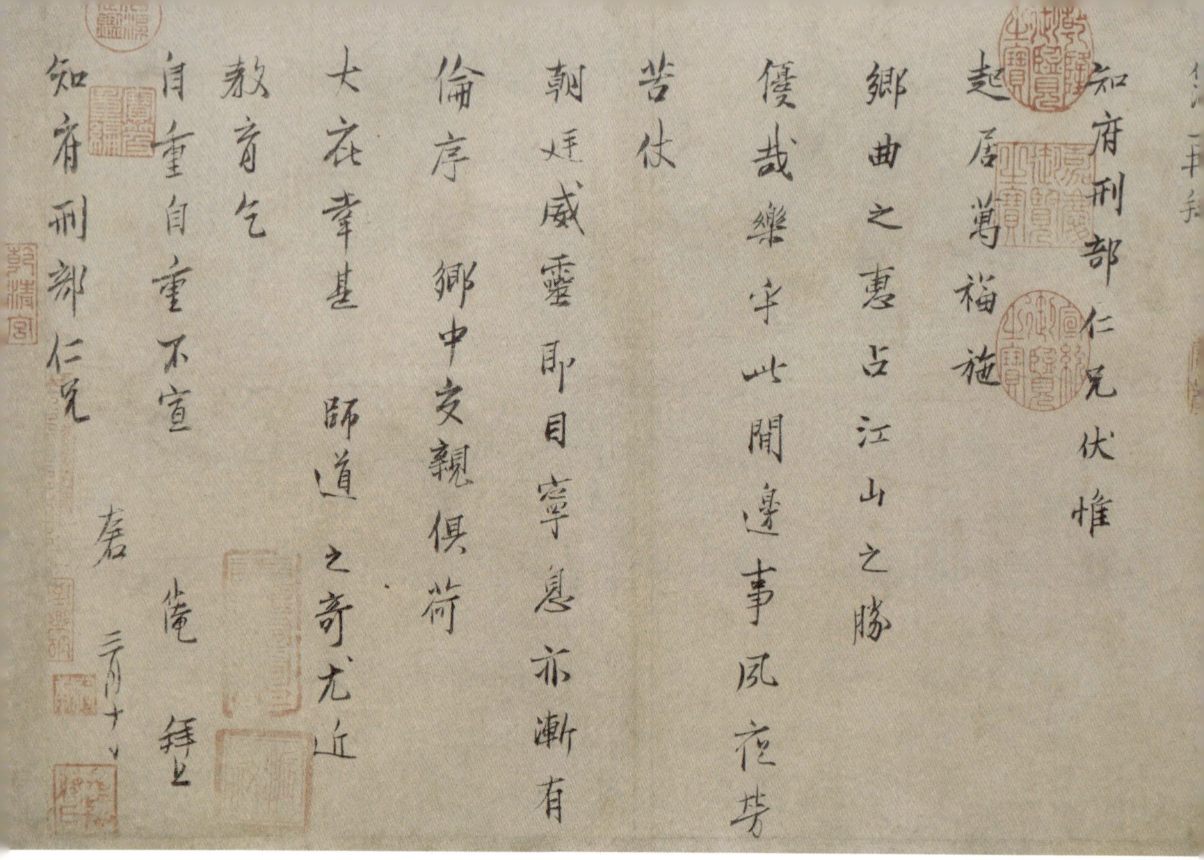

［宋］范仲淹书《二札帖》（北京故宫博物院藏）

恐怕已经饿殍遍野了。

想到这些，任何一个有良知的士大夫都未免愤怒与无奈，比如刘忠顺。但他们除了按照规则来尽力协调救济，也确实别无他法。

遭遇天灾，是两浙百姓的不幸；遇到范仲淹，则是杭州百姓不幸中的大幸。

范仲淹并没有被传统的救灾路径困住。

商人都是用脚投票的，他想来，你拦也拦不住；他不想来，你拽也拽不来。他们这双脚，当然是哪儿有利润往哪儿走。于是乎，范仲淹亲自上阵，开出了每斗米一百八十文的天价，吸引米商来杭做生意。杭州城水网便利，北有直通太湖平原的运河，南有贸易码头云集的钱塘江，连接两端水路的盐桥河，也就是今天杭州市内的中河，又穿城而过。在这种地方发布告示，就不怕江南的米商得不到消息。

果然，杭州米少价贵的消息迅速传遍江浙，就在刘忠顺的弹章北寄开封之际，江南米商正驾着大大小小的船只，披星戴月赶往杭城，生怕别人抢了先机。就这样，粮食源源不断地涌入杭州，不仅杭州人松了一口气，粮价也在迅速回落，没过多久，便跌回了每斗一百二十文钱。虽然还是要比平时高出一倍，但至少杭州人花钱就能买到粮食，不会活活饿死了。

以工代赈，两难自解

即便如此，范仲淹仍对高涨的米价耿耿于怀。虽然在开出一百八十文的天价时，他就已经料到，随着粮食大量入杭，米价一定会回落，但这毕竟需要时间。即便是一百二十文，也仍然是高价。对于富贵人家来说，吃这样的高价米尚能够暂时忍一忍；可对于贫困人家来说，恐怕饥荒还没挨过去，家就先破产了。

范仲淹也想过，由官府出面购粮，再贱卖或干脆免费发放给灾民。可杭州九县人口近百万，仅杭城内外就有十几万人，如果全靠官府救济，一两个月就能吃掉全州一年的财政收入。可见，完全依靠杭州官府救济，难以持久。

官不灵，就只能靠民。可哪怕是富人的钱，那也不是白来的。强征也好，劝他们救济穷人也罢，效果不好还容易惹得怨声载道。如何让这些富人肯为穷人的粮食买单，还买得心甘情愿甚至心花怒放，范仲淹不得不动一动脑筋了。

北宋的杭州人有两大爱好，一是喜欢划船比赛，二是喜欢做佛事。范仲淹便投其所好。一方面，他放任民间在西湖上竞渡，甚至连他自己都亲自带上州府属吏，跑到西湖上设宴。一州之长整天在西湖上搞“直播”，杭州城里的民众不管是富贵还是贫贱，也都一窝蜂似的跑到湖边围观。紧接着，就有富裕人家投资举办比赛，或者大摆筵席。于是，有人靠划船挣到了奖金，也有人跟着

范仲淹像（南薰殿旧藏《历代圣贤人像》册，中国国家博物馆藏）

到筵席上蹭吃蹭喝。这也就难怪杭州城里会万人空巷了。

另一方面，范仲淹找来了杭州各个寺院的住持，给他们出谋划策，也就是最开始出现的那一幕：范仲淹亲自劝说各寺住持，趁着闹饥荒工价低，赶紧大兴土木，于是杭州各大寺院齐刷刷地开始动工。那寺庙开工的钱从哪儿来呢？经常去寺庙的朋友都知道，寺庙建个塔，造座像，往往会公开募捐，与善男信女结缘。那些信奉佛教的富裕人家，也愿意为寺庙出一份绵薄之力，为自己和家人祈求平安。

于是，我们便看到了这样的场景：富人们捐钱给寺庙，寺庙通过大兴土木，以支付工钱的方式，将一部分捐款，或者是一部分等价的粮食，转移给了工匠。而这些工匠，大多数都属于贫民。在这个过程中，城里每天有数万人因此而生活无虑。

范仲淹这一番操作下来，富人获得了精神满足，寺庙改善了建筑环境，穷人也拿到了救济款，大家都非常满意。与此同时，杭州的官府也开始募工，修缮仓库和办公衙署。特别是修缮仓库，这是为日后救灾做准备。

刘忠顺的弹章递上去以后，范仲淹也写了自辩的文字。他特别解释，自己之所以这么做，就是为了让全社会那些有余力的人，能拿出闲置的钱财，来救济贫苦的人们。这样从春至夏，杭州城里一直是热热闹闹的，不但杭州的百姓没饿死，杭州城还焕然一新。人们吃饱了肚子，每天还元气满满，迎接新一天的美好生活。就这样，杭州平安度过了饥荒。

这年十一月，在杭州任期已满的范仲淹徙知青州，而另一位为人们所熟知的人物在一年后走进了杭城，他就是沈括。沈括本来就是钱塘县人，对杭州有着天然的挂念。当吴中饥荒之时，二十岁的沈括正在苏州的舅舅家里读书。苏州地处太湖平原，沈括自然也身处饥荒之中，好在家境殷实，让他躲过一劫。

皇祐三年（1051）十一月，沈括的父亲在杭州老家病逝，沈括急忙从苏州赶回杭州。沈括得知了范仲淹救灾的事迹，后来便将范仲淹“宴游兴造”的救灾之法，写进了自己那部著名的《梦溪笔谈》。据沈括回忆，在皇祐二年的那场饥荒中，除了杭州，两浙各州都出现了灾民流徙的情况——出门讨饭吃。只有杭州，一派晏然，仿佛什么都没发生过。沈括说：“岁饥发司农之粟，募民兴利，近岁遂着为令。既已恤饥，因之以成就民利，此先王之美泽也。”在沈括眼里，正是范仲淹开创了宋代的新式赈灾模式。后来赵抃治越、苏轼守杭，遭遇旱涝蝗灾，或修城墙，或疏河道，莫不继承范仲淹的“以工代赈”。

成书于南宋初年的《能改斋漫录》则记录了范仲淹通过提升米价来赈灾的特殊方法。书中还提到，数年后，担任知庐州（今安徽省合肥市）的包拯以同样的方式，解决了庐州在饥荒中断粮的问题。

作为宋代优秀士大夫最杰出的代表之一，范仲淹不仅拥有“先忧后乐”的思想境界，而且拥有常常被人们忽视的政治智慧。他并不知道什么是“看得见的手”，什么是“看不见的手”，但他尊重不同的阶层，懂得市场规律，以一种在时人看来不可思议的方式，将士大夫“致君尧舜”的美好理想，落实到他治下每个人的身上。

世上本没有路，走的人多了，也便成了路。范仲淹的灵光一闪，为两宋士大夫开辟了一条康庄大道。而今天的杭州清波，也因为曾经的大河古刹，将这道灵光永远保留了下来。

二　所临有声：赵抃治杭与宝成寺传说

“老实人”发飙

熙宁二年（1069）二月，王安石出任副宰相（参知政事），熙宁变法就此拉开序幕。知杭州的人选一时变得微妙起来，来任职者常常是朝中的反对派。熙宁三年（1070）四月，杭州就迎来了这样一位反对派“大佬”，他就是原参知政事赵抃。

变法之初，朝中的宰相机构里共有五位宰执，分别是首相曾公亮、亚相富弼和副相赵抃、唐介、王安石。时人用“生、老、病、死、苦”来形容这五个人。“生”指王安石，生机勃勃，锐意改革；“老”指曾公亮，因年老而依违在变法派与反对派之间；“病”指富弼，因反对新法而称病不理政事；“死”指唐介，因与王安石争论新法，宋神宗又总是袒护王安石，最后被活活气死；“苦”指的就是赵抃了，每有新法出台，他都叫苦连天。

我们不在这里讨论熙宁变法的是非，就赵抃来说，他在出任参知政事前，有丰富的基层和地方从政经验，以为政简易著称。他的意见本来值得重视，但王安石却不以为意。道不同不相为谋，赵抃因此辞去参知政事，以资政殿学士出知杭州。

赵抃这次知杭州的时间并不长，当年十二月就调往青州了。虽然来去匆匆，只有八个月，他却给杭州人留下了很深的印象。

由于赵抃在蜀中向来以宽厚闻名，因而在他初来杭州之际，有那么一帮地

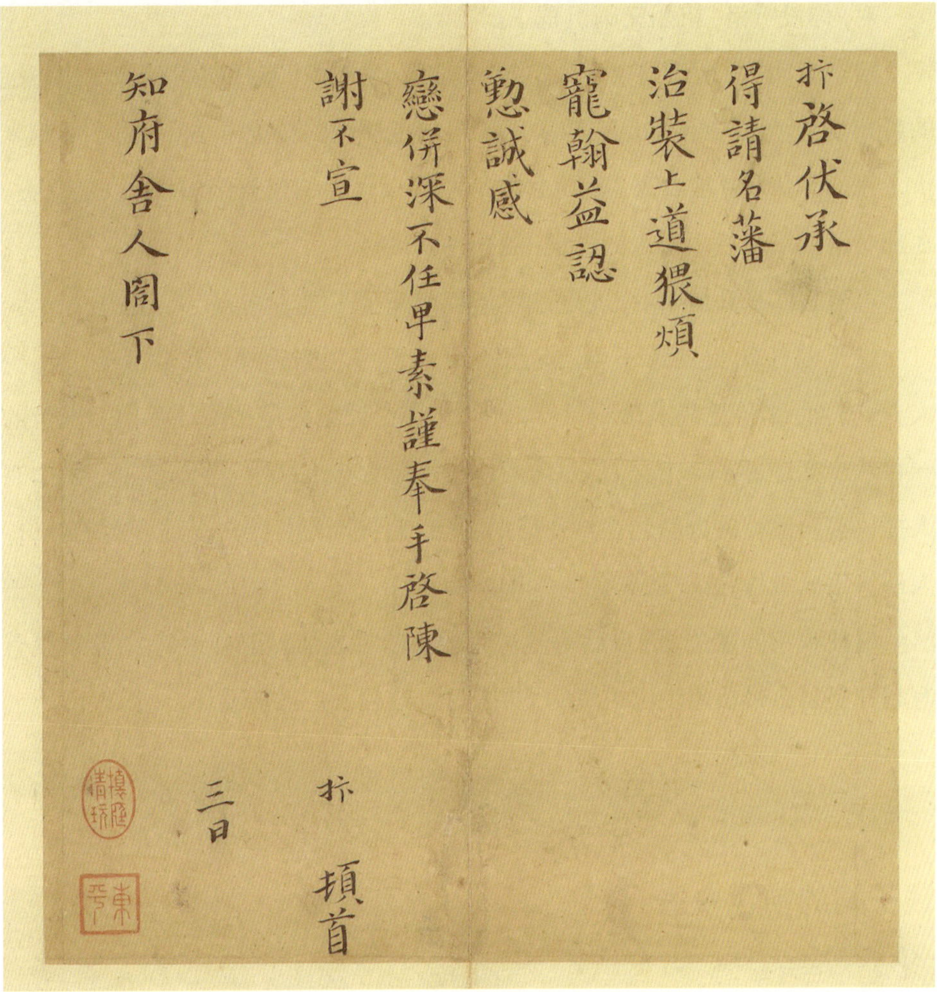

[宋] 赵抃书《致知郡公明大夫尺牍》（台北故宫博物院藏）

痞无赖拿他当了软柿子，整日为非作歹，纯属欺负“老实人”。赵抃自然知道他们的小九九，于是一改宽厚的形象，雷厉风行地抓了几个重犯，全都脸上刺字，发配到别的州去了。地痞无赖们这才恍然大悟，眼前这位哪是“老实人”，简直是“阎王爷”。他们纷纷收敛，杭州大治。

这些人也不想想，一个连王安石都敢惹的人，怎么可能是软柿子？

熙宁十年（1077）五月，赵抃再次守杭。还没上任，他的任务就已经非常明确——救饥荒。

对，你没听错，杭州又闹饥荒了。

熙宁后期，两浙遭遇了罕见的旱蝗灾害。两年前，赵抃履职距离杭州不远的越州（今浙江省绍兴市）。他采用了当年范仲淹的救灾方法，一面不抑制米价上涨，吸引大量粮食入越，随后粮价回落；一面招工修缮城墙，以工代赈。在那个两浙饿死五十万人的夏天，越州平安度过。

可当赵抃来到杭州后，发现这里与越州完全不同。

由于前任知州处置不当，杭州的饥荒已经相当严重，甚至饿死了不少人。一方面，米价已经疯涨到每斗二百文，甚至比当年范仲淹“手动”涨价的一百八十文还贵了二十文，这意味着杭州城已经极度缺粮；另一方面，朝中有人提议参照越州的办法也在杭州修缮城墙，赵抃断然拒绝——这么高的粮价，人都快饿成纸片儿了，哪来的力气修城墙？

赵抃救灾的事迹，源自后来苏轼为他写的《赵清献公神道碑》。苏轼没有写赵抃是怎么带杭州走出饥荒的，想来这个过程一定很煎熬。

钱王祠的前世今生

从范仲淹到赵抃，我们一直在说饥荒，太沉重了。救灾还是先写到这里吧。现在，让我们一同追随古人的脚步，再次来到鸟语花香、绿柳成荫的西湖东畔。在那里，我隐隐约约看到了赵抃的身影。

今天的西子湖畔，有不少名人的纪念地，如苏堤的苏东坡纪念馆、杨公堤的于谦祠、栖霞岭南麓的岳王庙等，有古迹亦有新建。在清波街道，同样有这样一处纪念地，西与岳王庙相望，南与柳浪闻莺相依，这便是供奉着吴越国三世五位国王的钱王祠。现在的钱王祠，是 2003 年在原址复建的，2007 年以

钱王祠（吴海平 摄）

“钱祠表忠”之名入选“三评西湖十景”。

大多数人在介绍钱王祠时，都会说钱王祠始建于北宋熙宁十年（1077）。这一年的十月，履新的赵抃在救灾之余，发现吴越国王坟冢和祭奠的庙宇年久失修，早已残破不堪。此时杭州正饥民充城，饿殍盈州。赵抃举目而视，哀鸿遍野，孤坟破庙，更显凄冷荒凉。而这番景象，也令杭州人心里不是滋味。毕竟钱氏五代坐镇杭州，国开两浙，颇得民心；末代国王钱俶献土归宋，也使两浙生灵免于战火涂炭。君不见，吴山之上的有美堂，欧阳修的题记里还在盛赞吴越国“顿首请命，不烦干戈”。

于国于民，钱氏诚有功焉，可身后却是这般处境，怎能不令人心有哀戚！于是，赵抃上奏朝廷，请求翻修和保护吴越钱氏坟冢庙宇。赵抃认为，钱氏“有功于朝廷甚大”。为了“劝奖忠臣，慰答民心”，他建议将废弃的妙音院改建为纪念钱氏的宫观。这个建议，很快获得朝廷的批准，宋神宗还专门为未来新建

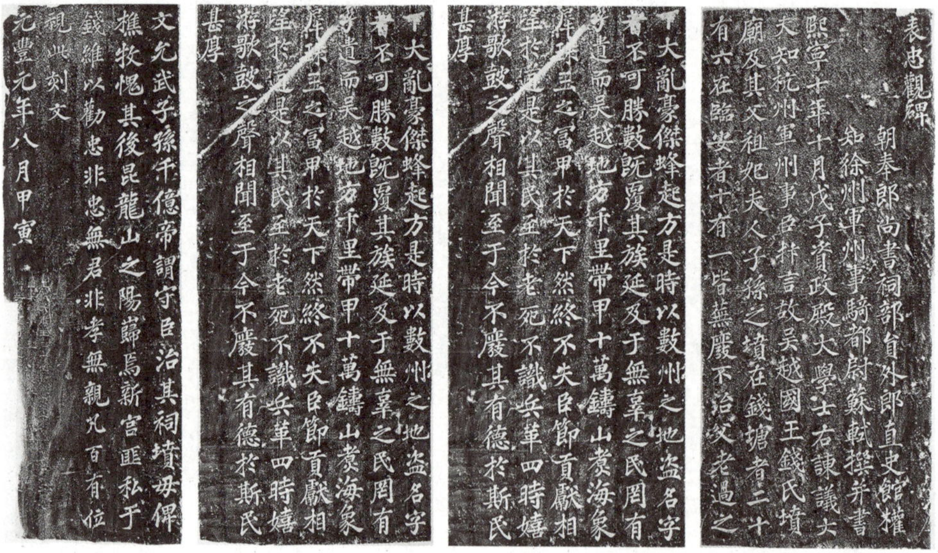
表忠觀碑
朝奉郎尚書祠部員外郎直史館權
知徐州軍州事騎都尉蘇軾撰并書
熙寧十年十月戊子資政殿大學士右諫議大
夫知杭州軍州事臣抃言故吳越國王錢氏墳
廟及其父祖妃夫人子孫之墳在錢塘者二十
有六在臨安者十有一皆蕪廢不治父老過之

下大亂豪傑蜂起方是時以數州之地盜名字
者不可勝數既覆其族延及于無辜之民罔有
孑遺而吳越地方千里帶甲十萬鑄山煑海象
犀珠玉之富甲於天下然終不失臣節貢獻相
望於道是以其民至於老死不識兵革四時嬉
游歌鼓之聲相聞至于今不廢其有德於斯民
甚厚

下大亂豪傑蜂起方是時以數州之地盜名字
者不可勝數既覆其族延及于無辜之民罔有
孑遺而吳越地方千里帶甲十萬鑄山煑海象
犀珠玉之富甲於天下然終不失臣節貢獻相
望於道是以其民至於老死不識兵革四時嬉
游歌鼓之聲相聞至于今不廢其有德於斯民
甚厚

文允武子孫千億帝謂守臣治其祠墳毋俾
樵牧愧其後昆龍山之陽巋焉新宮匪私于
錢維以勸忠非忠無君非孝無親凡百有位
視此刻文
元豐元年八月甲寅

［宋］苏轼《表忠观碑》（明刻本）

的宫观赐名为“表忠观”，并让一名道号“自然”的钱氏后裔居于观中。表忠观旁，还有吴越第二代国王文穆王钱元瓘和第三代国王忠献王钱弘佐的墓。

表忠观便是今天钱王祠的前身。

朝廷的批复虽然迅速，但表忠观的开工恐怕要更晚些。一方面，就像赵抃拒绝修缮城墙时所说的那样，杭州灾荒未减，饥民暂时没精神干苦力。所以，赵抃至少要待灾情稍有缓解后才能动工，以表忠观工程实现以工代赈。

另一方面，别看表忠观即将供奉的都是“钱王”，可是修表忠观是真缺钱，因为经费基本靠民间筹集。元丰二年（1079），也就是赵抃退休那年，表忠观还没修完，正在湖州的苏轼听闻工程要烂尾，赶紧捐献“千金”。他还在《送表忠观钱道士归杭》一诗中戏谑道：“未信诸豪容郭解，却从他县施千金。”

苏轼与表忠观的缘分未尽于此。赵抃曾邀请苏轼为表忠观题记，于是，便有了那块著名的《表忠观碑》。著名词人张先的孙子张有善写篆书，因此苏轼向赵抃建议，让张有来题写碑额。

2020 年钱王祠维修期间，人们在西南碑亭附近开挖排水沟时发现了四块残石。经专家考证，正是《表忠观碑》，只不过这块石碑并非北宋的物件，而是后来重刻而成。

讲到这里，您或许已经认定，今天的钱王祠，就是在昔日的表忠观旧址上重建的。

可问题马上就来了，让人提出问题的，还是那块《表忠观碑》。

《表忠观碑》中明明提到："龙山之阳，岿焉斯宫。"也就是说，北宋的这座表忠观，其实在龙山南麓。无独有偶，南宋吴自牧的《梦粱录》也称："表忠观，奉钱王五庙香灯，在龙山左右。"《咸淳临安志》云："表忠观，地城南龙山。"连初刻于明嘉靖二十六年（1547）的《西湖游览志》都说在龙山"稍南"的妙因山上，"旧有表忠观"。

钱王祠虽然在吴山西北不远处，但无论如何也不能说是在吴山"之上"或"之南"，何况龙山又非吴山，这是怎么回事呢？

原来，这是一个大乌龙。宋代的表忠观从来就没有建在西湖东岸，而是始终屹立于"龙山之阳"，也就是今天的玉皇山一带。元朝时，龙山表忠观毁于战火，直到明嘉靖三十九年（1560），浙江督抚胡宗宪才在今址重建表忠观，后来又称钱王祠。

那么，在宋代，西湖钱王祠的旧址又是什么样子呢？我们先卖个关子，留到后面再为大家解谜。

宝成院在清波

◎

现在要说的，是另一座跟赵抃有点儿羁绊的寺院，这就是北宋西湖东南岸诸寺里最南的一座——宝成院。

熟悉杭州的朋友，也许会觉得这个名字有点儿耳熟。在今天紫阳街道的紫阳山东麓，有一座宝成禅寺，俗称宝成寺。寺内崖壁上，有一尊保存完好的元代麻曷葛剌造像。这是全国唯一的麻曷葛剌造像，名列第五批全国重点文物保护单位。

宝成院与宝成寺只有一字之差，遥处两地，它们有什么关系吗？

如果说紫阳宝成寺是今生，那么清波宝成院就是前世。

据《咸淳临安志》载，宝成院始建于天福年间（936—944），最初叫释迦院，是吴越国王钱弘佐之妻仰氏所建。宋真宗大中祥符（1008—1016）时，改名宝成院，民间又称宝成寺。周必大在《归庐陵日记》中记录，宋孝宗隆兴元年（1163）四月初二，他曾“出暗门，寓宝成寺”。“暗门”是清波门的别称，也就是说南宋初年，宝成院仍然在清波门外附近。

后来宋孝宗在西湖东南岸兴建皇家园林聚景园，宝成寺与周边不少寺院一起被纳入园中。到了元代，因为修筑杭州城，临近城墙的宝成寺被毁，遂与位于紫阳山的积善海会寺合并。同宝成寺相似，海会寺也由吴越国兴建，也在大中祥符年间改为此名。两寺合并后，仍然叫宝成寺，这就是今天的宝成寺。此事在《成化杭州府志》和《万历杭州府志》中都有明确记载。

说了这么多，清波的宝成寺与赵抃有什么关系呢？这又要从我们这篇文字里出镜率极高的“配角”苏东坡说起了。

据明代田汝成《西湖游览志》记载，在已经搬迁到今紫阳山的宝成寺的石壁上，镌刻着一首苏轼的《宝成院赏牡丹》诗，书写笔法遒劲有力。而清人倪涛在《六艺之一录》里说，在壁刻的最后还有落款，署作“熙宁壬子芳春吉旦东坡题”，也就是说苏轼此诗作于熙宁五年（1072）春天的某月初一。据说在北京大学图书馆里，藏有壁刻的拓片。

壁刻上的诗，个别文字与通行版本并不同。这首诗的通行版，一般叫《释迦院赏牡丹》或《留别释迦院牡丹呈赵倅》，诗云：

春风小院却来时，壁间惟见使君诗。
应问使君何处去，凭花说与春风知。
年年岁岁何穷已，花似今年人老矣。
去年崔护若重来，前度刘郎在千里。

大意是说，春风吹到了释迦院的小院里，在石壁上只见到了使君——也就是知州——所作的诗歌。如今作诗的知州去了哪里呢？只能让牡丹花来告诉春风了。花开花落一年又一年，每年的花都相似，可看花的人却老了。去年来过的崔护又来看花了，前度来看花的刘郎却已经在千里之外了。

最后两句，用的是两个典故。一个是写了“人面不知何处去，桃花依旧笑春风”的崔护，此诗尽人皆知，自不必多言；另一个是“前度刘郎”的典故，源自刘禹锡的《再游玄都观》：“百亩庭中半是苔，桃花净尽菜花开。种桃道士归何处？前度刘郎今又来。”可以说，这首诗充满了苏东坡对岁月流逝时光荏苒的感慨。

按照明代宝成寺石壁刻诗的说法，这首诗写于熙宁五年（1072），苏轼正在杭州做通判，释迦院也正好是宝成院的旧称，而文献中这一带在南宋时也确实牡丹争盛。这样一来，时间、地点都对上了，唯独题目里的“赵倅”说的是谁呢？

按字面意思，倅是副的意思。“赵倅”就是“赵副手”。诗题里说“呈赵倅”，也就是说这首诗是写给“赵副手”的。联想到苏轼是因为看到一位知州写的诗而有感而发的，“赵副手”会不会说的就是这位知州？

巧了，苏轼来杭州当通判前，赵抃正好第一次来知杭州；又巧了，来杭州前，赵抃就是参知政事——副宰相，他是如假包换的“赵副手”；更巧的是，赵抃跟苏轼是忘年之交，你看我们从讲赵抃开始，就总是离不开苏轼的大名。

谜题似乎破解了。宋代的宝成院建在西湖东畔，在熙宁三年短短的八个月任期里，赵抃在某一天来到宝成院，题了一首诗。两年后，正在杭州做通判的苏轼也来到宝成院，看到赵抃的诗有感而发，在牡丹丛中，写下了《留别释迦院牡丹呈赵倅》，由此留下一段千古佳话。

直到今天，还会有不少人在这样为你讲述赵抃与苏轼的佳话，甚至某百科上都是这样写的。

然而，这段“佳话”其实是一段“假话”。

苏轼的诗是真的，但却被张冠李戴了。

“倅”确实是副手，但在宋代却是州郡副手——通判的专称。比如苏轼当时是杭州通判，就可以称为“苏倅”。同样道理，这位“赵倅”其实是“赵通判”，不可能是“赵参政”。赵通判名叫赵成伯，是密州的通判；而那时知密州的正是苏轼。熙宁七年（1074），苏轼结束了杭州通判的任期，前往密州履新。此诗便是他在密州释迦院所作。

你看，密州有释迦院，杭州的宝成寺过去也叫释迦院，于是，明代的好事者便把诗从密州搬到了杭州，题目里的“释迦院”干脆改成了“宝成寺”。据田汝成说，在诗的旁边，还刻着“岁寒松竹”四字，是成化年间的吴东升所题。也不知道把苏东坡这首诗刻在宝成寺石壁上的，是否就是吴东升。再后来，人们干脆又根据苏轼做通判的时间，编了个“熙宁壬子芳春吉旦”的时间补上去。

不过，这也不能完全怨明清人附会，因为最早把苏轼作诗地点搞错的，就是南宋人。在今天能看到的宋刻本《咸淳临安志》中，这首诗已经以注释的形式，加在了“宝成寺”和“牡丹”的条目下。后人的牵强附会与故事的层层累积，实在是追随《咸淳临安志》的脚步。

钱王祠因为赵抃而起，但此钱王祠非彼表忠观也；宝成院传有赵抃足迹，但此宝成院非彼释迦院也。我们在清波看到了赵抃的影子，但却又隔着一层蒙蒙的雾。所以我才说，在西湖东畔，我隐隐约约看到了赵抃的身影。

尽管如此，我们还是能在这些缥缈的传说中，感受到赵抃与苏轼的真挚情谊。

根据苏轼之弟苏辙的回忆作推测，早在嘉祐四年（1059），苏轼兄弟便曾谒见在蜀中做官的赵抃，而且给赵抃留下了极好的印象。第二年，赵抃向朝廷

今天杭州宝成寺里的麻曷葛剌像

郑重推荐了苏轼的父亲苏洵，这份恩情苏轼兄弟长存于心。

苏轼对赵抃，有着一种晚辈对长辈的尊敬与真诚；赵抃对苏轼，则有着一种前辈对后辈的赏识与抬爱。两人虽然差着辈分，却彼此惺惺相惜。

元丰二年（1079）二月，赵抃在知杭州任上退休，苏轼听闻，立刻写了一篇启文表示祝贺，称赞赵抃“所临有声，最宜吴蜀之政”。这绝非奉承之词。赵抃致仕后，常在儿子赵屼的陪同下游览东南名胜，当时吴中之地的人们都引以为荣。元丰七年（1084），赵抃回到阔别多年的杭州。当初赵抃致仕，杭州百姓竭力挽留，赵抃曾许下承诺：“六年以后，我一定会回来的。”六年的风霜雨雪，杭州城的人们恐怕早就忘了昔日的约定，又或许当年就不曾认真——那更像是打发人们的托词。谁承想，六年前让他们依依不舍的老知州，如今真的兑现承诺，回来了！一时之间，万人空巷。老百姓对这位回家的“老乡”夹道欢迎，那股热情与尊敬，就像是见到自己的父母一样。

就在这年四五月间，赵抃还不忘与远在庐山的苏轼兄弟唱和，写下了《和二苏题白鹤观》。然而，这首诗竟成为赵抃与苏轼之间文墨的绝笔。

赵抃在杭州染疾，只好回衢州老家养病，自此一病不起。这年八月，赵抃与世长辞，享年七十七岁。三年后，赵屼向朝廷请求为赵抃撰写神道碑。不久，苏轼受命，写下了洋洋洒洒数千言的《赵清献公神道碑》。字里行间，满是对这位前辈的敬重与怀念。

三　胸中事业：文人苏轼的士大夫情怀

有美堂的一场暴雨

◉

要评选宋代十个最大的“IP”，如果苏东坡排第二，不会有人敢排第一。

大宋三百年，号称最成功的文治王朝。而苏轼，自然是这最成功文治王朝里最成功的文人。他在学术方面，开蜀学一脉，与荆公新学、伊川道学三足鼎立；他的散文气势雄放，与欧阳修并称“欧苏”，与其父苏洵、其弟苏辙合称“三苏”，名列“唐宋八大家”；诗清新豪健，与黄庭坚并称“苏黄”；词开豪放一派，与辛弃疾合称“苏辛”；书擅行、楷，与黄庭坚、米芾、蔡襄并称“宋四家”；画擅墨竹、怪石、枯木，为“文人画”奠定基础。他还继承了欧阳修的精神，十分重视发现和培养人才，门下弟子黄庭坚、张耒、晁补之、秦观并称“苏门四学士”，在文学艺术方面也取得了不俗的成就。难怪一向孤傲的王安石，都要无不钦佩地称赞苏轼：“不知道要等几百年，才会有这样的人物！”

或许正因为文人气质，人们才会认为，苏轼那“一肚皮不合时宜”显得理所当然。

可大家忘了，苏轼是文人，更是士大夫。他的不合时宜，不仅有文人的任性倔强，更有士大夫的操守与理想。

苏轼与杭州的缘分，就是在这种“不合时宜”中结下的，那似乎是命中注定。

“前生我已到杭州，到处长如到旧游。”相传，在写这首诗的几年前，苏轼曾与朋友第一次到寿星寺游玩，他感觉眼前的一切似曾相识，就好像曾在寿星寺生活过一样。苏轼对朋友说：“从院门到经堂，应该有九十二级台阶。”人们一数，果然一阶不差。他又说起后院的亭台假山，居然也分毫不差。

这一幕，就发生在苏轼第一次居杭期间。

熙宁四年（1071），由于上书谈论王安石新法中存在的弊病，苏轼遭到弹劾。于是，他自请辞去朝中官职，来到杭州做通判。这年七月，苏轼离开京城开封，并于十一月二十八日来到杭州。“夏潦涨湖深更幽，西风落木芙蓉秋。飞雪暗天云拂地，新蒲出水柳映洲。”那“四时看不足”的湖光山色，终于让文人苏轼暂时忘记了作为士大夫的烦恼。

[元] 赵孟頫绘《东坡小像》

（台北故宫博物院藏）

泛舟之余，苏轼喜欢漫步于湖畔的群山之间，访僧寻寺，参禅悟道。只有一座山是例外，那就是位于杭州城内的吴山。

北宋的杭州州治，也就是后来南宋的临安皇宫，西倚凤凰山，距吴山亦不远。在案牍堆砌的缝隙间，苏轼常登山而上，俯瞰西湖，遥闻钱潮。这里，也成为苏轼倅杭期间，在清波留下最多足迹处。

出州治北行不远，便沿小路而上吴山，远远可见一座小堂。堂前青翠成丛，堂中墨客雅集。这就是北宋杭州文气最盛处——有美堂，那里还有一块由苏轼老师欧阳修撰写、与苏轼书法齐名的蔡襄书丹的《有美堂记》碑。

关于有美堂的来历，我们后面再细谈。熙宁六年（1073）七月，苏轼与友人登堂观景。前有西湖娟秀雅致，后衔钱江壮阔波澜，还来不及在静与动之间

建于有美堂旧址的有美亭

找到出路，便又一头扎到身侧的市井繁华。苏轼正要吟诗作句，一场豪雨突然不期而遇。刚到嘴边的千古佳句，就这样硬生生被暴雨冲歪了楼。苏轼遂作《有美堂暴雨》，诗云：

游人脚底一声雷，满座顽云拨不开。
天外黑风吹海立，浙东飞雨过江来。
十分潋滟金樽凸，千杖敲铿羯鼓催。
唤起谪仙泉洒面，倒倾鲛室泻琼瑰。

一声惊雷在游人脚下炸响，有美堂浓云密布拨散不开，疾风自天外席卷而来，把海水都吹得笔直而立，暴雨呼啸着跨过钱塘江，铺天盖地朝杭州城袭来。而远处的西湖就像一个小小的雨水满溢的金樽，暴雨倾泻猛烈砸击着山堂绿野，好似敲打羯鼓般催人振奋。上天想要唤醒醉酒沉睡的诗仙李白，让他用这天外倾泻的飞泉来洗面，看看这如鲛宫倾倒玉珠般的壮丽景象。一场暴雨，在苏轼笔下，变成了仙魅云集的盛宴。

《有美堂暴雨》其实致敬了不少作品。比如“吹海立”，化用了杜甫“九天之云下垂，四海之水皆立”；“浙东飞雨过江来”则直接是对唐代殷尧藩的《喜雨》大搞“拿来主义”了；“唤起谪仙泉洒面”用的是唐玄宗召李白赋诗，用清水洒其面，好让他快点儿醒酒的典故。

有美堂是苏轼与朋友们诗酒唱酬的佳处。他与自己的顶头上司知州陈襄（字述古）就常畅游有美堂。还是熙宁六年七月，有一次，两人从有美堂夜归，苏轼作《与述古自有美堂乘月夜归》诗道：

娟娟云月稍侵轩，潋潋星河半隐山。
鱼钥未收清夜永，凤箫犹在翠微间。

凄风瑟缩经弦柱，香雾霏迷着髻鬟。
共喜使君能鼓乐，万人争看火城还。

陈襄虽然是苏轼的领导，但两人政见相同，审美相近，不仅平日里唱酬不绝，而且搭班两年，理政杭州，励精图治，心生默契。陈襄与苏轼名为杭州主副，实已是惺惺相惜的至交。正因如此，当熙宁七年陈襄即将离任之时，苏轼心中极是不舍。

这年七月，在离开杭州前，陈襄在有美堂设宴告别亲朋好友，苏轼应邀即席写下了《虞美人·有美堂赠述古》：

湖山信是东南美，一望弥千里。使君能得几回来？便使樽前醉倒更徘徊。
沙河塘里灯初上，水调谁家唱。夜阑风静欲归时，唯有一江明月碧琉璃。

词的上阕，自有美堂远观千里湖山，一片壮丽景色。可这样的湖山美景，却勾起了苏轼的万千思绪：这样的美景，使君（指陈襄）能来几次呢？在觥筹交错中，天色已晚，华灯初上，不知谁家在演唱一曲离伤的《水调》。夜深风静，当我们就要从这里归去，当这场宴席终将散场时，只有那钱塘江中倒映的明月，清澈得如碧色琉璃。那份明澈静谧，正如二人真挚而纯粹的友谊。

与苏轼常在有美堂唱和的，除了陈襄，还有周邠（字开祖）。据《咸淳临安志》记载，周邠是杭州钱塘县人。他的侄子，就是著名的婉约派词人周邦彦。熙宁年间，苏轼通判杭州时，周、苏二人多有酬唱。

熙宁六年（1073）五月，苏轼在有美堂会客，恰好周邠泛舟西湖之上，往北山而行。周邠一眼就看见了苏轼，于是便写下一首诗寄了过去。苏轼收到以后，立刻应和了两首。

九月九日，苏轼与周邠在西湖上泛舟，远远望见杭州的另一位通判鲁有开正在有美堂里开酒会。会上歌伎如万花丛般，簇拥着须发早已花白的鲁有开。苏轼似嘲似讽，当即作起《九日，舟中望见有美堂上鲁少卿饮，以诗戏之二首》诗。第一首写道：

指点云间数点红，笙歌正拥紫髯翁。
谁知爱酒龙山客，却在渔舟一叶中。

这一首还算是嘲笑鲁有开“指点云间数点红”，下一首里，苏轼便开始“一本”却不怎么“正经”地规劝了。诗云：

西阁珠帘卷落晖，水沉烟断佩声微。
遥知通德凄凉甚，拥髻无言怨未归。

鲁有开啊，您老也一大把年纪了，明明家里有美妾在等你回去，你怎么还在外边与女孩子胡闹啊。

熙宁七年（1074）以后，苏轼与周邠都离开了杭州，去他处为官。那层寄情于山水之间的思念，却成为二人天各一方后的羁绊。一次，周邠以《雁荡山图》寄赠苏轼，苏轼大为感慨，写下《次韵周邠寄〈雁荡山图〉二首》，其中有一句“西湖三载与君同”，对与周邠在杭州相知的三年念念不忘。

吴山的烟火气，寄托了苏轼太多的世俗情感。在这里，他不用给养精神，不用去谈“年来渐识幽居味，思与高人对榻论”。他只要做回自己就好，这里有他的朋友，有他的喜怒哀愁，还有，他回不去的故乡。

熙宁六年的春天，苏轼借宿吴山以南的西林法惠院，举目观望，眼前只有眺不过的吴山。苏轼遂沉吟道：

朝见吴山横，暮见吴山纵。
吴山故多态，转侧为君容。
幽人起朱阁，空洞更无物。
惟有千步冈，东西作帘额。
春来故国归无期，人言秋悲春更悲。
已泛平湖思濯锦，更看横翠忆峨眉。

吴山的傍晚（步恩撒 摄）

雕栏能得几时好，不独凭栏人易老。
百年兴废更堪哀，悬知草莽化池台。
游人寻我旧游处，但觅吴山横处来。

吴山上的满目春色，也无力拯救苏轼因思乡而起的“春更悲”，就像苏轼的豁达潇洒，同样无法使他从“哀民生之多艰”的放不下的使命中逃离一样。

苏轼想家了，人在身心俱疲的时候，最容易想家。

苏东坡的痛苦

◉

在三年的通判任上，苏轼并没有我们想象的那么陶然自适。作为一州的二把手，苏轼尽职尽责。杭州近海，其水咸苦。唐代李泌作杭州刺史时，曾在西湖东北岸开凿六井，引西湖水以足民用，后来白居易一度修复，但至北宋时已经废坏。熙宁五年秋，苏轼与陈襄重新疏浚六井，使杭州人又喝上用上了清水。第二年江淮大旱，水贵如油。杭人却赖此六井，不仅有水可喝，而且还能用甘泉洗澡、喂养牲畜。

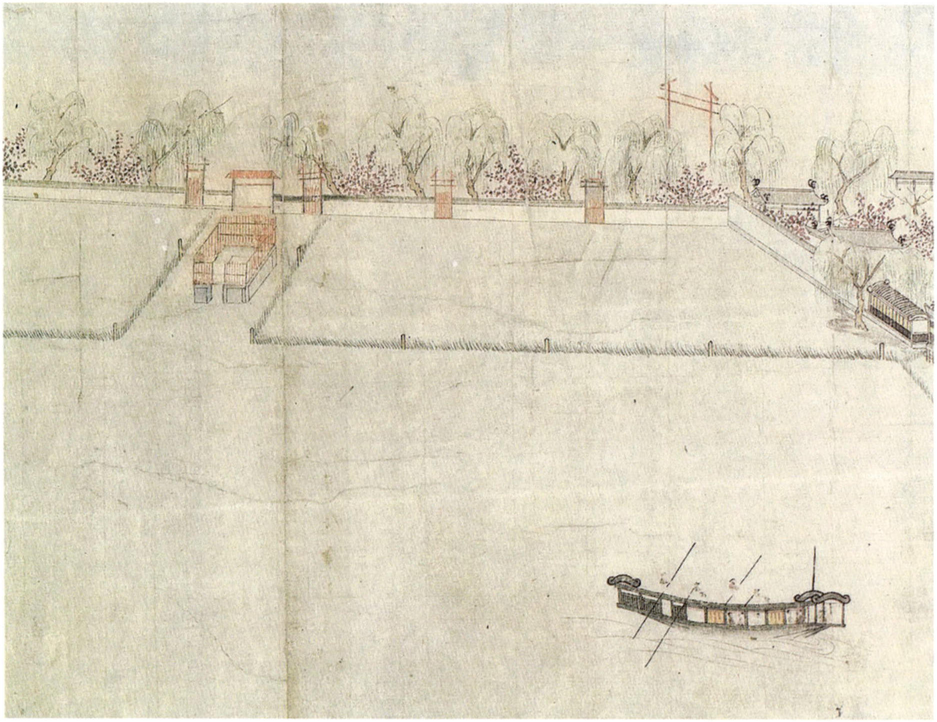

［元］佚名绘《西湖清趣图》（局部，美国弗利尔美术馆藏。图中的“小门”就是通往六井之一的相国井的水口）

说起大旱，熙宁六年至七年（1073—1074）间真是天灾不断。全国各地大旱、蝗灾，两浙自不能免。那段日子，苏轼不是在杭州下属各县间巡视不绝、督促救灾，就是在常州、润州间赈济灾民。对于苏轼来说，劳苦不是问题，自己的劳苦不能为民减轻苦难，那才是一种真正的痛苦。

苏轼来杭州，本来就是因为反对王安石新法。但讽刺的是，作为地方官，他反而成为新法的推广者和执行者。在奔走四乡八县的过程中，苏轼看到了许多被新法逼得走投无路的民众。比如青苗法，本来是朝廷提供助农贷款，农民自愿借贷，朝廷收利息增加财政收入，农民在青黄不接之际也有了较高利贷相对低廉的贷款，看起来是两相便利。可朝廷掌握着不受农民制约的权力，最后就变成了朝廷强制摊派贷款，地方官员多收利息邀功请赏，农民申诉无力，被搞得倾家荡产。

苏轼曾在《山村五绝》之一中写道：

杖藜裹饭去匆匆，过眼青钱转手空。
赢得儿童语音好，一年强半在城中。

为了贷款，为了还款，农民不得不丢下农活儿，拄着拐杖，带着干粮，跑去县城。可贷到的青苗钱左手进右手出，几经辗转就不值钱了。农民越贷越穷，唯一的“收获”就是一年里有半年待在城中，家里跟着进城的孩子因此学会了正宗的县城口音。

平心而论，这一时期的苏轼政治并不成熟，对新法的态度也是立场先行。但他眼见新法弊端，眼见官僚只要政绩不管老百姓死活，却又无力回天，心中充满愤恨与无奈。熙宁七年（1074）五月，苏轼被调往密州升任知州，并于九月下旬离开杭州。他自嘲说自己是“政虽无术，心则在民”。

杭州人并没有抱怨苏轼“政虽无术”，反而始终对他的“心则在民”心存感激。元丰二年（1079），“乌台诗案”发，苏轼因文字狱而被捕入狱，命悬一线。杭州人专门为他做了几个月的解厄斋场，祈求上天保佑苏轼平安。

杭州惦念着苏轼，苏轼也放不下杭州。

除了娟秀繁华的盛景，除了朴实善良的民众，在杭州，苏轼还留下了很多刻骨铭心的回忆。熙宁五年（1072），恩师欧阳修去世，苏轼悲痛欲绝，写下字字泣血的《祭欧阳文忠公文》。也是在这一年，他的幼子苏过降生，未来得意门生黄庭坚的诗文被他第一次读到。两年后，一个名叫朝云的十二岁妙龄少女，走入了苏家大门，后来成为苏轼最贴己知心的爱妾。

倅杭三年，苏轼还不到四十岁，可是头发早白，自称“老来厌伴红裙醉，病起空惊白发新”。让苏轼没想到的是，当他真的开始步入老年后，杭州又一次成为他的履新之地。那一刻，他有了归乡之乐。

“胸中事业九门知”

◉

元祐四年（1089）三月，苏轼以龙图阁学士充两浙西路兵马铃辖、知杭州，并于七月到杭。这一年，苏轼五十四岁。

还是那座吴山，还是那座有美堂，还是那倾盆大雨。十六年前，苏轼在这里诗酒唱和，寄情山水。而如今，他已是一路之帅、一州之长。杭州的官员齐聚，共同为新任长官接风。天公也颇有心意，及时送上滂沱大雨，为一路坎坷颠簸的苏东坡“洗尘”。

有美堂，在北宋时历来是文人萃集之地。而这一次，却让一位武人出尽风头。此人名叫刘季孙，字景文，时任西京左藏库副使、两浙兵马都监，驻杭州。他的父亲，就是在宋仁宗时期的好水川之战中，以战区副司令身份指挥宋军与西夏恶战，最终力竭被俘、绝食而逝的刘平。宴席之上，刘季孙作《有美堂燕集》一诗以赠苏轼，诗云：

云间猎猎立旌旗，公在胥山把酒时。
笑语几番留湛辈，风流千载与吴儿。
湖山日落丹青焕，楼阁风收雨露滋。
谁使管萧江上住，胸中事业九门知。

“谁使管萧江上住，胸中事业九门知。”可见刘季孙对苏轼守杭充满期待。苏轼对文采风流的将军也大为称赏，当即作次韵诗以应：

我老诗坛仆鼓旗，借君佳句发良时。
但空贺监杯中物，莫示孙郎帐下儿。
夜烛催诗金烬落，秋芳压帽露华滋。
故应好语如爬痒，有味难名只自知。

苏轼化用了杜牧“杜诗韩笔愁来读，似倩麻姑痒处搔”之句，也表达了自己对刘季孙的殷切期待。在后来的相处中，苏轼对刘季孙的才学人品越发敬佩，两人不仅结下深厚友谊，苏轼更待刘季孙以国士之礼。而年已五十七岁却常年沉沦下僚、郁郁不得志的刘季孙，也因此在他人生最后的三年里，迎来了高光时刻。

苏轼此次守杭，“胸中事业”是从修房子开始的。

杭州州治的官衙廨宇，都是吴越时期修建的，用了一百多年，早已破败不堪，成为随时可能坍塌、砸伤砸死人的危房。就在苏轼到任前的一个月，官衙的房子就曾倒塌，压伤了两名书手。这年八月，苏轼已经就任，却发生了鼓角楼坍塌、压死鼓角匠一家四口的惨剧。那时一有个风吹草动，官吏们就担惊受怕。可想而知，杭州官员在有美

［清］叶衍兰绘苏轼像（《历代文苑像传》，中国国家博物馆藏）

堂为苏轼接风的那个暴雨之夜，留在州治官衙里的值班人员心理压力有多大。

已经出了人命，这房子就不能再凑合了。苏轼立即派人检查，从杭州州治到官舍、城门、楼橹、仓库，全城总计有二十七处建筑毁坏严重，急需抢修。这年九月，苏轼向朝廷上《乞赐度牒修廨宇状》，简单来说就是要经费修房子。

在这篇状文中，苏轼感慨，说他的前任都“果于营造”，孙沔建了中和堂，梅挚建了有美堂，蔡襄建了消暑堂，人人“皆务创新”，却“不肯修旧”。大家都忙着做门面，搞业绩，宁可大费周章搞新建，把自己的名字留下，也不愿去维修那些前人遗留下来又颇为实用的旧物。苏轼的矛头未必是冲着孙沔、梅挚、蔡襄去的，但他要借以讽刺官员们的政绩之风。

苏轼的这番感慨，恐怕还另有深意：旧房子出问题了，只要做好维修，就可焕然一新。何必要另起炉灶呢？

可朝中现在就是要另起炉灶。宋神宗驾崩后，高太后垂帘，司马光主政，尽废新法，打压变法派，史称“元祐更化”。

曾经因为反对新法，差点儿在“乌台诗案”中丧命的苏轼，这时候却突然冒了出来。早在熙宁十年（1077）至元丰二年（1079），苏轼知徐州期间，就曾在写给滕元发的信中说：“我们在新法推行之初，总是心存偏见，直至引发巨大的争论。虽说是怀着忧国之心，可是我们的观点大多是错误的，很少切合事理。如今主上的圣德日日进步，变法的成果也卓有成效，反思我当年对新法的执念偏见，就更觉得那时候自己的疏漏浅薄了。”

当了多年地方官的苏轼，显然比常年待在洛阳编书的司马光更了解民情。他根据自己的经验告诉司马光，新法与旧法各有利弊。结果司马光非常不高兴，甚至起了放逐之意。司马光去世后，昔日反对变法的“君子”们群龙无首，多年被掩盖的矛盾瞬间激化。在乌烟瘴气的党同伐异中，苏轼被扣上了“蜀党”党魁的帽子，终于不堪其忧。这才有了他这次请辞朝堂，出为杭守。

朝廷要推倒旧法变新法，苏轼说这样太扰民；朝廷要推倒新法重行旧法，苏轼说这样还是太扰民。朝廷有朝廷的政治正确，苏轼眼里却只有“民生”二字。于是，苏轼就总显得与朝廷格格不入，“一肚皮不合时宜”。

苏轼虽然暂时躲过了官场的钩心斗角，但却依旧不轻松。初到杭州的苏轼，甚至没时间感慨浮生如梦，因为杭州又在闹饥荒。

不知道北宋的杭州守臣们会不会感慨，没救过几次饥荒就别说自己做过杭州的一州之长。

苏轼这次面临的灾情也不轻。就在元祐四年初，杭州水灾，早稻因此无法下种；五六月间，再遭旱灾，刚刚播下的晚稻也颗粒无收；旱灾又直接导致运河水浅，外粮进城困难。“大旱之后必有大疫”，接踵而来的就是瘟疫肆虐。

这年十一月，米价已经开始上涨。好在苏轼出手迅速，把计划修房子的钱改用作购粮，又几经周折，从朝廷要到了赈灾粮食。到了第二年春夏，杭州米价保持稳中有降，百姓平安度过荒年。据说在这场饥荒中，杭州百姓未死一人。

然而，苏轼却并未因此而获得喘息。旧灾虽度，新灾已来。元祐五年初，浙西暴雨，太湖泛滥，两

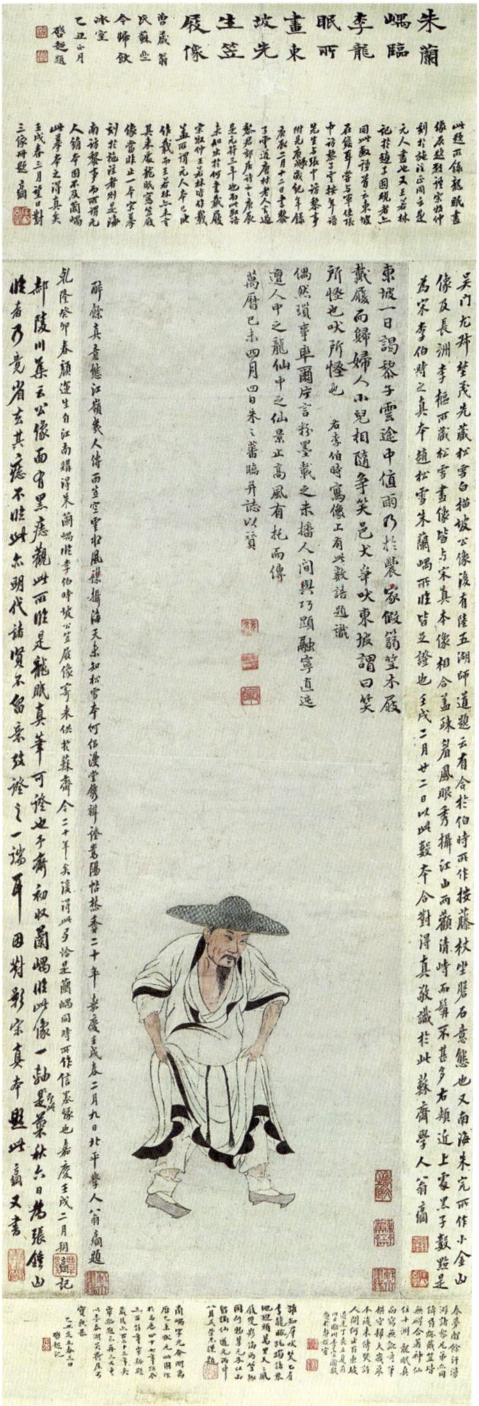

[明] 朱之蕃绘《东坡笠屐图》（广东省博物馆藏）

岸农田被淹，明年饥荒已成定局。这年七月，杭州的上一轮饥荒刚刚度过，苏轼便开始为下一轮的饥荒提前做准备。他于七月间两次上书朝廷，陈述吴中灾情，请求朝廷不惜高价，为两浙多备粮食。凡此种种，日后都成了朝中那帮浑蛋攻击苏轼虚报灾情的罪证。

苏轼心急如焚，朝廷却不紧不慢。八月，杭州米价又开始高涨，两浙灾情已成。可朝廷到九月才派人来调查情况。等这帮官僚主义的大老爷调查完，杭州人恐怕饿得连皮都不剩了。苏轼于是连上三状，力陈杭州灾情之急。

可朝廷硬是拖拖拉拉，直到十一月才给苏轼答复，同意苏轼在七月时提出的方案，派发运司拿钱去淮南江东购粮救灾。结果发运司又说粮价太高，拒绝采购。苏轼气得在奏章中痛斥道："这是使圣主已经发布的命令，成了一纸空文！饥民都在等着救济，现在真是万分失望！"

到这步田地，苏轼终于理解当年的范仲淹和赵抃，为什么宁可放任粮价上涨，让市场来救荒，也懒着去跟朝廷掰扯。

可这次的灾荒面积太大，又是一灾接着一灾，再加上朝廷的耽搁，苏轼无法复制范仲淹和赵抃的方案。到十一月下旬，浙西米价大涨，苏轼提出的由朝廷以官价购买粮食的计划，彻底被拖黄了。

好在苏轼并没有把希望完全寄托在朝廷身上。早在七月间，苏轼就已经开始屯粮备荒。他还以私人名义，给两浙涉灾地区的官长发公文，建议各地早做准备，并联合商议救灾方案。尽管并非所有的官员都买他苏东坡的账，但各地终究采取了未雨绸缪的措施。后来，眼见朝廷指望不上，苏轼干脆以职权开义仓贱卖粮食，总算让杭州挺过了这一劫难。

病坊与运河

在这次救灾中，苏轼还干了两件惠及杭州的大事，而且都与清波有些关联。

第一件大事是办了一家医院。杭州缺粮之际，瘟疫在城中肆虐。好在苏轼粗通医术，他谪居黄州（今湖北省黄冈市黄州区）时，曾从老友巢谷那里得了一个方子——圣散子。“圣散子”治疗瘟疫有奇效，巢谷连儿子都不肯传。苏轼得方时，曾发誓绝不外传。可眼见城中生灵涂炭，苏轼已经顾不上对老友的个人信用。他不仅将“圣散子”广而告之，而且组织了一批擅长医术的僧人，由官吏带领着走街串巷，为民治病。苏轼又自掏腰包，购买药材，在街头当众熬制“圣散子”，过往行人无论老少良贱，人人分发一大盏。

由于苏轼的积极部署与“圣散子”的奇效，杭州人终于逃出了瘟神的魔爪。然而，苏轼却陷入了沉思。这次有我苏轼和“圣散子”，下次呢？苏轼认为，杭州是水陆枢纽，客商往来频繁，瘟疫传染比其他地方更容易也更迅速，每年病死的人自然也比其他地方多。所以，应该在杭州建立一所便民的病坊——或者换个我们都熟悉的词，医院。

和许多只是脑洞发达的文人不同，苏轼是一个行动派。既做决定，苏轼马上拨出公款两千贯，自己又捐了五十两黄金，投资建立了我国历史上第一所面向民众的官办医院——安乐坊，坊中的“医生”则由杭州那些精通医术的僧人担任。苏轼还规定，每年杭州从税收中拨出少量资金补贴安乐坊，以维持其运转。他甚至还规定，在每年瘟疫流行的季节，安乐坊配置并免费向百姓发放“圣散子”。后来苏轼回忆，他离任回京时，一位挚友曾送来黄金五两、白银一百五十两。碍于情面，苏轼收下了这份厚礼，但随手就转赠给了安乐坊。

安乐坊很快引起了朝廷的重视。宋徽宗崇宁元年（1102），朝廷在各地开

今天杭州的惠民药局（步恩撒 摄）

设专门医治穷人的医院安济坊，安乐坊也在此时改“乐”为“济”，统一纳入朝廷的社会医疗福利体系。

那么，苏东坡的这所安乐坊开在什么位置呢？本来这是一个很清楚的问题。根据南宋时的著作《清波别志》和《梦粱录》记载，安乐坊开在众安桥，也就是今天湖滨街道的中山中路和庆春路交叉口一带，后来迁到了西湖畔。

可在民间，安乐坊却被迁移到了清波街道的惠民路。传说，苏轼曾在今惠民路一带开病坊为民治病，甚至还有人说当时这座病坊就叫惠民坊，“惠民路”之名便因此而来。这当然只是民间的美好愿望。其实关于“惠民路”名字的渊源，坊间有好几种说法，比如元世祖忽必烈曾在这里设惠民药局，所以叫惠民路；又或者明代兵部主事陈慎吾对这一带的乡亲们有惠爱，百姓再次建祠堂祭祀他，因而叫“惠民巷”。

其实这些说法都不准确。“惠民路”的名称，应当是来自于南宋在此附近设置的“药店”。今天的惠民路，南宋时称为市南坊，其北面的羊坝头一线，当时称为市西坊。据《梦粱录》记载，市西坊南设有和济惠民药局；《京城图》在市西坊和市南坊之间，也绘制着“惠民北局”。这个“和济惠民药局”和“惠民北局”应该是一回事，都是指设在市西坊和市南坊之间的官药局。

官药局是官方制作售卖中成药的机构，类似于一种廉价销售药品的官营药店，最早可溯源至宋神宗熙宁九年（1076）。绍兴六年（1136）正月，南宋在临安也设置了这类机构，并在绍兴十八年（1148）确定名称为惠民和剂局、行在太平惠民局，简称和剂局、惠民局。这些药店分布在城中的东、西、南、北。

其中，位于城北的，就是惠民北局。

总之，在历史上，清波的惠民路与苏轼的安乐坊没有直接关系，但苏轼在惠民路开医院的美好传说，却伴随着他的创举与仁心，在清波百姓中代代相传。而惠民路的最终得名，仍然得益于宋代的惠民医药机构。

苏轼做的第二件与清波有关联的大事，便是疏浚运河。

杭州城内有两条贯穿南北的运河，一条是位于城东的茅山河，一条便是直穿市中心的盐桥河。两条河南接钱塘江，北连大运河，特别是盐桥河纵穿繁华街市，可谓杭州城的“生命河”。对于今天的杭州人来说，这条盐桥河也并不陌生。在宋代，它临近御街，别称大河；在今天，它西依中河高架，人称中河。

盐桥河与茅山河沟通内河航运与海运，是杭州商贾兴盛的重要依靠，也是粮米入仓的重要保障。一旦淤泥沉积或天旱水浅，河内航行就会受阻，杭州的粮食供应与商业经营就会出现问题；而暴雨一来，河水宣泄不及，又会漫溢上岸，沿岸百姓的房子顿时就成了泡在水里的鱼宅蟹舍。而钱塘江在涨潮时，不仅带给人们巨大的视听震撼，同时也带来了倒灌的泥沙，时间一长，两条河道就会淤塞。

苏轼在杭州做调研时，百姓们告诉他，这两条河三五年就得疏浚一次，不然两岸就要遭灾。然而，每次疏浚，贪官污吏就乘机敲诈勒索，你不给好处费，他们就往你家门口堆淤泥。结果，运河不疏浚，房子被淹；运河疏浚，房子被堵。等到暴雨一下，房子门前的淤泥终于被冲刷干净，可这些淤泥已经跟着雨水重新回到运河里，你就等着来年运河又堵吧。

总而言之，运河疏与不疏，最倒霉的都是老百姓。

苏轼闻言，沉默而不能语。河还是要疏浚的，但有什么更好的办法，既能让河流摆脱淤积周期，不用三五年就疏浚一次，同时也能断了这帮官吏搜刮百姓的财路？苏轼找来精通水利的属官苏坚，反复研讨，几经商议，最终确立了治河方案。

元祐四年（1089）十月，疏浚两河工程正式开工。苏轼利用自己担任浙西钤辖的便利，调动了一千多名地方厢军来施工。他们日夜开挖，在短短的半年里，就疏浚了长达十余里的两条运河，每条河的河床都深挖至八尺以上。当时杭州的老人都说：“三十年了，治理杭州的河道，从来就没有开这么快、挖这么深的。”

和创立安乐坊时的心情一样，苏轼在疏浚运河时，也在思考长期有效的方法。最终，苏轼决定在两河南边的交汇处建一座水闸，通过调节水量，来解决钱江大潮带泥沙倒灌的问题。

不得不说，苏轼与水有缘。疏浚两大运河，开启了他在守杭期间的系统的水利工程。他不仅再一次疏浚了西湖东岸的六井，保证城内淡水供应，还疏浚了西湖，最著名的成果，莫过于家喻户晓的苏堤。

经过苏轼的一番治理，杭城颓势不再，那个曾令他魂牵梦萦的湖山仙境，终于又回到了眼前。那个游荡于湖山之间的才子，终于又回来了。

苏轼不喜欢在衙门里上班。早在十多年前担任杭州通判时，他就常常把办公桌搬到西湖畔。秦观的三弟秦觏说，苏轼这是“欲将公事湖中了”。南宋绍兴末年，费衮曾从一个九十多岁的老和尚那里听到过这样的奇闻：每当天气晴朗之日，苏轼总会打发侍从和仪仗队出杭州城西北部的钱塘门前往西湖，自己则带着一两个老兵，从涌金门出城，然后泛舟西湖，至山中亭寺之间，谈笑风生，据案判决。你以为他这是玩忽职守？不，他处理案子时的谨慎，甚至能让你怀疑这是否还是那个豁达潇洒的苏东坡。

［宋］叶肖岩绘《西湖十景图》之《苏堤春晓》（台北故宫博物院藏）

苏轼有一个非常好的习惯，他会把每天要做的事情，一条一条列在纸上。做完一件，他就勾掉一件。这样的条理分明，是否又一次让你怀疑，这是否还是那个豁达潇洒的苏东坡。

是的，这就是苏东坡。他有着浓墨重彩的文人气质，也有着“心则在民”的士大夫情怀。元祐六年（1091）三月，苏轼被召入京，从此离杭远去，再也没有回到让他难以割舍的天堂之城。可无论是西湖还是吴山，也无论是盐桥河还是有美堂，于杭州，于清波，我们却总能看到，那个对自己的坎坷可以一笑了之、对民众的苦难却永远不会谈笑而过的苏东坡，那“不合时宜”的身影。

四　灵芝寺余响：朱熹短暂的帝师生涯

开满灵芝的寺院

◉

前面讲到赵抃时，我们留下了一个小悬念。今天西湖东畔的钱王祠，在宋代是什么建筑呢？这里其实是一处远比钱王祠宏大、热闹的建筑，它就是我们在前面提到过的西湖东南岸诸寺之首——灵芝崇福寺。

据《咸淳临安志》记载，此地本是吴越国王的苑囿，称西园，园中种有灵芝。灵芝向来被人们视为祥瑞，帝王将相视之为国运昌盛之象，文人隐士则认为有仙风道骨之表。唐代的孟浩然就曾在《仲夏归汉南园寄京邑耆旧》中，有“扇枕北窗下，采芝南涧滨”之句，颇有几分“采菊东篱下，悠然见南山”的意境。遥想当年，在云雾缭绕、烟水茫茫的湖山间，瑶草盈园，玉芝漫阶，端的是天池凡落，仙府洞开，不觉让人忘记那也曾是个武夫当国、金戈铁马的时代。

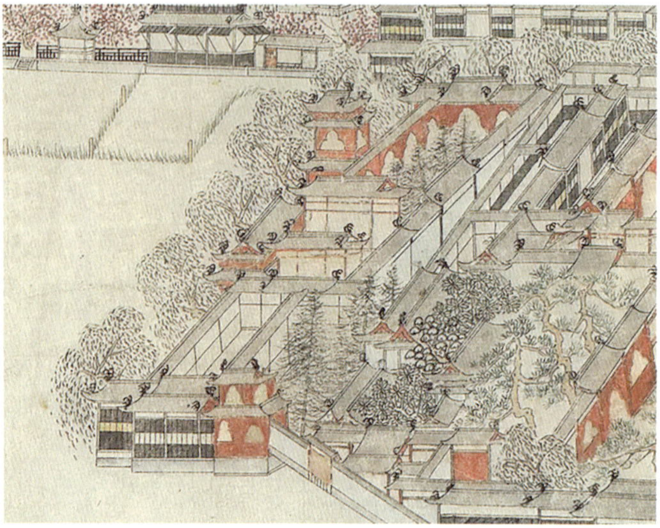

[元] 佚名绘《西湖清趣图》(局部,美国弗利尔美术馆藏。图中建筑为灵芝崇福寺)

宋太宗太平兴国元年(976),吴越王钱俶将西园改建为寺,号灵芝寺。两年后,吴越献土,灵芝寺自然也就归入大宋。宋真宗大中祥符初,高僧元照对寺院做了翻修,真宗赐额“灵芝崇福寺”。不过人们私下里还是称呼其为“灵芝寺”。

有意思的是,苏轼写的《表忠观碑》虽然和西湖畔的钱王祠一点儿关系都没有,但灵芝寺仍留下了他的《阿弥陀颂》碑。直到南宋后期,寺中仍保留着东坡二石刻。

灵芝寺在南宋初年毁于战火,只有寺中的师塔尚存。绍兴二十四年(1154),宋高宗又将寺院的南部地区析出,改建为显应观。到了孝宗乾道年间(1165—1173),灵芝寺才开始大规模扩建,寺院的规制也日渐宏大。

南宋的灵芝崇福寺占地宽广,濒临西湖,背倚京都。这里虽然不是皇家寺院,但同南部的显应观和聚景园一样,与皇室关系密切。宋高宗和宋孝宗曾数次到寺巡幸。绍熙元年(1190)和绍熙二年(1191)的春天,已经做了太上皇的宋孝宗时常乘坐着小车,来到灵芝寺向僧侣施舍斋饭。后来,孝宗又拿出自己的私房钱，让灵芝寺的住持法光代自己施舍。法光便用这笔捐款，面对西湖建了一座依光堂，堂中还专门设有皇帝赏鉴湖山的御座。法光又塑千手观音像、作水陆大斋所于寺西。宋末元初的诗人董嗣杲后来在《西湖百咏·依光堂》中追忆道：

尘凝黼座忆垂衣，今古湖波锦四围。
灵毓紫芝三秀远，光开绿玉片金辉。
松窗自掩空莲社，石榻相期卧柳枝。
半卷珠帘看落景，鼓箫长送画船归。

灵芝寺既是消暑纳凉胜地，又是群贤毕至之所。洪迈在《夷坚志》里就写过一个《灵芝寺》的故事，里面提到他在绍兴十二年（1142）五月在灵芝寺附近的西湖边纳凉。张俊的曾孙张镃也曾到灵芝寺避暑，还因此写下《灵芝寺避暑因携茶具泛湖共成十绝》。

南宋时期的灵芝寺还有一个重要功能，就是新科进士在此“会年题名”，也就是进行叙同年、题名立碑等活动，堪比进士期集。

期集，简单来说就是进士们在拿到“录取通知书”后要开个 party 庆祝一下，顺便彼此认识认识，为以后积累政治资源，就好像今人要在公司迎新大会上和新同事们彼此加微信一样。

南宋新科进士的期集之所，在临安的礼部贡院内。灵芝寺的“会年题名”虽不比礼部贡院的期集正式，但想来也是一时风流齐聚的文化大观。不过此说见于明代《西湖游览志》，不知是否属实。

如此文脉昌盛之地，自然少不了高僧大德和文人墨客的眷顾，也自然与朝廷多有羁绊。北宋的高僧元照在重修寺院之际，曾在此聚徒讲学，弘扬佛法，有“灵芝律师”之称；十六岁的陆游初来临安应试，也曾借宿灵芝寺。他后来回忆说：“我年十六游名场，灵芝借榻栖僧廊。”（《灯笼》）除了北宋苏轼亲自撰写并手书的《阿弥陀颂》碑外，灵芝寺里还有南宋参政何澹撰写的《寺记》

碑和南宋宰相郑清之撰写的《赐田记》碑。

和杭州很多寺院一样，灵芝崇福寺毁于元代末年的战火。明永乐初年，僧人竺源重建灵芝寺，但想来日后寺庙又废，这才有表忠观迁至灵芝寺旧址之事。万历二十二年（1594），灵芝寺再度重建，据明末清初人张岱回忆，他小时候曾去寺里玩儿，新建的灵芝寺种满了牡丹，为当时湖山一大盛景。只是后来，钱王祠日益兴盛，而灵芝寺的名字却渐渐淹没在史海之中。

四十六天帝师的落寞

◉

无论是灵芝满园还是牡丹烂漫，也无论是皇帝施舍还是进士期集，关于灵芝寺的记载总是繁华与热闹。然而，历史却不总是这般，绍熙五年（1194）闰十月二十六日的灵芝寺，便在隆冬荒寒中，显得异常冷寂。

六十五岁的朱熹已经在这里“待罪”六天了。就在七天前，他还是宋宁宗的老师，可仅仅一堂课过后，他就被宋宁宗急不可耐地扫地出门了。

今日钱王祠前的功德坊，此地原是灵芝崇福寺的一部分

事情还要从三个月前说起。那时的朱熹还远在湖南潭州（今湖南省长沙市），掌一方水土。七月十一日，他突然收到宰相机构尚书省的公文，召他速到南宋的行在（即“临

时首都”）临安奏事。在刚刚过去的几天里，道学领袖赵汝愚和他的谋士徐谊、叶適等人，联合外戚韩侂胄，推动了一场宫廷内禅。患有精神疾病的宋光宗被迫将皇位禅让给了儿子宋宁宗。

由于远离朝廷，朱熹并不特别清楚其中的是非曲直。但光宗的不成事，他早有耳闻。

赵汝愚主政，援引道学之士入朝。在道学圈子里，朱熹早已是众望所归的精神领袖。赵汝愚自然不遗余力，向新皇帝宋宁宗推荐朱熹；宁宗在潜邸时的旧臣彭龟年、黄裳，也在鼓动小皇帝召朱熹入朝。黄裳更是把朱熹称作“天下第一人”，他曾对宁宗说：“如果想进德修业，追踪古先哲王，那就必须找到‘天下第一人’才行。”彭龟年也进言：“陛下只有招揽像朱熹这样的‘一世之杰’，才能满足天下人的殷殷期待。”

在新臣旧僚的极力推荐下，宁宗对朱熹充满期待。八月五日，朱熹人还没到临安城，宁宗便下诏，除官焕章阁待制。

和所有贤士大夫一样，朱熹也一直在等待“得君行道”的机会。宋代是士大夫的黄金时代，一些优秀的士大夫提出了自己的政治理想与目标，那就是“致君尧舜”，实现“三代之治”——也就是把皇帝辅佐成尧舜一样的明君，让宋朝成为夏、商、周那样的治世。落实这一理想的过程，便是“行道”；“行道”的人，便是君子。而“行道”的第一步，就是“得君”——获得君主的支持。

宁宗就是那个“君”吗？朱熹并不确定。

对于入朝，朱熹并没有表示出过度的热情，相反，他理性而清醒地表示：“我也只能竭尽真诚，尽力为之了。除此之外，其他的事皆非我所能预料。”八月六日，朱熹离开潭州，启程入朝。

历经近两个月的颠簸，朱熹在十月二日进入临安。尽管赵汝愚已升任宰相，但朝中的局面并不像赵汝愚预期的那般美好，宋宁宗在敲打赵汝愚不要结党，韩侂胄也在抱怨赏不及己。

对于韩侂胄，赵汝愚的谋士徐谊很早就提醒过他，让他除授韩侂胄节度使。赵汝愚一度听劝，派人告知韩侂胄。可韩侂胄却故意摆架子，上章辞受。当时，朱熹还在前往临安的路上，他数次派门下弟子拿着自己的亲笔信交给赵汝愚，让他一定想办法让韩侂胄当上这个节度使。他认为，对韩侂胄这样的人，一方面要给他极高的待遇作为回报，另一方面别给他实权就是了。

每当读书至此，我都不得不对朱熹的深谋远虑深感钦佩。显然，他并不是许多人印象里，那个只会讲大道理的老夫子，而是一个看透人心的厉害人物。可赵汝愚却觉得韩侂胄只是个容易控制的小人，并没有听从朱熹的劝告。赵汝愚的一时大意，为接下来的悲剧埋下了深深的伏笔。

朱熹来到临安当天，便申请入宫奏对。十月四日，他终于见到了宋宁宗。朱熹抓住机会，向宁宗上奏了五份奏章，除了谈及一些眼前的事宜外，朱熹在奏章中规劝宁宗正心诚意，“动心忍性”，并向宁宗教授读书要深入钻研事物的道理。朱熹的奏章起点太高，宋宁宗天生智力低下，恐怕并不能理解这“天下第一人”的玄妙用意。

十月十日，朱熹正式开始以新的官职在朝供职。自北宋以来，宋代就有经筵日讲的制度，由当世名儒或学术优异的士大夫作为“帝王师”，为皇帝传授治心与治国之道。宋代士大夫非常看重经筵日讲，因为这不仅是接近皇帝、面奏机密的绝佳机会，更可以使士大夫通过教授学说，将皇帝塑造成自己眼中的“有道明君”。

朱熹像（南薰殿旧藏《至圣先贤半身像》册，台北故宫博物院藏）

经筵日讲真的有这么大的功效吗？确实有。当年王安石入朝，便是先做“帝王师”，直到把宋神宗这位“弟子”说得心服口服，才成功开启了熙宁变法。用宰相王曾的话说，君臣二人一度好得“就像一个人一样”。

当然，经筵日讲也不总是成功的。神宗驾崩后，司马光、吕公著等人推行元祐更化，一班贤士大夫轮番为年少的宋哲宗传经授业，可结果却是培养出一个与他们期待截然相反的皇帝。

有了前车之鉴，朱熹并没有将经筵日讲当作无所不能的神话，但他仍然竭尽所能，希望用好这个机会，换来一次真正的“得君行道”。

贤士大夫重视经筵日讲，围绕在宋宁宗身边的奸佞小人自然就害怕经筵日讲，一旦宁宗被道学之士成功塑造，那朝堂之上就不会再有他们的位置了。因此，在宁宗最初择日开讲筵时，总有人以孝宗驾崩未久、天下尚在居丧为由加以阻止。应该说，这样的理由确实是用道学之矛攻道学之盾。可是，朱熹再一次向我们展现了他“灵活应变”的能力，他认为不必拘泥于迂腐之词。在朱熹的力主下，十月十四日，宋宁宗继位以来的首次经筵正式开讲。

朱熹为宋宁宗上的第一堂课是讲授《大学》，用今天的话说，就是一堂思想品德课。宋代学术发展至南宋，通过帝王的修养身心，来防范皇帝胡作非为，最终实现士大夫“得君行道”，几乎成为当时大部分士大夫认同的途径。对于朱熹的谆谆教导，宋宁宗都表示虚心嘉纳，他还下了一道《初讲毕案前致词降殿曲谢》，专门褒奖朱熹。

十月十七日，朱熹又获得加官和新的礼遇，至少在表面上，这足以说明宋宁宗对他的肯定。在后来的日子里，朱熹又先后为宁宗做了五次讲授。宁宗甚至主动请朱熹把讲义写成册子进献上来，并表示阅读后，觉得讲义里最重要的关键点，就是要彰明人的本心。对此，朱熹大为感动，他一面当面夸赞宁宗是“天纵生知”的天才，一面又对自己的弟子说：“皇上可与为善，只要好好辅导，天下就有希望！”

这一天，是闰十月十三日。朱熹自赴杭以来的疑虑，在喜悦中，烟消云散了。

可这种喜悦并没有持续多久。

朱熹入朝以来，除了向宁宗授学以外，还参与了不少政务讨论，如讨论孝宗的陵寝、讨论宗庙迭毁次序、改革史院制度等，但他的奏章每每石沉大海。除了讲授，朱熹也经常利用奏对、上书等方式向宁宗进谏。比如闰十月五日，临安城里突然黑烟笼罩、寒气逼人，朱熹便借机上了一道《论灾异札子》，暗示皇帝身边有奸佞小人弄权。但被朱熹视为“天纵生知”的宁宗依然不为所动。

朱熹仍然没有放弃。既然皇帝“可与为善”，那么自己就必须再接再厉。闰十月十九日晚讲，他对《大学》的格物致知、正心诚意之说大加发挥。讲习完毕，朱熹按照先前与彭龟年的约定，向宋宁宗奏论四事，对宁宗即位以来的一些行为做了当面批评，特别是批评他喜欢用非法命令随意干预朝政的恶习，以及放任韩侂胄弄权。

没想到，六天前还对朱熹虚心爱戴，让朱熹以为“天下有望”的宋宁宗，这次却突然翻脸。朱熹前脚刚离开，宁宗马上就做出指示：“天冷了，我舍不得您在这儿站着受苦，您歇歇吧。”宁宗还表示，要任命朱熹担任只拿俸禄却无事可做的闲官，等于是让他提前退休。

一石激起千层浪。赵汝愚得知消息，迅速入宫跪拜劝谏，却丝毫不能动摇宁宗的决心。二十一日，韩侂胄让内侍王德谦将写在纸上的宁宗批示封好，直接送到朱熹的住所。朱熹当天便离朝而去，住到临安城外的灵芝寺里待罪。

满朝贤士大夫发起援救朱熹的行动，但最终的结果，也不过是为他争来了知江陵府、荆湖北路安抚使的地方官职。

闰十月二十六日，在入朝履职仅仅四十六天后，朱熹便黯然离开了临安。李壁、叶適等人前来设宴饯别。严冬寒季，北风萧索，百木枯残，朱熹不禁百感交集，吟诗以赠李壁：

平生少年日，分手易前期。及此同衰暮，非复别离时。
勿言一樽酒，明日难重持。梦中不识路，何以慰相思。

不过，灵芝寺并非朱熹的终点。经筵余音仍在，朱熹却已经走上了新的自省之路。未来，尽管“庆元党禁”乌云压顶，但一代鸿儒宗师的身影正从此逐渐清晰伟岸起来。

五　求去六官宅：陆游与韩侂胄的恩怨纠葛

我想回家

◉

嘉泰三年（1203）五月的一天，还有一个月便要立秋了。吴山脚下，西子湖畔，临安城被突如其来的瓢泼大雨打破了宁静。天水骤降，烟瀑飞泻，有如万马脱缰、雷腾云奔。泰和坊前的土路在暴雨冲刷下有些泥泞，一位老人步履蹒跚，好不容易跨过六官宅第六位的门槛，缓缓收了油纸伞。他两鬓斑白，形如枯槁，面生锈色，仿佛是刚刚经历了通宵达旦的不眠不休。然而，憔悴疲惫的面容却遮掩不住眼中那微微闪耀的光芒。

［清］佚名绘陆游像

陆游已经七十九岁了，已近耄耋之年。十余年前，他遭到何澹弹劾，罢官，归故里。没想到，人早已过了古稀，却被朝廷一纸诏书召入行在，做上了这辈子里品级最高的官。

陆游有深切的家国情怀，此为天下人所共知。“王师北定中原日，家祭无忘告乃翁”，陆放翁直到生命的最后一刻，都不曾放下天下兴亡之责。可奇怪的是，对于人生中最后一次仕进，陆游却表现得相当消沉。在临安这整整一年的岁月里，陆游写了一百九十首诗，而其中有三分之一都是一个主题：我想回家。

陆游这是怎么了？这一年里到底发生了什么？一切还要从陆游罢官说起。

淳熙十六年（1189）十二月，陆游罢官，返回绍兴府山阴县（今浙江省绍兴市）的故乡。此后的十三年里，他一直赋闲，常年栖居于三山别业。庆元五年（1199），陆游正式退休。从此，他大抵已经认定，自己就要在这片南傍镜湖、北临江泽的田园间终老此生了。

谁能料到，嘉泰二年（1202）五月的某一天，陆游突然接到朝廷任命，以直华文阁、提举佑神观权兼实录院同修撰，参与国史、实录的编撰。

就在上一年，常年专断国政的韩侂胄被授以平章军国重事之职，正式确定了位在宰相之上的地位。召陆游赴行在修史，当然是韩侂胄的意思。

对于韩侂胄这样的人物，陆游骨子里并不想与他有什么瓜葛。绍熙内禅不久，韩侂胄便在宋宁宗的纵容下，将赵汝愚迫害致死，朱熹也一度被逼入绝境。他大兴“庆元党禁”，站在天下贤士大夫特别是道学之士的对立面。与这样的人物打交道，稍有不慎便会“晚节不保”，遭到贤士大夫的群攻。

然而，陆游与韩侂胄的关系又是剪不断理还乱的。因为陆、韩两家是“通家”，是“世交”。韩侂胄本是北宋名相韩琦之后，他的从祖父韩忠彦与陆游的祖父陆佃，在宋徽宗初年曾同朝为宰执，时韩忠彦为朝廷首相，陆佃为副宰相。后来蔡京大兴党禁，两人前后脚罢政出京，又都被打入“元祐党籍”遭到迫害。到了南宋，韩侂胄的堂兄韩肖胄出知绍兴府，十六岁的陆游曾以通家之谊登门拜访。日后韩肖胄和弟弟韩膺胄定居绍兴，韩、陆两家的关系就显得更为亲密。

韩侂胄在“庆元党禁”中大失人心，但他也想获得士人的支持，改变自己的形象，与韩家有通家之谊的陆游自然就成了他的重点拉拢对象。那时陆游赋闲在家，以祠禄官的虚衔领取朝廷俸禄。庆元五年（1199），陆游的祠禄官任期已到，韩侂胄本想动用特权，让他继续以祠禄官的身份领取俸禄。与陆游私交甚佳的朱熹曾为他捏了一把汗，他在给弟子巩丰的信中说道："我曾担忧陆游行迹太平常，才华又太高，恐怕会被有权势的人牵累，不能保全晚节。"可陆游硬是没有接过韩侂胄的橄榄枝，而是光明正大地退休了。

对于韩侂胄的用心，陆游也颇有察觉。退休后的第二年，陆游就作《自警》一诗提醒自己：

少年不自量，妄意慕管葛。晚节虽知难，犹觊终一豁。
悲哉老病马，解纵谁复秣。既辞棰辔劳，始爱原野阔。
饮涧啮霜菅，亦可数年活。勿复思长途，嘶鸣望天末。

尽管陆游小心谨慎，还是没能躲过"晚节不保"的讥讽。庆元六年（1200）春秋之间，韩侂胄亲自写信，请陆游为自己作一篇《南园记》。南园是韩侂胄的私家花园，位于长桥之西。

陆游最终同意为韩侂胄作记。他自称"无谀辞，无侈言"。南园的亭台楼阁皆以韩侂胄曾祖魏忠献王韩琦的诗作为名，陆游抓住这个机会，一再强调"公之志，忠献之志也"。而"忠献之志"正是南园厅堂中所用的"许闲""归耕"。陆游的《南园记》，无异于劝韩侂胄归去来兮。某种意义上讲，这和贤士大夫利用经筵日讲劝大宋皇帝"正君心"有异曲同工之妙。

韩侂胄当然不会听陆游的，《南园记》也成了陆游的"负谤之作"。在许多士大夫嘴里，《南园记》成了陆游的投名状。特别是嘉泰二年（1202），韩侂胄邀陆游入京修史，这就更让陆游百口莫辩了。

陆游为什么一定要接受韩侂胄的征召，再赴临安呢？这或许与他的具体工作有关。陆游这次赴杭，最重要的任务就是修撰《孝宗实录》和《光宗实录》。陆游在高宗朝曾数次参加科举考试，但因抗金倾向，屡屡不中。孝宗甫一即位，因对陆游诗文十分赞赏，便让他担任枢密院编修官兼编类圣政所检讨官，不久又赐进士出身。当时，以朝廷名义写给西夏国主的书信，以及招募中原英雄豪杰抗金的密信，都出自陆游之手。可以说，那是陆游一生中最接近自己志向的一段时间，也一度是他人生的转折点，更何况孝宗还有志匡扶中原。而《孝宗实录》修了数年却仍然不能成书，于公于私，陆游都可以通过自己的史笔，来报答孝宗的知遇之恩。

另一方面，韩侂胄的形象也发生了很大变化。嘉泰元年（1201），韩侂胄任命“吴家军”第三代代表人物吴曦为兴州（今陕西省汉中市略阳县）都统制，开始布局北伐。为了赢得更多士大夫支持北伐，第二年二月，在韩侂胄的推动下，党禁终于松弛。两项政策的叠加效果，就是开始有主张北伐的贤士大夫——当然也包括道学之士，聚集到韩侂胄的身边。尽管陆游不认同韩侂胄其人，但说他对韩侂胄的北伐没有一点儿期待，那是不可能的。

就是在这样十分复杂的情绪中，七十八岁的陆放翁离开了悠闲自得的三山别业，踏上前往临安的漫漫旅途。一路之上，陆游有感而发，写下《入都》诗：

葵苋登盘酒可赊，岂知扶病又离家。
朝行打岸涛头恶，夜宿垂天斗柄斜。
不恨山林淹岁月，但悲道路困风沙。
邻翁好为看耕陇，行矣东归一笑哗。

陆游表示，自己在家里有葵菜、苋菜吃，喝酒还能赊账，过得是神仙日子，谁承想这把岁数还得带病离开家乡。我白天乘船，浪头凶恶地拍打着江岸；晚上睡觉，头顶上的北斗七星斗柄都是倾斜的，这一路真是凶险万分，压力巨大。我不因在山林中消磨时光感到悔恨，但却为在路上困于风沙感到悲哀。邻居们可帮忙看好了我这一亩三分地，等完了事我马上就回家。

言辞之中，全然是不得不往、完事就回家的心情。

今日的河坊街（南宋的六官宅就在河坊街一带，胡鉴　摄）

老学行庵修青史

◉

六月十四日，陆游到达行在临安，下榻六官宅。陆游在《跋子聿所藏〈国史补〉》中说：“……嘉泰壬戌闰月几望，放翁记。时年七十有八，以同修国史兼秘书监，居六官宅第六位。”在《跋临帖》中，陆游又说：“陆务观跋。时年七十九，当嘉泰癸亥四月二十八日，居于六官宅老学行庵。”嘉泰壬戌闰月指嘉泰二年闰十二月，嘉泰癸亥四月二十八日指嘉泰三年四月二十八日，这正在此次陆游居杭修史的时间范围内。两次写的具体居住地点略有不同，不过很有可能六官宅第六位和六官宅老学行庵是同一个地方。陆游具体居住的应该是六官宅的第六位，可能是指六官宅里编号第六的房间。由于陆游给家中的书斋起名老学庵，六官宅第六位也就自然成为老学行庵。

南宋的临安城里，朝廷为解决在京官员的住宿问题，向他们提供了专门的宿舍。比如四官宅、五官宅、九官宅、十官宅等。陆游以前来临安为官，就曾住过这种“百官宅”。

翻开《咸淳临安志》的《京城图》，“六官宅”三个大字就在泰和坊附近，也就是今天清波街道后市街、华光街、高银街之间的那一带。其地毗邻皇后外宅云集的后市街，隔清河坊而远望吴山，东去御街与朝天门未远，西可直达清波门而至西湖，可谓是寸土寸金的繁华地段。

嘉泰年间，泰和坊建了一座宝山院，又名华光庙，今天华光街的名字便由此而来。临安城中的清湖河水流到宝山院而断流，因此时人称其为断河头。据《舆地纪胜》载，六官宅就在断河头一带。

陆游到达临安后，马上就面临一个烂摊子。原来，早在庆元元年（1195）七月二十日，宋宁宗便下诏修《孝宗实录》，可修了七年，却连个影子也没修出来。大概是因为实在没人能胜任此事，韩侂胄这才把当过两次史官的陆游请了回来，专门负责修史事宜。为了方便陆游专心修史，朝廷还特许他不用上朝。

此次与陆游同时赴杭修史者，还有傅伯寿。其人曾对朱熹执弟子礼，在庆元党禁的时候却投靠了韩侂胄，被视为“韩党”。但陆游对此并没有什么特别态度，他来临安只是专心治史，不及其他。

这年十一月，陆游兼任秘书监。秘书监为正四品，这是陆游生前获得的品级最高的官职，因而后世又称他为陆秘监。秘书省内有右文殿、秘阁、国史院、道山堂、著作庭、会要所、书库、浑仪台及后圃等，是藏书修史之所，也是陆游具体的办公地点。秘书省在天井坊之侧，与泰和坊之间仅仅隔着一个宋宁宗的潜邸开元宫，其地在今清波街道的旧藩署一带。也就是说，陆游每天几乎是在家门口上班，确实快捷方便。

修史是一件非常辛苦的事，《孝宗实录》七年不能修成，除了说明当年修史人员的精力与水平有限外，也确实反映出编修实录的不易。陆游在《九月初作》诗之二中，有“细书付吏謄初稿”之句，他还在自注中说：“《实录》有初稿、二稿。”再联系《孝宗实录》此前一直没有成稿，看来陆游等人此次修撰的就是《孝宗实录》的初稿。这就需要陆游查阅大量的档案、文献，编订取舍，工作量极大。

在这一年里，陆游以诗歌为日记，记录了不少修史的艰辛。嘉泰二年（1202）秋，陆游在《求月桂》中写道：

重重汗简拥衰翁，百里家山梦不通。

八旬老翁日日夜夜被堆积如山的档案、文献围绕，以至于仅在百里之外的家乡山阴，在梦里都没机会梦见。如果说这首诗写的还是一种工作状态，那么在这年冬天所作的《今日史课偶少暇戏作五字》就真是写实了。诗中写道：

三日败一笔，手胝视茫茫。
吏来督日程，炙冷不及尝。

三天就能写坏一支毛笔，满手都是磨出的茧子。小吏整天来催实录的进度，陆游忙得连口热乎饭都顾不上吃。

工作单位离家近，还有一个“好处”，就是方便加班，特别是方便回家加班。陆游从秘书省下班回六官宅的住所，有时会带着史稿，在家里继续审读批改。他在《纵笔》之三中写道：

归从册府犹披卷，了却官书更赋诗。

凡此种种，陆游的诗里记录了不少，有时甚至让人觉得他是在借题发牢骚。不过，从这些“牢骚”里，我们看到的是对修史事业一丝不苟、兢兢业业的老学者风范。

陆游对这次修史非常重视，他说：“书生事业无多许，二寸毛锥老未休”（《秋思》），“责重何由塞，愁生但念归”（《题史院壁》）。他还说：“后死与斯文，犹能读典坟。虽惭千载事，要是一生勤。石硙霏霏雪，铜炉袅袅云。扶衰又秋晚，何以报吾君？”（《史院书怀》）

由此看来，陆游担任史官之职，应该是很得心应手的。在他眼里，修史是一件很重要的事情，并不会因为修史而感到被冷落，他又有史才，足以胜任。

可实际情况却恰恰相反，陆游自从来到临安后，心情就一直不好，一心想着回家，还没进临安，就在《入都》诗里说："邻翁好为看耕陇，行矣东归一笑哗。"他后来又写了《忆三山》《怀故山》《独立思故山》《春晚怀故山》《思归示儿辈》等，不用看诗，只看诗题，陆游的归心似箭就已经跃然纸上。

工作繁重，可能是陆游想回家的原因之一。嘉泰二年（1202）夏，修史工作刚刚开始，他就在《感旧》中说："老喜诗情在，慵愁史课催。"没事还能写写诗，陆游还是很高兴的。但是毕竟年近八旬，每天背着沉重的"KPI"，确实是一种体力和精神上的折磨。在这一年里，陆游越来越感到力衰难支，"旧疾乘衰作"（《卧疾》），"老病贪揞枕"（《独坐有怀杜伯高》），"八十山翁病不支"（《乍晴出游》），是他晚年病痛的真实写照。

"人生快意事，五月出长安"

可这还不是最重要的。在临安的这段日子里，尽管有第六子陆子聿的陪伴照料，陆游还是感到孤独。特别是在嘉泰二年（1202）秋天，一股悲秋心绪绵延不断地涌上陆游的心头。他在《秋雨》中说："晚窗又听萧萧雨，一点昏灯相对愁。"在《秋夜》中又说："旅怀生怕还乡梦，留取残灯伴雨声。"《秋思》之一里写道："墙隅苜蓿秋风晚，独倚门扉感慨频。"

是什么让陆游倍感寂寞呢？恐怕还是跟韩侂胄有关。嘉泰二年（1202）十月八日，韩侂胄迎来五十一岁寿辰。南宋时祝寿风气颇盛，陆游由韩侂胄推荐修史，于情于理，也不得不有所表示。于是，陆游便写了一首《韩太傅生日》

的应景诗，诗中不乏对韩侂胄的歌功颂德。诗的末尾又写下“身际风云手扶日，异姓真王功第一”，似是对韩侂胄北伐立功有殷切的期待。

与当年对韩侂胄“劝退”的《南园记》相比，作为应景之作的《韩太傅生日》，夸韩侂胄夸得确实有些肉麻。什么“天为明时生帝傅”“神皇外孙风骨殊”“问今何人致太平”诸如此类，韩侂胄应是愧不能当的。不过，毕竟是为人家祝寿，既然写了，总不好写些“这个老妇不是人”之类的话。

到了嘉泰三年（1203）四月七日，陆游又为韩侂胄写了一篇《阅古泉记》，此记文笔甚佳，可谓名篇，但却与《南园记》《韩太傅生日》一起，成为陆游“晚节不保”的“证据”。

就在《韩太傅生日》写成后一个月，陆游便升任秘书监；第二年正月，又除宝谟阁待制。这之间是否有联系呢？一时之间，清议喧嚣。有人说，是当初的一篇《南园记》，换得陆游年近八旬再度出山；有人说，写下《韩太傅生日》与《阅古泉记》，是陆游刻意攀附韩侂胄之举；甚至有谣言传，因为这两篇佳作，陆子聿还除授了官职。

对于这样的嘲讽讥议，清人赵翼倒是看得很明白。他在《瓯北诗话》中极力为陆游鸣冤。的确，陆游无心官场功名，韩侂胄也无意对他重用。陆游赴杭以来，一直小心翼翼，很担心被扣上失节的帽子。他说自己来临安修史，是“鄙意惭轻出”（《入局》），是“年来殊失计”（《春晚怀故山》），是“人生念念皆堪悔”（《东轩花时将过感怀》之二）。嘉泰二年（1202）冬，也就是在写下《韩太傅生日》后，陆游在《杂兴十首以贫坚志士节，病长高人情为韵》之十中表白了自己的心迹：

> 君子尚大节，又甚恶不情。鲁连故可人，用意终近名。
> 千载高夷齐，采薇忘其生。周公述易象，所以贵幽贞。
> 去圣虽已远，江左见渊明。我读饮酒诗，朱弦有遗声。

陆游希望自己能像陶渊明那样，保全“大节”，早日归隐。

其实，陆游的求退之心早已向世人表白。在四月七日写给韩侂胄的《阅古泉记》中，陆游说“幸旦暮得复归故山”，这明明就是在说自己要归隐山林，又哪有半点儿攀附求进之意呢？

正因如此，孝宗、光宗两朝实录一旦成书，陆游就迫不及待地上书，请求致仕，归隐山林。嘉泰三年（1203）四月一日，实录将成，陆游发誓说：“马上就要成书上奏了。上奏后三日，我若不奋力辞了官职，抑或致仕不能而苟留朝中，有如日！”

“有如日”是发誓时以太阳为证，类似于今人发誓要说“天打五雷轰”一样。四月十六日，两朝实录终于修书完毕，即将进献。进书有一套相当隆重的礼仪，陆游按照规定，留在秘书省道山堂的东直舍，守护实录。第二天，《孝宗实录》与《光宗实录》得以正式进献。陆游终于卸掉了担子，连上两道《乞致仕札子》，尽管朝廷并未应允，但还是授以他“太中大夫仍前宝谟阁待制、提举江州太平兴国宫”的虚职，陆游终能离京返乡。

于是，便有了我们在文章最开始提到的那个场景。在嘉泰三年（1203）五月的大雨中，陆游与同僚们告别。他写下两首《雨中别同朝诸公》，其一云：

今日别交旧，街泥盈尺深。极知当作恶，追恨阙相寻。
笑语关幽梦，江山入苦吟。新秋才一月，留句待清砧。

“极知当作恶，追恨阙相寻”，看来，陆游仍然显得心绪不宁，在反思自己这段时间到底有没有做错过什么。相比之下，第二首就显得轻松一些了：

雨点万珠落，水声群马奔。才能脱危路，未遽定惊魂。
一扫枕中梦，即归江上村。村醪莫嫌薄，随事有鸡豚。

嘉泰三年（1203）五月十四日，距离陆游入杭正好整整一年。他骑上瘦弱的小马，一早便出了临安的城门。以地理位置推测，陆游很可能就是从清波门离开临安的。城外的驿站还大门紧闭，草木中的鸟儿也还深藏未醒。就在这个月，陆游终于回到了他朝思暮想的故山田园。“人生快意事，五月出长安。”（《乍自京尘中得归故山作五字识喜》）那一刻，他如释重负。

第二章　看满江红遍

清波之志——良将志士的舍生取义

怒发冲冠，凭栏处、潇潇雨歇。抬望眼，仰天长啸，壮怀激烈。三十功名尘与土，八千里路云和月。莫等闲、白了少年头，空悲切。

靖康耻，犹未雪。臣子恨，何时灭。驾长车，踏破贺兰山缺。壮志饥餐胡虏肉，笑谈渴饮匈奴血。待从头、收拾旧山河，朝天阙。

——［宋］岳飞《满江红》

一　竹园山上的历史记忆

登山坐阁，平眺湖山

◉

在今天杭州的清波街道，西湖柳浪闻莺公园正门对面，南山路与河坊路交会处的路北，有一座用石砌高墙围起来的旧式院落，院外有一座小丘，丘上青木聚翠，幽静中颇有几分闲趣。这里便是闻名遐迩的勾山樵舍遗址，2013 年已列入杭州市文物保护单位。康乾盛世之时，桐城派创始人方苞的得意门生“一代文章宗匠”陈兆仑便筑宅地于此。他的孙女陈端生也在这里长大，写出了一部与《红楼梦》并称“南缘北梦”的《再生缘》。

勾山的文韵成名于清，而兴起于宋。勾山在宋朝被称为“竹园山”，顾名思义，山上种了不少竹子。别看竹园山只是一座矮矮的小土丘，据宋人说它仍属吴山余脉。到了南宋，竹园山与新迁而来的临安府治做了邻居，被风水先生们视为风水宝地。据《淳祐临安志》记载，南宋初年，竹园山曾一度归属清河郡王张俊。到了淳祐九年（1249），司农卿兼知临安府赵与篙买下此地，并于山上建阁，使这里成为临安府治内西南角上的

勾山樵舍遗址

一处宴息之所。由玉莲堂而西，便可穿过竹林遮蔽的小径，登山坐阁，平眺湖山——身下千竹簇拥，远处柳烟青纱，西湖胜景若隐若现，似有如无，宛若屏风中的山水。淳祐十一年（1251），宋理宗御笔亲题“竹山阁”匾额以赐。

不过，竹山阁在竹园山上存在的时间并不长。《咸淳临安志》记载，景定三年（1262），太府少卿兼知临安府魏克愚因信风水之说，将此阁移到了钱塘门外的西湖之畔，并将玉莲堂的匾额一并移于此处悬挂。而竹山阁匾额则被移到了府治东部的另一处院落里。咸淳七年（1271），时任知临安府、也是《咸淳临安志》的作者潜说友在玉莲堂旧址改建香远楼，使这里成为府治内景色最佳处。自香远楼向西，依然可以穿过竹林，登高望远。只是竹园山上，再也没有那座竹山阁了。

竹园山左倚州府，右衔湖山，颇有几分在“循道求进”与“出入释老”间徘徊的士大夫精神。然而，在南宋初建的颠沛岁月里，竹园山与大宋江山一样，也经历了一场战火，经受了诸多苦难与磨炼。

竹园山惨案

◉

在苏轼门生方勺所写的《泊宅编》里，记载了这样一段奇闻：建炎三年（1129）深秋，北寒初至，煞气逼人。竹园山一带的平地突然鲜血喷涌，没一会儿这些血水就积成了一个池子，方圆数里都能闻见一股刺鼻的血腥气。第二年，金军攻入杭州，仅在竹园山一带就杀戮万人之众。

以常识论，“平地涌血”的传说似当不得真，但方勺晚年居于临安府附近的湖州，亲身经历了南宋初年金人渡江后的狼烟烽火，他能将这段传说写入书中，至少说明在南宋初年的临安一带，民间确曾流传着竹园山“平地涌血”的说法。

竹园山“平地涌血”的事虽然大概率是附会，但金军制造的“竹园山惨案”却多半是真实的。

建炎三年七月，金军发动了对南宋的全面进攻。驻跸建康府（今江苏省南京市）的宋高宗赵构听闻金军南下，赶忙升杭州为临安府，并在张俊等部的护送下逃往临安。

临安虽然是杭州旧属县的名称，是吴越国王钱镠的故里，用来做府名并无不妥。但在当时的环境下，“临安”二字总给人一种“临时安定”的弦外之音。

然而，改名字这种嘴上讨吉利的事儿，并不能真正给南宋带来半分安定。十月，已成惊弓之鸟的高宗抵达临安，他甚至不敢居于行宫，只能栖身在御舟上，以便一旦遇到危险就立即起航。即便如此，高宗仍然认为临安不够安全，特别是当他听说金军在江淮一带接连取胜后，便马上拔锚，渡过钱塘江，一溜烟逃向了更远的越州（今浙江省绍兴市）。

与此同时，完颜兀术已率领金军渡过长江，并于十二月十六日攻破临安。起初，金军在城中滥杀无辜，后来虽渐渐停息，却又大肆抄掠。据后来当上宰相的赵鼎在《建炎笔录》中记录，当时的情报显示，临安城中的“子女玉帛”已被金人“取尽”。

完颜兀术号称就是“搜山检海”也要把高宗抓住。高宗只好再度弃城，从越州一路狂奔，直至流亡海上。由于江南地气卑湿，水网纵横，金军早已水土不服；江南军民的奋起反抗，又大挫金军锐气；如今高宗入海，不善水战的金军更是徒叹奈何。最终，完颜兀术也只好自说自话地宣布“搜山检海已毕”，决定撤军。一路之上，金军烧杀劫掠，江浙一带哀鸿遍野。

建炎四年（1130）二月七日，完颜兀术率金军主力回到临安。据赵鼎记录，兀术先是在吴山的七宝山上聚集军队，然后一声令下，发兵洗城，“自州门杀人”，又在城中“四隅发火”。这场大火烧了三天三夜，大火熄灭后，城中各处的零星余火仍然烧了十几天。二月十一日，眼见火势稍弱，完颜兀术在城中再度纵兵大掠。这样又疯狂抢了两三天，到了二月十三四日，金军才算罢手，带着无数战利品扬长而去。我们前面一再提及的灵芝崇福寺，就一度毁于这次洗城。

经此一劫，曾经富庶一方的临安城遭到前所未有的打击，作为临安防御屏障的城墙遭到巨大毁坏。《建炎以来系年要录》和《宋会要辑稿》中记录，绍兴二年（1132）正月里的一场雪，一口气就压倒了长达三百七十九丈的城墙，以至于宋高宗不得不临时从临安周边的湖州、秀州（今浙江省嘉兴市）等五州调集数千人来紧急修缮城墙。宋代一丈合今天三点一四米，三百七十九丈就是将近一千二百米，相当于一般人走二十分钟左右的距离。

更惨绝人寰的，自然是大量临安居民惨遭杀害。绍兴二十六年（1156），南宋起居舍人凌景夏提到："切见临安府自累经兵火以后，户口所存，裁十二三……"按照这个说法，临安七八成的人口死于兵祸之中。据复旦大学吴松弟教授推算，临安本地人口已从战前的二十点四万户，锐减至六点一万户。

"白骨露于野，千里无鸡鸣。"看来，方勺道听途说的"竹园山惨案"即便有夸大其词的成分，与历史真相也不会相差太远。一座小小的竹园山，方勺寥寥的三十九个字，却成为临安城沉痛苦难的缩影与挥之不去的历史记忆。

好在，否极泰来。

完颜兀术离开临安一个月，就被韩世忠困在了长江水边的黄天荡，尽管最终突围而去，却终生不敢再提"渡江"二字。紧接着，岳飞在五月以少胜多，收复了建康府。南宋就此在江南立稳了脚跟，而临安府所在的清波地区，也翻开了新的一页，凤凰涅槃，浴火重生。

二 朝天门下的精忠岳飞

尽忠报国

◉

如果没有在南宋抗金，温婉的杭州就少了几分惊涛骇浪中的磅礴气势；如果没有岳飞，南宋抗金就少了一个昭炳日月、横贯古今的高尚灵魂。

岳飞来过清波地区吗？

那简直是一定的。

我们翻阅史籍，几乎找不到岳飞直接在清波地区留下的足迹。这里没有岳庙岳坟，没有风波亭孝女井，甚至连打铁关这样的传说都没有。不过，岳飞一生九次来杭，几乎次次都要从清波地区经过。这就不得不提到位于此的杭州标志性建筑——鼓楼了。

今天的鼓楼旧址，南宋时是朝天门。这座极为特殊的建筑，将南宋的临安城划为官民两界。门内不仅有三省密院、五府六部的朝廷机构，更有御道直通皇宫大内；门外则是民间生活的广阔空间。说朝天门是“南宋的天安门”，一点儿也不过分。

关于朝天门的历史，后面会详述，我们先回到岳飞的话题上。既然朝天门是“南宋的天安门”，也就意味着这里是百官上朝的必经之路。岳飞一生九次赴杭，几乎次次都要过朝天门。

绍兴三年（1133），三十一岁的岳飞第一次来到行在临安。在此前的三年里，他复建康，破李成，降张用，讨曹成，平定吉虔，在抗击金军和戡平内乱的

鼓楼（吴海平 摄）

战斗中百战不殆。当时，人们将韩世忠、刘光世和张俊视为素有威名的大将，而将岳飞与吴玠并称为军界的后起之秀。这五人逐渐成为南宋抗金最主要的五大帅。难能可贵的是，岳飞比吴玠还要小整整十岁。这样出类拔萃的年轻将领，自然引起宋高宗的注意。八月七日，高宗下诏，命岳飞赴行在临安府。

早在建炎三年（1129）五月下旬，岳飞收复建康后，便曾亲自押解战俘前往当时的行在所在地越州，并以卓越的军事眼光受到高宗赞许。但高宗专门下诏见他，绍兴三年这次还是第一次。

当岳飞在江州（今江西省九江市）收到诏书时，想必内心是波澜起伏的。他自然有得上知遇的喜悦，更有满腔匡扶山河之志要对皇帝面陈。岳飞将江州军务安排妥当，立即带上长子岳云共赴行在。岳云虽然仅仅十五岁，却已经从军三年，屡立战功。

劫后余生的临安城依旧满目疮痍，但在战火纷飞的建炎年间，这里确实给人暂时的安定与宁静。初来杭城的岳飞，想必也曾站在西子湖畔，为这气韵娟秀的湖山之美而流连。只是胸怀鹏举之志的岳飞自然不会错把杭州当汴州，他更像是数里之外“组练长驱十万夫”的钱塘大潮，要来他个“铁马从容杀敌回”，把那千里锦绣、万里河山，收回大宋的疆域。

九月九日，岳飞沿着临安府的御街一路向南，第一次穿过朝天门。这是一座没有城关门楼，只有两座城阙高耸得极不标准的城门。由于缺乏真正意义上的防御能力，本来早已废弃的朝天门，却阴差阳错，成为南宋临安皇城内外最重要的一道界限。

岳飞穿过朝天门时，不知是否曾抬头仰望城阙之间那尚连成一片的蓝天。朝天有阙，直插云霄。这样的形象，倒是很符合《满江红》里的最后三字——“朝天阙”。

这次召见，宋高宗再一次表达了自己对岳飞的赏识。岳飞的级别从五品一跃而至正四品，职务也火速提拔至江南西路战区的司令；岳家军的规格也水涨船高，番号从神武副军升格为神武后军。在任命岳飞的诏书中，朝廷不吝赞美之词，文中写道：“料敌出奇，洞识韬钤之奥；摧锋决胜，身先矢石之危”，“千里行师，见秋毫之无犯；百城安堵，闻犬吠之不惊”。后来还在给岳飞的御札中夸赞他说：“殄寇之功，驭军之略，表见于时，为后来名将。江湖之间尤所欣赖，儿童识其姓字，草木闻其威声。”

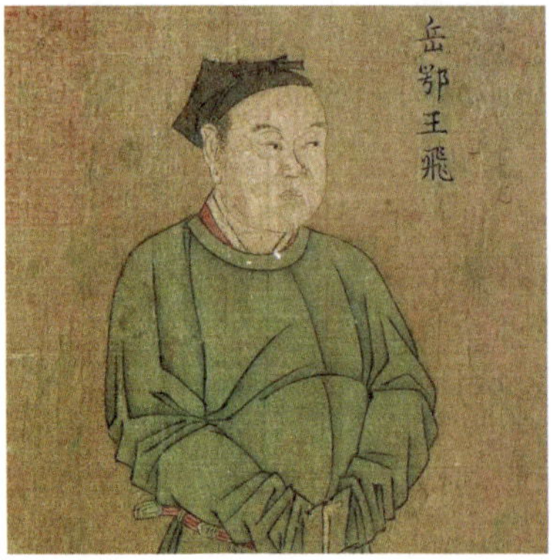

［宋］刘松年《中兴四将图》中的岳飞像

就是说岳飞统领军队不仅能征善战而且军纪严明，威风赫赫远近闻名，连小孩儿和草木都为之动容。文辞虽有夸张，但对岳飞及其统率的岳家军给予了极高的肯定。

经此召见后，无论是从身份地位还是作战权限上看，岳飞和岳家军都更进一步，已经成为大宋王朝最耀眼的一颗新星，前途无量。

不过，坊间更喜闻乐道的反而是另一件事。

九月十三日，宋高宗颁赐岳飞和岳云衣甲、金带、战袍、弓箭、刀枪、战马等物品，赏白银两千两，犒赏将士。与此同时，高宗御笔亲书“精忠岳飞”四字，命人绣成一面战旗，作为岳飞行军作战时的大纛。在中国古代，获得皇帝亲赐御笔，这是无上的荣耀。而岳飞年轻时，岳母曾找人在他背上刺下“尽忠报国”四字。久而久之，坊间就把这面战旗和岳母刺字搞混了，于是便有了人们最熟悉的“精忠报国”的故事。

遥想当年，“精忠岳飞”的大旗在朝天门外迎风招展，是何等雄健高亢；穿过朝天门、走出皇城的岳飞，又是何等英姿飒爽、意气风发。只不过，那时的岳飞绝想不到，此刻的豪气干云，却化作了他日的怒发冲冠。

怒发冲冠凭栏处

绍兴八年（1138），距离岳飞第一次赴杭已经整整五个年头。如今的岳飞身兼两镇节度使，担任荆湖北路、京西南路宣抚使。作为京湖战区的总司令，他的官职已经超越了昔日与自己齐名的吴玠，而与韩世忠、刘光世、张俊三大将并驾齐驱。

八月八日，驻军鄂州（今湖北省武汉市武昌区）的岳飞收到朝廷用金字牌递送的枢密院公文，让他赶赴行在临安府奏事。所谓金字牌，是一块一尺多长的红漆木牌，上面用金字写着“御前文字，不得入铺”，用来传送皇帝的紧急文件。这些文件用快马接力传递，不能在驿站里稍事停歇，一天要传递五百里，是当时速度最快的“快递”。后来岳飞北伐时，人们所谓的“十二道金牌”召他班师，说的也是这种金字牌。

用金字牌让岳飞来临安，可见宋高宗心急如焚。可与高宗形成鲜明对比的是，岳飞显得极为消沉。他不仅拖拖拉拉，直到十二日才动身出发，而且一路上都在上奏，称自己得了眼疾，请求辞职。每一次，宋高宗都下旨不允，直到严厉禁止岳飞再提辞职之事。

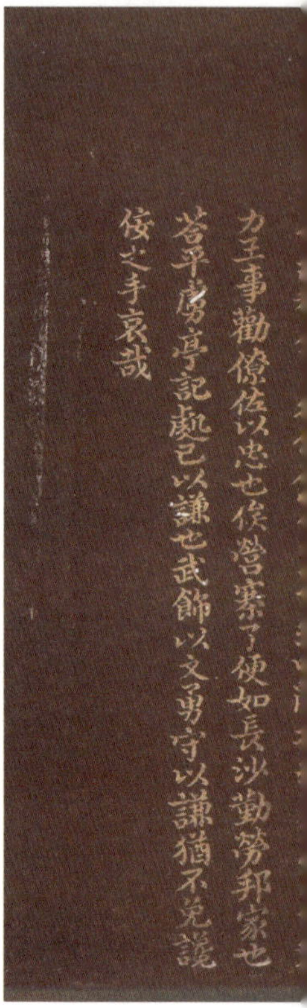

九月六日至十七日的某一天，岳飞到达临安，并与韩世忠、张俊一同走过朝天门，入宫面圣。

门还是那座门，天却已经不是那片天。

就在上一年的三月，宋高宗在建康府单独召见岳飞，亲自对他说：“中兴之事，朕一以委卿。除张俊、韩世忠不受节制外，其余并受卿节制。”这意味着，南宋全国七成的兵力，统归岳飞一人节制，挥师北伐，中兴宋室。正当岳飞欣喜之际，高宗却在宰执张浚、秦桧的支持下，突然收回成命。岳飞气愤万分，以辞职向高宗抗议。尽管在高宗的劝说与威逼之下，岳飞最终复职，但君臣之间已出现裂痕，而岳飞的抗金路线与高宗的乞和政策更是南辕北辙。君臣二人越走越远。

绍兴八年（1138），议和的消息已在南宋朝野甚嚣尘上，宋高宗迫不及待地想要全盘接受金朝的和平条件。在这样的大背景下，宋高宗急召岳飞入朝，不过是想要做些说服和笼络工作，以减少议和的阻力。

正因如此，岳飞才一反常态，对入朝一事不积极，不乐意。这年九月，岳飞抵达临安，入见宋高宗。在高宗面前，岳飞表明了自己反对议和的决绝态度，他认为：“夷狄不可信，和议不可恃，宰相们的谋划不周全，恐怕要遭到后世的讥讽批评。”朝见后，岳飞又上了奏章，重申了自己愿领兵恢复中原的决心。只可惜，岳飞这些谋国的肺腑之言不但不能打动高宗，反

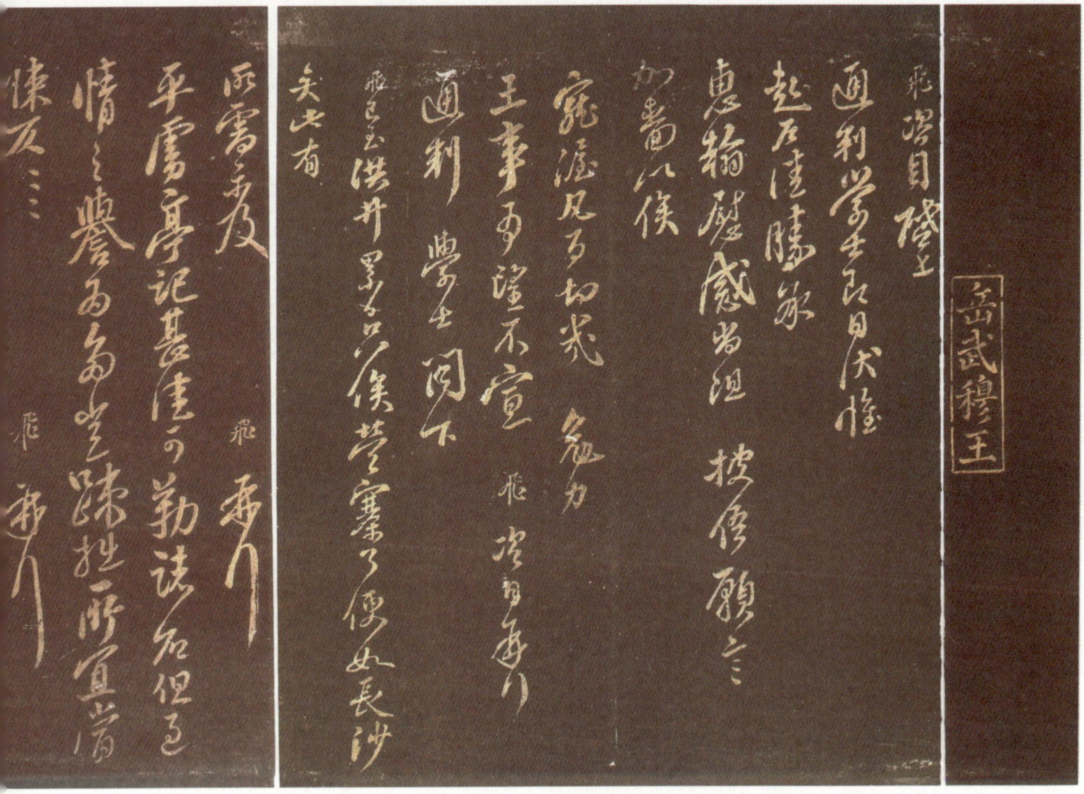

［宋］岳飞书《与通判学士帖》《洪井帖》《平虏亭记帖》，收录于宋曾宏父辑刻的《凤墅帖》

而成为他与右相秦桧结怨的开端。

岳飞此次何时离开临安，史书没有明确记载，估计岳飞逗留的时间不会太久。秋风扫地，落木萧萧，凛冬将至，万籁俱寂。肃杀的湖山，岳飞已无心再看，他只想尽快离开这让人窒息的朝堂。

而这短短的入朝，自然也无法阻止宋高宗的和议步伐。绍兴九年（1139）元旦，在秦桧的翻云覆雨下，宋金正式缔结第一次绍兴和议。宋高宗以极其卑微屈辱的礼仪对金称臣，南宋在名义上收回黄河以南的土地。可高宗不敢在新收回的土地上任免官吏，和平也并没有维持多久。绍兴十年（1140）五月，金朝撕毁和议，发兵分道伐宋，迅速夺回陕西、河南之地。这一切，都不幸被岳飞言中了。

绍兴十一年（1141）四月，岳飞第七次来杭。这本是临安城里最舒适的季节，朝廷以群山为雕梁，以庙宇为画栋，以碧波为织毯，以绿柳为屏风，早早在西湖之畔摆下酒宴。十里春风轻拂馔玉，只为韩世忠、张俊和岳飞洗尘。

韩世忠和张俊已入席数日，岳飞却始终未见踪影。操持宴会的秦桧早已按捺不住，宫中的宋高宗也日渐焦躁不安。

终于，那个矫健的身影出现在了湖山之间。所有人都长出了一口气，只有他，面如土色。

那一刻，春色瞬间凝结。

四月二十四日，在西湖畔的一场蓄谋已久的宴会过后，岳飞与韩世忠、张俊一并被解除兵权，韩、张二人并为枢密使，岳飞为枢密副使。三天后，朝廷又宣布罢黜三人在地方上掌控的宣抚司，三人原来统率的军队加上“御前”的名号，全部直属于高宗皇帝。宋朝实现了第二次“杯酒释兵权”。

南宋的枢密院官邸与三省比邻，位于朝天门与大内北门和宁门之间。岳飞每天上班打卡，都要从朝天门穿过。为了表示自己不愿与闻军政，岳飞换上便服，敞开衣襟，上下全无武将的服装。韩世忠也整日里头裹一条一字巾进出枢密院。一时之间，两人的这副打扮，竟成了朝天门下一道令人苦涩难言的风景。

五月底或六月初，岳飞再度离开临安，与张俊奉命到楚州（今江苏省淮安市淮安区）陷害韩世忠、瓦解韩家军。岳飞不愿同流合污，向韩世忠通风报信。韩世忠及时到高宗面前求情，终于逃过一劫。

七月初，岳飞回到临安。此时的岳飞已经成为秦桧、张俊等人的眼中钉。甫一入杭，岳飞便立即遭到张俊诬蔑；紧接着，在秦桧的授意下，谏议大夫万俟卨也对岳飞发起弹劾。岳飞在绝望愤慨中递交辞呈。八月九日，高宗免去岳飞枢密副使之职，但仍让他留在临安“奉朝请”，也就是每月的一日、五日、十一日、十五日、二十一日、二十五日参加朝会。

对于岳飞来说，如今的临安城群魔乱舞，早已不是他当年向往之地。雄心壮志破灭，岳飞决定离开临安。他奏请圣上赐给自己一个在地方上的宫观差遣闲职，把自己安置在京外，高宗没有批准。岳飞只好请假，回江州的私邸暂时居住。

岳飞这次离杭的时间，估计在八月中下旬。我们已经无法得知，岳飞最后一次入朝面见高宗是什么时候。岳飞并不会意识到，这将是他最后一次穿过朝天门。

绍兴十一年（1141）十月，岳飞再度来到临安。十三日，被投入大理寺狱。十二月二十九日，在宋高宗与秦桧的构陷下，岳飞含恨冤死狱中，只留下“天日昭昭！天日昭昭”的绝笔，与韩世忠“‘莫须有’三字，何以服天下”的质问一样振聋发聩。

绍兴三十一年（1161），岳飞去世整整二十年后，在“提兵百万西湖上，立马吴山第一峰”的豪情万丈中，金朝皇帝完颜亮再度撕毁和议，大举伐宋。宋军在淮南一溃千里，宋高宗一度又面临着弃城流亡的境遇。所幸后来宋军转败为胜，完颜亮也在内乱中被杀，金军这次伐宋无果而终。

据《三朝北盟会编》引《林泉野记》说，面对金军压境，高宗曾若有所思道：“岳飞若在，金军岂容至此？”随即下令为岳飞修庙宇。此类稗官野史之言，诚不足信。然而，朝野上下抗金情绪高涨，纷纷要求为岳飞平反。绍兴三十二年（1162），高宗内禅，宋孝宗赵眘继位，宣布为岳飞追复官职，岳飞的昭雪之路由此开启。

斯人已逝，平反昭雪也不过是告慰岳飞的在天之灵。不过，“尽忠报国”的精神却早已铭刻人心。在清波地区，岳飞的后继者们仍然一往无前，自强不息。

三　四条巷里的施全兴福庙

刺杀秦桧

◉

岳飞含冤而逝后，朝野上下从宗室到布衣，涌现出了一批仁人志士为其鸣不平。他们有的暗中安葬岳飞的尸身，有的上疏请求为岳飞平反，更有甚者要为岳飞报仇。在这些义士里，不乏与清波有关联者，施全便是其中之一。

现在全国各地的岳庙中，常常附有供奉施全的庙宇。之所以如此，是因为施全干了一件惊天动地的大事情——刺杀秦桧。

在今天鼓楼东侧的中河之上，有一座供行人车辆通过的宽敞平坦的石桥。在它的两侧，刻着“望仙桥”三字。今天看来，这座桥在城市里稀松平常，并不起眼。可在宋人眼中，这却是一块风水宝地。望仙桥之西，是入朝必经的朝天门；望仙桥之下，是临安城的生命线盐桥河；而在望仙桥东侧，连接的则是权倾朝野的宰相的府第——秦桧的家。

岳飞被杀后，再没有什么人能够挑战秦桧，甚至连皇帝都不行。金朝提出的议和条件之一，便是不能随意更换宰相。而当时朝中的宰相，只有秦桧一人。

临安城里的这块风水宝地，自然也只有他秦桧才能消受。在宋高宗将这片土地赐予秦桧大兴土木后，秦桧于绍兴十五年（1145）四月正式迁居于此。秦桧死后，高宗又将这里改造为德寿宫，德寿宫后来成为高宗日后做太上皇时的归宿，其原址就在今天小营街道的南宋德寿宫遗址博物馆一带。

从地理位置不难看出，秦桧是把家建在了皇城门口。每日上朝，秦桧出府

德寿宫

后必然就近通过望仙桥，进入朝天门。

绍兴二十年（1150）正月九日，秦桧一如往日乘轿上朝。随从的仪仗、侍从、护卫，自然是要做足排面。人们纷纷回避，谁也不想招惹这跋扈阴狠的权相。

可就在轿子走上望仙桥的一瞬间，一个黑影突然从桥下闪了出来。还没等侍从护卫们有所反应，一柄明晃晃的斩马大刀已经欺到轿身。一道寒光掠过，轿前帷幔已被切开大口。刀刃如坠了千钧之力，迅速向轿身砍来。

轿夫眼见刀刃迎面，脚下步伐骤乱。手中的抬杠方才甩开，却又赶紧拉住。挨刀子是死，扔了轿子也是死，是挨刀子还是扔轿子？轿夫慌了，轿子也颠了起来。

秦桧本来正在轿中寻思上朝的言辞，却被这突如其来的颠簸搞蒙了。他右手微掀门帘，顺着缝隙刚要看看发生了什么，却被眼前一道白光晃过，紧接着就是咣的一声震耳的金属碰撞声，惊得他朝左后方一屁股坐了下去。轿外后面的轿夫紧跟着就是一个踉跄，要不是下盘稳，眼看这轿子就得坠落在地。

大刀已被长枪弹开，沉重的力道反而落在了那发力的黑影手中。黑影踉跄退后三步，再抬头时，只见秦桧的护卫们已经手持兵刃，如一道城墙，死死拦在轿身之前。

一击不成，黑影刺客业已失了先手；再攻去，面对的便是数倍于己的相府护卫。那刺客面目狰狞，大喝一声，再度攻来。护卫们也不再惊惧，操持长短不一的兵刃，与刺客战在一处。那刺客左攻右挡，东挥西引，刀风呼啸处，几名护卫应声而倒。

"嘿！"眼看护卫的包围圈出了破绽，刺客又是大喝一声，一跃而起，将全身的重量全都压在手中的刀刃上，重重砍向轿柱。这一次，轿夫们再也承受不住，一个个东倒西歪摔了个屁股蹲儿。哐的一声闷响，轿子被轿夫们狠狠甩在地上，差点儿散了架。坐在里面的秦桧更是幞头飞窜，差点儿把五脏六腑摔将出来。

轿柱已经被砍折，轿子撑不了两刀了。刺客再举刀砍来，想就此结果秦桧性命，腿上却蓦地一阵刺痛，鲜血横流……

这不是武侠小说。刺客武艺再高强，终究双拳难敌四手。

当天，刺客被押解到大理寺。不用史书记载，我们也能"脑补"出那严刑逼供的场面，以及审讯官诸如"是谁指使你的""你的同党有谁""你们有什么阴谋"之类的套路式问题。

正月十四日，新年还没过完，刺客就在刺骨寒风中被押到闹市区处以磔刑。有许多百姓到刑场围观，有人破口大骂："不中用的玩意儿，不杀掉留着有什么用！"

刺客虽死，可他的大名却从此名扬千古。此人就是施全，当时在殿前司内担任小军官。这场刺杀案最早被陆游记录在《老学庵笔记》里，后来宋人熊克在《中兴小纪》中也记载了此事，内容大同小异。朱熹也曾提到过施全刺秦案，并为案子提供了更多的细节。

秦桧做宰相期间，不仅冤杀岳飞、向金乞和，而且作威作福、执政昏暗。从高官士大夫到普通百姓，盼他早点死的人大有人在。施全虽然失败，却一时成为人们心目中为民除害的英雄。后来，人们为了纪念他，就在长庆坊内建了一座施公庙。在今天紫阳街道的十五奎巷，还可以见到一块石牌，上面赫然写着五个大字“施公庙旧址”。

其实，施全刺秦的真实动机，可能并没有那么高尚。在这个问题上，陆游没有留下只言片语。《中兴小纪》则记载，大理寺在抓捕施全后，对他严加审讯。据施全自己交代，自从宋金议和后，朝廷给士兵的待遇越来越差，军中抱怨极大。因此，施全本来是想在秦桧上朝的路上，先劫持秦桧，逼他出兵北伐，这样就可以改善士兵待遇。如果秦桧不肯，那索性就杀了他。

施全刺杀秦桧，可能是为了提升自己的生活水平。但在士大夫眼里，施全行刺的意义远不止此。朱熹就认为：“盖举世无忠义，这些正义忽然自他身上发出来。”他还提到，秦桧抓了施全后，问他是不是疯了。施全大义凛然地回答：“我不是心风，举天下都要去杀番人，你独不肯杀番人，我便要杀你！”虽然对伐金有由急向缓的态度变化，但朱熹一生对抗金矢志不渝。或许正因如此，在他眼中，刺秦的施全成了忠义的化身。

无论施全刺杀秦桧的动机是什么，在士大夫和老百姓看来，他都是在替天行道，是岳飞精神的重要继承者。正因如此，施全的身份也越传越神。早在南宋，就有很多人认为他是岳飞的旧部，朱熹甚至还为此出面辟谣。到了《说岳全传》里，施全摇身一变，成为岳飞的拜把子兄弟，在岳飞死后为报仇而行刺秦桧。到了明清，人们又将施全与坊间的俗神“施相公”联系起来。于是乎，失败的刺客施全，成为岳飞和百姓们共同的守护神。

七十二处兴福庙

说到这里，你可能会有个疑问：讲了半天施全，这跟清波地区有关系吗？

的确，望仙桥和施公庙都不在清波范围内。但这并不意味着这里没有与施全相关的遗迹。

翻开民国十一年（1922）的《杭州府志》，笔者读到了这样一段有趣的内容：

> 按杭城土谷神多奉施将军，俗传有七十二处，今如高乔巷之兴福社，四条巷、九曲巷及各处之兴福庙皆是。

传说杭州城内有七十二处供奉施将军的庙宇，其中包括高乔巷的兴福社，四条巷、九曲巷及城内各处的兴福庙。施将军，指的就是施全。这里明确提到，四条巷有供奉施全的兴福庙。而四条巷不仅就在今天的清波街道，而且与清波街道办事处只有一步之遥。

四条巷兴福庙供奉施全，笔者暂时还没找到更早的记载。民国十一年《杭州府志》的底稿成于光绪年间，这或许反映的只是清末民初的情况。

不过，在清波门附近，确实曾有一座兴福院。还记得我们在全书开头，提到西湖东南岸那一群大兴土木的寺院吗？兴福院便是其中之一，是吴越国王钱俶在开宝二年（969）兴建的。寺院中有心渊堂、清莲堂、凝碧堂，看来有一定规模。后来宋孝宗修聚景园，占用了这里的土地，兴福院被移到了“清波门城下”复建，应该离清波门不远，而清波门距离今天的四条巷不过三四百米，不知清波门的兴福院与四条巷的兴福庙有没有关系。

说到这儿，笔者又想起一件有意思的事情。2004 年杭州《都市快报》曾经报道过一位姓施的大爷，他在翻阅家谱时，无意中发现自己是施全的后人，自此以后便开始对自己的这位老祖宗刨根问底。施大爷还提到，据《中国历朝事典》记载，岳飞昭雪后，施全“立庙清波门，与岳飞同受百姓之敬瞻膜拜”。笔者查阅了《中国历朝事典》，并没有找到这位大爷提到的内容。虽然如此，“立庙清波门”的传说当有依据，或许就源于清波门建有兴福院、四条巷兴福庙供奉施将军。只是笔者尚乏证据，真相到底如何，也只能有待方家探索追寻了。

从竹园山上金军掀起的腥风血雨，到朝天门下岳飞的“仰天长啸，壮怀激烈”，再到四条巷里人们对施全的敬瞻膜拜，在南宋初年那个风雨飘摇的年代里，清波地区始终与家国共命运。她经历过不堪回首的磨难，也曾有志士振臂一呼豪气干云。面对诡谲的历史浪潮，她坚忍、坚守，让“尽忠报国”的精神在这片土地上代代传承、生生不息。

第三章　一跃龙飞开玉辇

清波之贵——走进闹市的王室贵胄

地辟金光界，龙飞析木津。
指麾开辇路，祠祀拜元辰。
天近云光暖，花浓雨脉春。
君王自仁寿，闲杀华封人。

——〔宋〕赵崇嶓《龙翔宫》

一　杭州版天安门：朝天门

从雄关险隘到尴尬的城门

在今天清波街道的东南角落，矗立着一座堪称杭州地标的城楼式建筑。它西倚吴山，在一片郁郁葱葱中，与山上的青烟翠雾融为一体；东邻中河高架，与城市的钢筋水泥齐高争胜。它仿佛是吴山在这座宋韵之城的最后一只触手，从雍容典雅的古老文明，伸向简洁理性的现代世界。而那条从楼下门洞穿过的繁华御街，便成了古今交融的最好见证。

在高高的三层楼的屋檐下，从上至下，依次悬挂着“朝天门”“镇海楼”和“鼓楼”三块牌匾，记录着这座地标城楼不同寻常的历史演变。今天的人们，仍然称它为“鼓楼”。虽然它早已不再鸣鼓报时，却又始终清晰记录着杭州人的日常生活。

每当晨曦初露，晨练的人们便三两成伙，从楼前的伍公山小路缓步而上。一群惊鸟飞过，山中已是声乐大起，笑语连连。而楼后的窄街小巷里，也早就炊烟袅袅，那是让本地人无法割舍的杭人的早茶。待到华灯初上，鼓楼又化身巨幅幕布，沉浸在炫目的灯光秀影之中。那来自现代的巨大视觉冲击，与楼前南宋书房的温雅书卷气，与小广场上的越剧妙音，交相辉映，在光与声的现代表达中，将流香的宋韵传遍河坊，传遍御街，传遍杭州城的每一个角落。

对于杭州人来说，不知道鼓楼，就像北京人不知道天安门一样，简直不可思议。但与自古以来就庄严肃穆的天安门不同，从古至今，鼓楼都透着浓浓的

鼓楼夜晚的灯光秀（汪建伟 摄）

烟火气。当你伸出双手去触摸历史时，那里没有拒人千里之外的冰冷的疏离，只有触手可及的历史的温度。

宋代鼓楼，被称为“朝天门”。而它的历史，则要追溯到吴越的开国君主钱镠。

唐朝末年，钱镠先后任杭州刺史、防御使。那时的杭州城，还是隋代杨素所建的子城，也就是小城。有多小呢？方圆九里，今天凤凰山脚下的南宋皇宫遗址，大体就是隋唐杭州城的范围。平心而论，以后人眼光看，这样的子城，叫作城堡更为形象。

除了杭州城，那时还有一座钱塘县的县城，紧靠西湖，位于后来的钱塘门以东一带，面积自然比州城还要小。两座“小城堡”相隔十里，互为掎角之势。在中古那个战火纷飞的年代，这样的小城比比皆是。它们最大的功能，是容纳官员、驻守军队、囤积粮草，一切以军事为第一目标。

可时过境迁。到了唐末，已建城三百多年的杭州子城不仅破败不堪，而且过于狭隘。为了加强防御能力，钱镠决定在州城南北加筑夹城，也就是在南北城墙之外，再修一道城墙，相当于加长加大版的瓮城。而今天鼓楼所处之地，左带中河、右依吴山，不仅于山河之间控扼着狭窄的路口，更可居高临下掌控

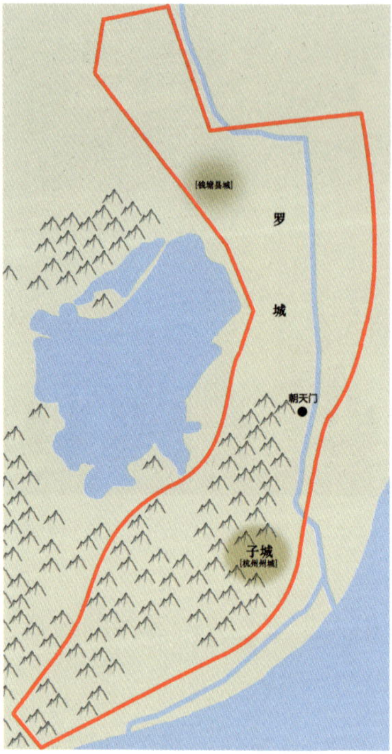

五代时期杭州的罗城和子城

运河命脉。如此形胜之地，自然成为州北夹城的咽喉锁钥。大顺元年（890）闰九月，一座巍峨的朝天门便由此平地拔起。“朝天门”这样的名字，在古代并不少见，特别是南方城邑。因为那时王朝的国都常在北方，南方城邑将北门命名为朝天门，自然是取朝奉天子之意。

可钱镠精心打造的朝天门只用了三年，便遭到了废弃。

原来，这时悍将孙儒正在江淮之间肆虐。孙儒和他的部下，是唐末著名的魔鬼部队，烧杀劫掠，无恶不作，甚至军中缺粮便直接吃人。孙儒所过之处，那真是寸草不生。距离杭州不远的苏州，便在孙儒的荼毒下，从无忧无虑的天堂，变成了血肉横飞的地狱。

这不能不让钱镠惊心，钱镠若有所悟地说：“当初我在子城外面筑夹城，那是只想着自己了，可杭州城外的百姓该怎么办？”

据《吴越备史》记载，景福二年（893）七月，钱镠发役徒二十余万再次扩建杭州，修建罗城，城墙西邻西湖，东至今建国路一带，北达半道红附近，南到六和塔以西。罗城不仅把杭州州城、钱塘县县城都包含在内，而且规模空前，足有七十里，比后来的南宋临安府还要大。

杭州罗城的修建，使朝天门立刻陷入了尴尬的境地。不久前刚刚建起的州北雄关，顷刻间变成了歌舞升平的杭州中心。

不知从什么时候开始，朝天门门洞里的门扉被搬走了，再后来连城关城楼也不翼而飞。到了南宋，当朝天门再度高调出现在史籍之中时，便只剩下“土台”“城壁”“城基”了。据《淳祐临安志》载：“城中又有门曰朝天门、曰炭桥新门、曰盐桥门，今并废，土人犹以门称，惟朝天两土台尚存。”人们还管朝天门叫门，但是这座门只剩下两个土台了。

无独有偶，同一时期《咸淳临安志》和《梦粱录》的记载也大体如此。《梦粱录》称：“城内元三门俱废之，独朝天门止存两城壁，杭人犹以门称之。”而《咸淳临安志》干脆称朝天门为“朝天门城基”。

最直观的，还是《咸淳临安志》所附“京城四图”中的《皇城图》《京城图》和《西湖图》。在这三幅地图中，一般的城门都画有城门城关。唯独朝天门，在《皇城图》和《京城图》只画了左右双阙，御街自双阙间贯穿而过；到了《西湖图》就更简单了，连双阙都没画，只在御街穿过朝天门的位置写上了“朝天门”三个字。

因此，从吴越到北宋，大部分时间里，朝天门更像是一座城市地标。这种名不副实的尴尬，直到宋高宗驻跸临安，才得到真正化解。

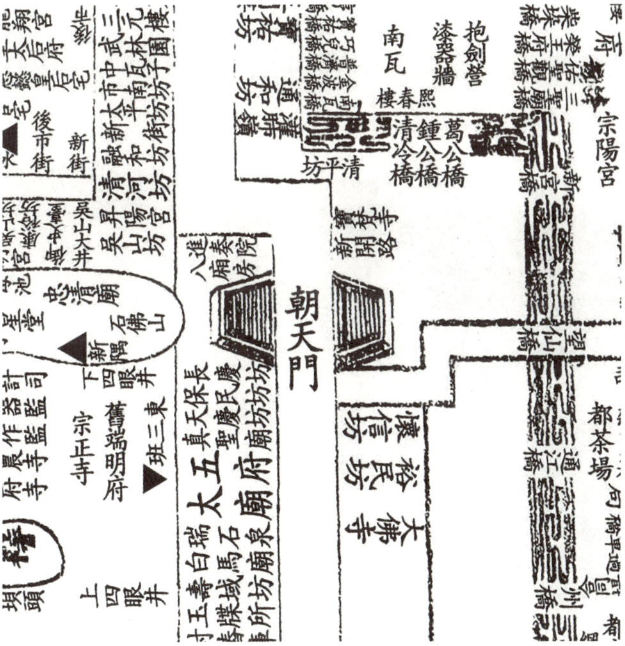

《咸淳临安志·京城图》里的朝天门（原图使用姜青青《〈咸淳临安志〉宋版“京城四图”复原研究》中的复原图）

皇城内外，官民之别

建炎三年（1129）七月，宋高宗升杭州为临安府。最初的临安行宫，本打算修建于西湖北山之阴，坐北朝南之势明朗，与北宋开封的规制也相合。奈何南宋初年风雨飘摇，要平地重建一座行宫，匮乏的人力财力既无法承受，接二连三的金军进攻和宋军叛乱也不允许。这样，位于凤凰山脚下的吴越王都，即北宋时期的杭州州治，也就天然成为高宗修建行宫的基础。绍兴八年（1138），高宗正式定临安为行在，城中宫殿、官署才开始营建。又过了二十年，也就是绍兴二十八年（1158），南宋的皇宫才初具规模。

我们今天经常称南宋皇宫为南宋皇城，其实不然。凤凰山脚下的南宋皇宫，称为宫城，或按照时人的习惯称为“大内”方才准确，这就类似于北京午门内的故宫紫禁城。而在宫城之外，往往还有一圈皇城，城中通常置有太庙、社稷，朝廷的官府衙门，以及服务于宫廷的部分机构。比如北京在故宫之外，还有大明门（大清门）、天安门、地安门、东安门、西安门，这些城门就是皇城的城门；而皇城城墙旧地，至今还留有诸多“皇城根儿”之类的地名。

挂着“伍公山”牌匾的登山路口

南宋的临安城也不例外，在皇宫大内之外，也有皇城，皇城的北城门，便是已经尴尬了近二百五十年的朝天门。

今天的鼓楼是清波街道与紫阳

街道在东部的南北分界，而南宋的朝天门则是内外官民的一处独一无二的分隔点。

进了朝天门，走上二三里路，便可到达南宋皇宫的北大门和宁门。在这段并不算长的御街之侧，分布着三省密院、五府六部以及太庙、封装库、玉牒所、审计所等大量中央机构。可以说，这短短的二三里路，就是南宋朝廷的外朝广场，相当于明清北京的千步廊。正因如此，无论是入宫上朝的宰执大员，还是供职省部的普通官员，朝天门成为他们每日上班打卡的必经之路。而作为广场大门的朝天门，将朝廷与地方官府分隔开来；关乎家国命运的朝廷、大内，与官员、百姓的生活空间分隔开来。用陈志坚先生的话说，朝天门体现了“中外之别”和“官民之别”，朝天门因此成为杭州版的天安门。

“官民之别”好理解，门内为朝，门外为野。“中外之别”又是什么意思呢？一个最显而易见的表现，便是皇宫“鸠占鹊巢”建于杭州旧州治以后，新的临安府治便被请离凤凰山，搬到吴山余脉竹园山附近去了。

除此之外，都进奏院的设置，也同样体现了“中外之别”。在今天鼓楼北侧，与鼓楼城墙接连的墙壁上，绘制着一幅铜雕壁画；往北则是一条上山小路，路口悬挂着“伍公山”牌匾；再向北，就是一排御街店铺。这短短的四十米范围内，便是昔日都进奏院的所在之处。此地最初名为石佛院，传说始建于吴越，未知其说真伪。不过可以肯定的是，南宋建都临安后，石佛院便被改建为都进奏院——驻京办事处。地方官府的文书案牍通过这里“上达天听”，中央朝廷的行政指令也通过这里下行各地。

大宋朝的信息中心

◉

朝天门从一开始便是信息集散地，并最终演变为发达的信息中心。它虽然没有像明清的天安门那样，将隆重仪式全部集中，但在发布信息这一点上，临安城内再也找不到第二个比朝天门更给力的地方。

岳飞的孙子岳珂曾在《桯史》中记录过这样一个故事。宋高宗禅位给孝宗，做了太上皇后，身体每有小恙，便服用一种叫蠲毒丸的药物，效果还不错。可是蠲毒丸药性过猛，其他御医见了都是瞠目结舌，只有高宗的“主治医师”王泾坚持使用蠲毒丸。宋孝宗也劝了好几次，建议少吃，可高宗就是不听。淳熙十四年（1187），年过八旬的高宗吃了一顿馄饨，突然觉得胸闷气短。王泾仍然主张继续吃蠲毒丸，结果一颗药丸下肚，高宗便大渐弥留了。

孝宗闻讯后勃然大怒，当即就要砍了王泾。后来经过高宗皇后吴氏的苦劝，孝宗这才放王泾一马。可死罪虽免，活罪难逃。王泾被孝宗判处脸上刺字后流放，在流放前还要拉到朝天门外接受杖脊之刑，也就是打后脊梁骨。为了保证行刑效果，孝宗专门派了宦官去监刑。脊柱上布满中枢神经，孝宗这分明是要取王泾的命。奈何王泾深通官场之道，早早贿赂了打手，一通大板子过后，王泾竟然死里逃生。

想想后来大明朝的廷杖，也不过是在午门之外，皇帝的家门口暴打大臣的屁股。围观者除了皇帝自己，也就是朝中官员与宫里的太监。可孝宗这一出朝天门打板子，等于是把全临安的人都叫来看热闹。由此可见，孝宗已经瞋目切齿到何种程度。

除了皇帝在朝天门昭告天下，官员们也在此发布自己的意见。嘉定十三年（1220），南宋曾派出使节远赴西域，与蒙古成吉思汗商议联合灭金的事宜。成吉思汗大喜，将征伐金朝时获得的一方北宋玉玺赠还给了南宋。第二年，使节带着玉玺回到临安，南宋君臣大受鼓舞。嘉定十五年（1222）元旦，宁宗皇帝在大庆殿举行了隆重的受宝仪式，满朝文武加官晋爵，以致到了恩赏泛滥的地步。

即便如此，赵宋的宗室竟然还不满意，认为推赏太轻。更有甚者，竟然写了一篇抗议布告，贴到了朝天门。这位宗室在文中大谈自己的祖辈在靖康之难中心系王室，为国殉难，因此必须给宗室们继续推赏作为补偿。这种公然在朝天门要官要赏的行径，其无耻的程度，足可以让临安的官员百姓在很长一段时间里，不愁没有下酒的段子。可从另一方面讲，两宋言论之开放，朝天门之接地气，亦可见一斑。

大名鼎鼎的文天祥，也曾利用朝天门为自己“洗白”。德祐元年（1275）十一月，文天祥正在平江府（今江苏省苏州

[宋] 佚名绘《宋高宗后坐像》（台北故宫博物院藏）

市）抵抗元军，宰相留梦炎等人命他支援独松关。结果文天祥率援军还在路上，独松关便被元军攻克了。而就在文天祥出军后三日，平江府的南宋守军已经暗通元朝，表示投降了。此时，留梦炎又命文天祥立即回援临安，驻屯余杭。文天祥只好撤军回都。

一时之间，临安城内谣言满天飞。人们都在谣传文天祥舍弃平江，逃回临安，并对文天祥的人品提出了质疑，城中人心惶惶。万般无奈之下，文天祥只得拿出了宰相发给自己的调令，张贴在朝天门外自证清白。民怨这才得以平息。

正因为朝天门如此重要，在南宋的重大政治变故中，总能看到朝天门的身影。

绍熙五年（1194），宋光宗精神疾病复发，临安城内风声鹤唳。知枢密院事赵汝愚决定逼光宗退位，另立光宗之子嘉王赵扩（宋宁宗）为帝。七月二日，赵汝愚与同为宗室的工部尚书赵彦逾相见，争取支持。据《齐东野语》记载，起初，两人谈及国是日非，不禁垂泪。赵彦逾责备赵汝愚，说他是“同姓之卿，不得坐视”。赵汝愚却以退为进，发牢骚说：“我能怎么办？真把人逼急了，我也只能拿把刀，跑到朝天门外大叫几声，自杀以明志！”赵彦逾立刻打断了赵汝愚的“牢骚”，说你这么做毫无意义。于是，两人开始密谋策划。其实，赵汝愚早就胸有定策。赵彦逾与殿帅郭杲私交甚好，通过赵彦逾，赵汝愚最终获得了郭杲和殿前军的支持，为三日后发动的“绍熙内禅”政变保障了军事基础。

宋宁宗即位后，同为“绍熙内禅”功勋的韩侂胄为了夺权，陷害打压赵汝愚，最终使赵汝愚贬死他乡，朝野士大夫群情激愤。《钱塘遗事》中就记录了人们的悲愤之情。当时，有人在朝天门下写了一首匿名诗，诗云：

两手旋乾复转坤，群邪何事肆流言。
狼胡跋疐伤周旦，鱼腹衔冤葬屈原。

一死固知公所欠，孤忠犹赖史长存。

九原若见韩忠献，休说渠家末世孙。

诗人将赵汝愚比作周公旦和屈原，痛斥韩侂胄一党是“群邪”。由于韩侂胄是北宋名相韩琦的后人，诗人在末句指着韩侂胄的鼻子骂：你九泉之下要是见了你祖宗韩琦，还有什么脸说自己是他的子孙！

韩侂胄不会想到，这座朝天门，不仅贴了一首将他骂得狗血喷头的匿名诗，后来还会直接挂起他的头颅。开禧三年（1207）十一月三日，入宫面圣的一代权臣韩侂胄在途中遭遇暗杀。主使者史弥远命人将他的头颅挂到朝天门去示众，血雨腥风弥漫在皇城内外。杭州版的天安门——朝天门，在这一刻变成了专砍人头的菜市口。

打脊梁骨的、要官的、自证清白的，乃至杀人砍头的，朝天门这地方什么事都有可能发生，以至于临安城的老百姓经常抱着“看热闹不嫌事大”的心态，跑到门下吃瓜。可有时候人太多了，看热闹的人反而成了“大瓜”。

淳熙十四年（1187）十月八日，宋高宗在德寿宫中驾崩，宋孝宗悲痛欲绝，为高宗举行了隆重的丧葬礼仪。第二年的三月十五日，文思院将用于葬礼的方相氏龙辅影殿，以及高宗出殡时用于载乘梓宫的大升舆运往德寿宫。据周必大在《思陵录》中记述，当时来朝天门外围观的人摩肩接踵，把道路堵得水泄不通，以至于发生了踩踏致死的惨剧。

皇城门下的烟火气

◎

话又说回来，朝天门虽然是杭州版的天安门，但它远没有我们想象得那么严肃，“官民之别”也并非不可逾越的鸿沟。

鼓楼外的烟火气（胡鉴 摄）

在朝天门外，还林林总总分布着许多朝廷的中央官属。都进奏院的西面便是负责监察官员的御史台，御史台斜对面便是修史机构秘书省，秘书省后还有掌管祭祀礼仪的太常寺。此外，负责编修皇帝敕令的敕令所，负责仓库出纳等事宜的司农寺、太府寺，也一度置于清波街道。

在太常寺的西面，还有一座法惠寺。这座寺庙与苏东坡居住过的西林法惠寺同名，两寺之间是否有沿革不得而知。不过，这座建于临安中心的法惠寺，规格一度远远高于山间自在的西林法惠寺。绍兴三年（1133）正月开始，法惠寺一度成为南宋官方遥祭北宋诸帝陵墓的重要场所。

在这些密布于闹市中的朝廷官署之间，还零零散散分布着供官员居住的六官宅、台官宅等官员公寓。吴山西侧的郭婆井之旁，又另设有七官宅。

朝廷官属宿舍建在皇城之外，倒不算过于离奇。可让人意想不到的是，皇城之内，竟然也是民坊密布。与历朝历代外朝广场两侧官署林立不同，南宋皇城内的官署只建于御街西侧，因为东侧全是民宅；即便如此，西侧的官署也与民宅夹杂而处。

更有意思的是，南宋临安的老百姓，竟然把生意做到了皇帝的家门口。南宋在和宁门外御街左右排列着红杈子，用来阻隔行人，可谓戒备森严。可红杈子的另一侧，竟然就是热闹非凡的民间早市。早市上有香气四溢的美食，有新鲜的瓜果蔬菜，有不怕巷子深的美酒，甚至还有刚顺着运河运进城的海鲜，其热闹繁华，用《梦粱录》的说法，“如汴京气象”。每天早晨，一边是大臣们等着上朝，一边是小老板们吆喝叫卖，一边又是宫里派人来采办食材，好不热闹。你能想象，在明清北京的天安门门口开早市吗？你能想象，在故宫的午门外扎堆卖早点吗？

正是这样的烟火气，让朝天门不总是与政治扯上关系，不总是把官与民对立地分隔开来。一方面，临安土地局促，南宋的皇帝与朝廷不可能像在开封城里那样，按照规划严格区分每块区域的功能，官民混杂实在是万不得已。可另一方面，在这样的万不得已之中，又透露着南宋官民同乐的可爱。皇帝的御园是临安百姓的踏青打卡胜地，皇后的家庙紧邻烹羊宰牛的酒楼闹市。在这样的烟火气中，那座没有“门”的朝天门大敞四开，成就了清波地区也成就了杭州城，那独一无二的同乐气质。

元灭南宋后，朝天门被改造为拱北楼；明代又先后改为来远楼、镇海楼。正德年间，由于当地官员在楼上设置了一座大钟，九面大小不同的鼓，用于杭州城中的报时，因而民间又称其为鼓楼，这一称呼便一直沿用至今。自明代以来，鼓楼曾多次遭遇毁坏和重建。2001 年，杭州市政府再次复建鼓楼，并于第二年完工。从此，鼓楼再度成为杭州城中的地标，不仅与吴山上的城隍阁遥相呼应，更成为千年前那座雄关险隘的继承者，映照在清波的宋韵之中，见证着历史变迁的沧海桑田。

［宋］刘松年绘《中兴四将图》（北京故宫博物院藏）

二 南宋京城第一宅：临安城建在张循王府和花园里

南渡诸将，张俊为冠

◉

在小小的操场里面挖呀挖呀挖，发现什么样的文物，又找到谁的家？

2019 年，互联网上还没有火到跨界出圈的“挖呀挖呀挖”，可位于清波街道延安路的杭州第四中学吴山校区（简称“杭四中”）却请来了杭州市文物考古所的考古队员，在自家的操场上挖了一个多月，引发了周边居民的浓厚兴趣。

据《都市快报》报道，杭四中要翻修自家校园，因而按规定，请来了杭州市文物考古所的考古队员进行勘测。从 7 月到 8 月，考古队员们一路挖了四五米，在元代的土层发现了建筑遗迹。据考古队员推测，这些遗迹可能是当时普通百姓家的小水池，具体结果还有待进一步挖掘研究。

杭州南宋史研究专家姜青青老师则表示，这片区域在南宋时，大致是张循王府和抚干厅、楼店务、财用所等官府机构。而张循王府又是后来元朝的江浙行省官府。杭四中挖出的遗迹到底与张循王府有没有关系，还要看考古的结果如何。

如今数年过去，似乎并没有媒体再跟踪这次考古的发现结果。但无论结果如何，张循王府又一次走入人们的视野。其实，早在 2001 年 1 月至 2002 年 4 月，杭州市文物考古所就曾对吴山商城工地进行过抢救性考古发掘，发现了南宋时的三处天井，两处房址，两条夹道、下水道及暗沟和一处蓄水池等遗迹，还出土了图案精美的鸱吻、瓦当等建筑构件，刻有瑞兽的石质基座，大型石狮子，及士兵操练所用的石球等物，据说都是张循王府里的物件。

那么，张循王是谁？为什么要称他的王府为“南宋京城第一宅”？为什么又说临安城建在他家的王府和花园里？

张循王名叫张俊，因死后追封循王，故称“张循王”。说起来，这也是个大名鼎鼎（或者用臭名昭著更合适）的人物。如果您实在对不上号，那就想想岳王庙里用铁铸成的四尊跪像，里面除了秦桧和他妻子王氏，以及名字很难念对的万俟卨（念作 mò qí xiè），剩下那一个，就是张俊了。

由于张俊和他的三位“老伙伴”联手用阴谋坑死了岳飞，从此被钉在了历史的耻辱柱上，再也下不来。从明正德八年（1513）到今天，这四位就这么在狂风暴雨、风吹日晒中跪了五百一十年，而且不出意外，下一个五百一十年，下下个五百一十年……在未来的 N 个五百一十年里，他们会继续这样跪着，每天用游客们的唾液洗心革面，争取重新做人。

张俊在南宋的事迹虽然并不光彩，可活得却非常光鲜。“中兴四将”里，张俊位居首位。《宋史·张俊传》说：“南渡诸将以张、韩、刘、岳并称，而俊为冠。”在“中兴异姓七王”里，又是张俊首先追封为王。

平心而论，张俊还是抗金的，而且想好好打仗的时候，还是能把仗打漂亮的。建炎三年（1129）十二月，金军渡江，对宋高宗穷追猛打，正是张俊在明州（今浙江省宁波市）拼死一搏，大败金军，杀敌数千，为高宗逃亡温州赢得了宝贵时间。后来南宋朝廷评定“中兴十三处战功”，“明州小捷”居于首位。比起当时许多兵败如山倒的宋军将领，特别是同样名列“四将”“七王”每次见到金兵就撒丫子跑路的刘光世，张俊确实有战功可以炫耀。

可要是跟韩世忠、岳飞比起来，张俊的战功无论如何排不进名将之列。他能受到高宗宠信，居中兴诸将之冠，纯粹是因为忠诚。

南宋刚建立时，张俊便已加入高宗的军队，是最早一批获从龙之功的武将。后来宋军因反对高宗的逃跑路线，爆发苗刘兵变，高宗一度被废黜。靠着张俊、韩世忠、刘光世大举入援，高宗才平定兵变，重掌乾坤。这也是三人在高宗心里具有特殊地位的重要原因之一。

可更多时候，张俊的“忠诚”却表现得卑贱而谄媚。在张俊眼里，是非对错无关紧要，重要的是永远站在皇帝一边。

高宗要南渡，张俊便拥护南渡；高宗要喊迎还二圣的口号，张俊便跟着喊迎还二圣；高宗要和议，张俊便支持和议；高宗要收兵权，张俊就交出兵权。

绍兴十一年（1141）四月，宋高宗与秦桧酝酿削夺张俊、韩世忠、岳飞三大将兵权。据说秦桧曾事先跟张俊打了招呼，等兵权收上来以后，全部交给张俊，以此来换取张俊对收兵权的支持。

第二次杯酒释兵权后，张俊为了进一步巩固权势，按照秦桧的指示，要挟岳飞亲信王贵，收买岳家军将领王俊，由他们诬告岳飞谋反，由此导致了岳飞冤死。可如此卖力地递送投名状，并没有保住张俊的权威。当诸大将死的死、免的免后，身为枢密使的张俊便成为宰相秦桧独掌朝政的唯一障碍。

绍兴十二年（1142），秦桧指使党羽弹劾张俊，说他在清河坊居住是为了应谶，又霸占了承天寺作为“宅基地”。还说张俊的党羽在临安内外统兵，他日生变祸不可测。言外之意，张俊谋反。

这简直就是把张俊当年整韩世忠、岳飞那套，套到了张俊自己头上。

宋高宗倒是根本不相信张俊会谋反，可干了那么多坏事的张俊自然知道秦桧的手段，于是知难而退，赶紧辞职。这年十一月，张俊罢枢密使，受封清河郡王，回清河坊的府第养老去了。

临安城里唯一的私兵营

◉

清河坊东接御街朝天门，西近西湖清波门，前有吴山，后有闹市，是临安城里寸土寸金的地方。这年六月六日，张俊在罢枢封王之前，便已在此营建府第。这就相当于把家安置在了临安的“CBD”、长安街上。要知道，无论是岳飞、韩世忠，还是刘光世、杨沂中，这些抗金大将的府第都远在更北面的钱塘门一带。朝天门附近的功勋权贵府第，除了秦桧的太师府，就只有他张俊的循王府了。而张循王府始建于绍兴十二年（1142），比太师府还要早三年。

张循王府是后来的称谓，张俊在世时，这里尚称为清河郡王府，世传清河坊的名字便由此而来。不过，还有一种说法，清河坊连同清河郡王的名号，都来自临安城西部的清湖河。这条河水引自西湖，因河水清澈见底而得名。由于地处城西，所以又俗称西河。清湖河绕临安府治，过张俊府前，张俊的郡王名号便来于此。如此，清河坊的名字又直接源自清湖河了。

无论清河坊的名字是不是来自清河郡王，做了清河郡王的张俊不再是宣抚司的拥兵大帅，不再是朝廷的最高军事长官枢密使，自然也就逐渐淡出了朝政大局。

宋人周煇在《清波杂志》中讲过一个“荐二帅”的故事。有一天，宰相秦桧召张俊来见，说建康府和镇江军都缺少领兵的主将，请清河郡王推荐人选。张俊却只是唯唯诺诺，不置可否。过了十来天，秦桧又来催问，张俊推辞说，我都闲居很久了，跟旧部也没什么联系，我也不知道推荐谁。于是秦桧又上奏高宗，说我要是让郡王推荐个翰林学士，那是强人所难，可我让他推荐个将帅，这是他的职责呀。报告打到皇帝那儿了，张俊没法再推辞，只好推荐了两个韩世忠的旧部。

今天河坊街、大井巷一带的“清河坊”灯笼

故事终究是故事，不能全部当真。揆诸畴昔，张俊推荐的这两人并不是同一年上任的，张俊也有过为自己得力部下鸣不平之举。但清河郡王的权势不复如前，“荐二帅”的故事倒是说得恰如其分。

可就是这样一个在家赋闲还要避嫌的张俊，居然在王府对面，也就是今天河坊街西段龙舌嘴附近，公然建了一座“张府小寨”，用来豢养私兵。武将养私兵，打宋太祖开国起就是足以掉脑袋的禁忌。他张俊有几个脑袋，敢在猜忌心极重的宋高宗眼皮子底下养私兵？到底是张俊搞不清楚自己几斤几两，还是宋高宗宠张俊宠到昏了头脑？

都不是。作为临安城里唯一的私兵营，张府小寨的设立当然是宋高宗恩宠张俊的结果。但这恩宠是有条件的，那就是这支私兵根本就没战斗力。这仅存的“张家军”压根儿就不会舞枪弄棒，而是专门为清河郡王盖楼的。张俊为了防止士兵逃跑，命张家军的士兵从屁股到脚都要文身，时称“花腿”。张府小寨里的张家军叫“花腿工程队”看来更合适。

财大气粗的京城第一宅

◉

修建清河郡王府自然是“花腿工程队”的应有职责，其他的土木工程也少不了他们的身影。早在绍兴五年（1135），张俊就命“花腿”到繁华的后市街盖了一座豪华会馆——太平楼，此地因此而得名“太平坊”，也就是今天的“太平巷”。这年五月，连杨沂中的部队都被张俊要来，给太平楼搬运石料。时人讽刺说：“张家寨里没来由，使它花腿抬石头。二圣犹自救不得，行在盖起太平楼。”

酒楼行业本来是官府垄断经营，张俊横插了一脚，自然是来分赃抢钱的。而张家在临安的产业也绝不会只有一处。比如在临近张府的天井巷里，有一家做贵金属买卖的“张家金银铺”，就很可能是张俊家族名下的产业。

在聚敛钱财方面，张俊不仅自己是个中高手，而且非常善于“慧眼识人”，真正做到了“人尽其才”，摒弃了“任人唯亲”。《鹤林玉露》里就记述过两个故事。一个故事说，张俊的弟弟张保，总是埋怨张俊不援引自己做大官，张俊不无嫌弃地说：“我给你十万贯钱，再给你五千名士兵，你能让这些钱和人一直流转不息吗？”张保默然良久，最后尴尬地从牙缝中挤出俩字：“不能。”张俊理直气壮地说：“所以我才不敢援引你。”另一个故事说，张俊府上有个懒散的老兵，夸海口能做海外贸易，张俊便给了他一大笔钱任由他支配，一年后，这老兵果然赚得盆满钵满给张俊交差了。

靠做生意赚取暴利，这只是张俊财富的冰山一角。其他“致富”手段，诸如强占官田民宅、贪污受贿、放高利贷，外加高额俸禄和赏赐，张俊玩儿得更溜。今天我们在这里轻描淡写，却不知当年有多少人在哭爹骂娘。富丽堂皇的清河郡王府，打从建成第一天起，就没有一天是“清”的。

河坊街（胡鉴 摄）

有钱的张俊自然也很任性。临安城内外，到处都是张俊和他子孙后代的田宅别业。明确归在张氏家族名下的有清河坊、天井坊附近的循王府，以及府内作为香火院的安和寺、作为功德庵的慈光寺，还有临安府治西侧的竹园山、太平坊的太平楼（张俊只有经营权）、临安城北的张园和张寺、涌金门外的泳泽园、南山路聚景园前的慧光院、清波门与钱湖门外的七位曹园、南山路的真珠园、南湖北滨的南湖别业、钱塘门外的凝碧园、北山路的迎光楼、西湖三堤路的松窗别墅……这哪里是张家把循王府和花园建在临安城里，分明是临安城建在张家的别业里。说它是京城第一宅，都是小觑了。而这，还没算上南宋境内其他地方的张氏别业。

张俊如此做派，自然少不了宋人的嘲讽。当初“张家军”还能打仗时，在战场上都要戴着铁面具，而韩世忠的“韩家军”则戴铜面具。于是，临安民间就编了一个民谣："韩太尉铜脸，张太尉铁脸。"在南宋临安话里，铁脸等同于"不要脸"。

到后来，民谣已经满足不了南宋人民的创作热情，于是各种关于张俊爱财的段子也编了出来。罗点的《武林闻见录》有这么个段子，说绍兴年间有个唱戏的，拿着铜钱对着人看，就能在钱的方孔中看出这人是天上的什么星。他先后看了高宗、秦桧、韩世忠，说这三人分别是帝星、相星和将星，可到了张俊这儿，什么也看不出来。大家都很害怕，让他再好好看看。唱戏的说："我在钱眼里实在看不见星星，只能看见张郡王坐在钱眼里。"

洪迈在《夷坚志》里编的段子就更绝了。说张俊怕家里的钱财被偷走，便命人将家中的银子每一千两（约四十千克）铸造一个大银球，还给这个银球取名"没奈何"——小偷你有本事就来吧，我看你怎么把这大家伙搬走。

由于张俊到处搜刮，大兴土木，搞得民怨沸腾。如果士大夫心中尚存正义，便会跑到高宗那儿去告一状。起初，高宗觉得这也不是什么大事。可告状的人太多，高宗不厌其烦，最后只好敲打张俊："你好好读读《郭子仪传》，差不多得了，别总是与民争利。"

可是，高宗的敲打总给人一种醉翁之意不在酒的感觉。他才不关心张俊又抢了谁的地，又占了谁的田。高宗的重点是"好好读读《郭子仪传》"，跟人家郭子仪好好学学，什么才叫"忠诚"。张俊心领神会。

绍兴二十一年（1151）十月，张俊把高宗请到家里来吃饭。为了这次家宴，张俊煞费苦心，准备了大量珍贵的供品和餐品。礼单和菜单太长，我就不在这里罗列了，直接挑重点说。吴道子的《送子天王图》、李煜的《林泉渡水人物》、董源的《夏山早行二轴》、巨然的《岗锁翠峰》，这些前朝名画，都是张俊在这场家宴中进献给高宗的，由此可见这场盛宴的奢华程度。而清河郡王府终于同秦太师府并驾齐驱，成为宋高宗唯二去过的臣僚府第。

绍兴二十四年（1154）七月二日，靠"忠诚"而暴富的张俊卒。高宗追念其功，追封为"循王"。

没有张循王的张循王府

张俊虽死，张循王府的盛况却依旧不减当年。

嘉泰二年（1202）六月六日，循王府遭遇火灾而毁。此时距离王府初建，正好一个甲子，一天都不差，时人都以为这是一件怪事。张俊的孙子张宗愈上书，恳请在循王府旧址重建张氏家庙。经过讨论，朝廷不仅批准了张宗愈的请求，宋宁宗还颁赐了营造家庙的标准文件。连昔日张家小寨里的私兵，也有了编制，担负起张氏家庙的安保工作。在宋宁宗的政策支持与张氏后人的财力支持下，循王府不但很快复建，而且坚固程度远胜此前。一把火非但没有烧掉循王府的富贵，反而越烧越红火。

而张俊的后人们，则在王府与花园之间，完成了武将世家向文人墨客的转型。其中佼佼者，便是张俊的曾孙、诗人张镃。咱们在前文中也提到过他，他曾到过灵芝崇福寺附近去乘凉。张镃学诗于陆游，与尤袤、杨万里、辛弃疾、姜夔等诗词唱和，俨然已是那个年代顶级文艺圈子里的一员。

南宋后期，有个叫郑元祐的孩子，跟着家里的大人走访过一些临安城里的名门世家，并多次出入循王府。德祐二年（1276）正月，元军攻至临安。二月，宋廷投降。张镃之子张濡因在守关拒敌中屠戮元朝使节，此刻遭到了元世祖的打击报复。不仅他本人身首异处，张氏也遭到了毁灭性打击。

然而，张循王府却并没有因此而倒下。已经长大的郑元祐来到元朝治下的杭州，他发现早年那些名门豪宅大多数都已不复存在，可张循王府非但没有破败，反而升格为江浙行省的官署。到了明朝，张循王府的旧址依然被作为地方官衙。

张循王府的兴衰历史，可谓一部波澜壮阔的南宋简史。而那位抬不上台面的张俊，却在不经意间，成为第一位走入清波闹市的功勋贵胄。

三　游人如织的御园：聚景园里的皇帝与百姓

显应观与南宋的开国传奇

◉

晴空摇翠浪，昼禽静、霁烟收。听暗柳啼莺，新簧弄巧，如度秦讴。谁绸。翠丝万缕，扬金梭、宛转织芳愁。风袅余音甚处，絮花三月宫沟。扁舟。缆系轻柔。沙路远、倦追游。望断桥斜日，蛮腰竞舞，苏小墙头。偏忧。杜鹃唤去，镇绵蛮、竟日挽春留。啼觉琼疏午梦，翠丸惊度西楼。

［元］佚名绘《西湖清趣图》（局部，美国弗利尔美术馆藏）

无论何时，南宋周密的一曲《木兰花慢·柳浪闻莺》，都能将我们带回到那个“晴空摇翠浪”“听暗柳啼莺”的遥远时代。

今天，哪怕你没到过西湖，没到过杭州，大抵也听说过“西湖十景”。清波街道的西湖畔，便是“西湖十景”之一的柳浪闻莺。顾名思义，这里翠柳成荫，黄莺啼鸣。漫步其间，绿树如屏，流水如玉。花团锦簇，草幔深远。道路迤逦，丘岩起伏。身后是车来人往，眼前唯有曲径通幽。沉浸其中，静心养性，却突然丘回路转，十里西湖，千层北山，不由得豁然开朗。漫湖的荷香沁人肺腑，仿佛久经彷徨后的一声呐喊；遍山的桂甜袭人心怀，用一千零一首诗编织出一千零一个梦。

而梦开始的地方，就是西湖东南岸的那片梵雨法林。

对柳浪闻莺地区的营造，最早始于五代宋初的吴越国武肃王钱镠修建杭州城。杭州城落成后，这一地区就成为罗城西墙与西湖之间狭长的“郊区”。钱氏于此处多有经营，自北向南，依次修建了灵芝寺、资福院、水心寺、兴福院、护国罗汉院、释迦院等六座寺院。此外，这一地区的寺院还有延恩院和湖光院，始建年代缺失，但有极大可能也是吴越国所建。

北宋时期这一地带的寺庙变动不多，最大的变化是不少寺庙的名字改了。如灵芝寺改为灵芝崇福寺、资福院改为慧明院、水心寺改为水心保宁寺、护国罗汉院改为法善院、释迦院改为宝成院、湖光院改为定水院，而且改名时间全部集中于宋真宗东封西祀的大中祥符年间。

那时的宋真宗正沉迷于自导自演的“跳大神儿”活动中，一会儿说梦见神人降临，一会儿又让臣僚奏称接到了上天颁赐的天书；一会儿去泰山封禅、去汾阴祭祀后土地祇，一会儿又给大宋朝认了一个神仙祖宗宋圣祖赵玄朗。各种狂热的迷信活动接踵而至，国家的民力和财力被迅速掏空。《宋史》评价说，当时“一国君臣就像疯了一样”。

西湖东南畔寺院的名字被大规模修改，或许就是受到了这一时期狂热迷信活动的波及。

除了改名，北宋时期这一地带的格局基本没变。真正让此地发生翻天覆地变化的，是南宋的高宗、孝宗父子。

第一个大变化发生在北部，五代以来一直象征福瑞的灵芝崇福寺突然被切了一刀，南部半个院子改建为显应观。别小看这一刀，南宋王朝的神圣合法性与建国初年的造神运动，全靠它了。

显应观本来是河北磁州（今河北省邯郸市磁县）一座供奉崔府君的道观。靖康元年（1126），金军大举南下，势如破竹。这年十一月，宋钦宗派康王赵构为使节，前往金营和谈。当月二十日，赵构行至磁州，知州宗泽劝阻，赵构不为所动。恰在此时，磁州传言，副使王云要把赵构送到金营去做人质，愤怒的磁州百姓当街打死了王云，赵构只好退回相州（今河南省安阳市）。正是这一劝一退，赵构鬼使神差地逃过了沦为阶下囚的厄运，得到了日后成为高宗皇帝的机会。

可如果仅仅是这样，南宋的开国就显得平淡无奇。宋高宗要证明自己的皇位是命中注定，臣僚们要证明南宋的江山是上天授予。于是，平淡无奇的历史，开始变成怪力乱神的神话传说。

据说，王云被打死后，赵构决定南归。他一路小跑，跑到崔府君庙时，实在跑不动了，就躲在里面休息。刚睡着没一会儿，就听有人大喝：“别睡了！追兵马上就到！赶紧上马跑！”原来，金营见赵构迟迟未至，已经派出骑兵前来抓人。赵构梦中惊醒，睡眼惺忪地正要冲出庙门去骑马，才想起来自己根本没马，只得慌慌张张地问那人：“我没有马呀！这可怎么办？”那人从容答道：“已经备好马了，大王赶紧快马加鞭。”赵构环顾四周，果然有宝马一匹，当即跨上马背，还未等坐稳，那宝马已蹄下生云，昼夜驰行七百里。宝马一停住，便再也不动了。赵构定睛一看，这哪里是什么宝马，这不就是庙里崔府君雕像骑的泥马吗?

故事还有一个版本，说赵构南归无马，突然出现一位神仙牵着一匹马走来，承载着赵构渡了河。这样的故事越传版本越多，后来有了一个统一的名字——泥马渡康王。

另一个和崔府君有关系的传说，也发生在这一时期。据说靖康二年(1127)正月，宗室秀王的王妃张氏做了一个怪梦，梦见一位自称崔府君的红衣仙人，怀里抱着一只羊。仙人一脸肃穆，指了指羊说“以此为识”，然后就不见了。张氏梦中惊醒，不久便发现怀有身孕。十月二十二日，孩子平安降生。因为属羊，秀王就给这孩子取小名为羊。

赵小羊的大名叫赵伯琮，日后被宋高宗赵构选入宫中，作为继承人培养，于是改名叫赵瑗。在道教神话里，那位神仙崔府君名叫崔子玉，是唐代滏阳县的县令，这个滏阳县便是磁州州治所在。而在历史上，东汉著名书法家崔瑗的表字也是子玉。机缘巧合，赵小羊改了一个和崔府君真身一样的名字。而赵瑗，便是南宋第二位皇帝——宋孝宗赵昚。

说起来，崔府君也够忙的。短短两个月，是又当马来又当羊，管完逃生还要管出生，为了大宋朝的明天，为了赵家的香火，连个新年都过不痛快。这宋朝人也是够死性的，薅羊毛倒是“雨露均沾”啊，全都得着崔府君这一只羊可劲薅。

不过，被连续薅了两次羊毛的崔府君终于得到了福报。据《乾道临安志》

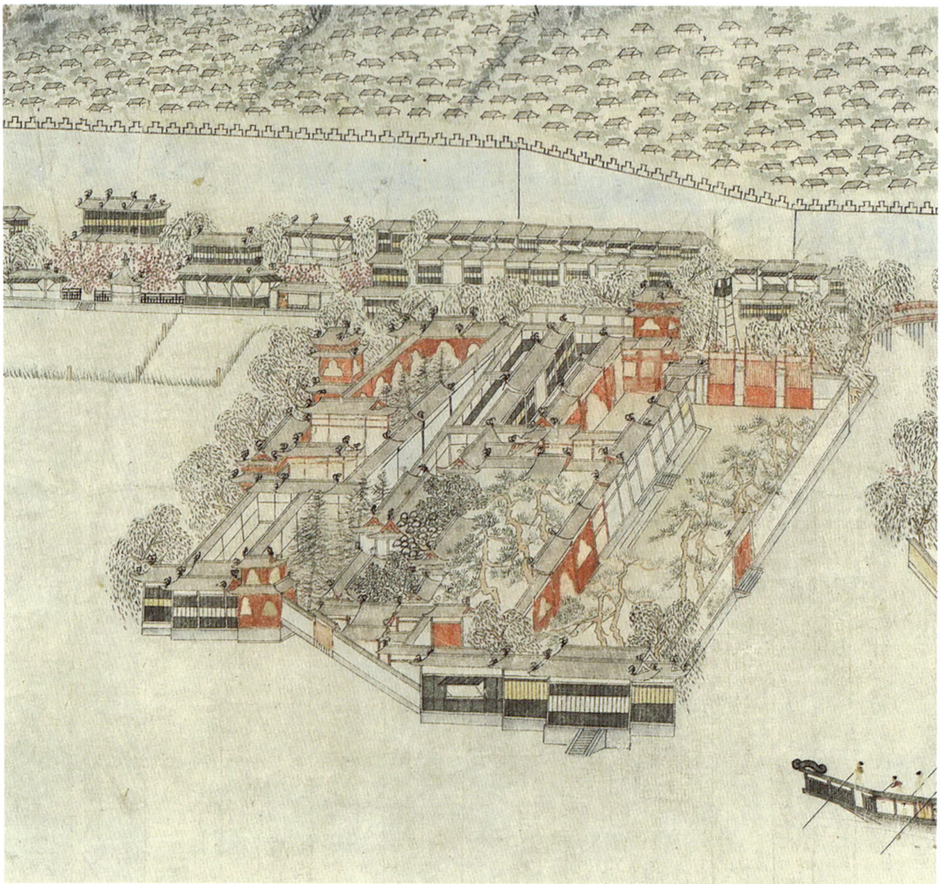

[元] 佚名绘《西湖清趣图》（局部，美国弗利尔美术馆藏。图中建筑左为灵芝崇福寺，右为显应观）

记载，绍兴十九年（1149），宋高宗在龙山之西建起一座显应观，供奉的便是崔府君。《咸淳临安志》则说建观的时间在绍兴十八年（1148）。到了绍兴二十四年（1154），高宗又大手一挥，划拨出半个灵芝崇福寺来，并将显应观迁于此地，其旧址就在今天钱王祠的南边。

崔府君本来就是个磁州本地的土地神，也就是《西游记》里孙悟空拿着金箍棒在地上捅两下就抱着脑袋跑出来那种。可进了临安城，崔府君立马更上一层楼。他的神号被抬到“护国显应兴圣普佑真君”的高度，牌位则被供奉在显应观的大殿中。

嘉定三年（1210）十一月一日，参知政事楼钥在《中兴显应观记》中，描述了显应观内的庄严华丽：“祠宇宏丽，像设森严，长廊靓深，采绘工致。铁骑戎卒，左出右旋，戈铤旗盖，势如飞动。”

显应观建成后，受到朝廷的特别重视。朝廷每年拨款两万贯不说，皇帝们更是纷纷留下墨宝，以表示自己对崔府君的敬重。高宗不仅亲自为大殿书匾，还特别署上了自己的名字；孝宗手书“宝章琼藏”之匾；宁宗御题观碑碑额以表功忠；理宗御书《洞古经》以赐刻石。南宋末年，观中还专门有一座殿，供奉着宋度宗和太后谢道清、皇后全玖的长生牌位。

显应观中还有南宋宫廷画院魁首萧照的山水画与两宋画院诗诏苏汉臣的画壁。

淳祐年间（1241—1252），宋理宗将显应观改名昭应观。观之东还建有一座崇祐观。

六月六日是崔府君的诞辰日。每到这天，临安城的居民就会滂集到显应观，无论贵戚士庶，纷纷为府君焚香化纸，甚至连皇帝都要派出使臣前来敬香，并设立祈福消灾的道场。

幸好崔府君姓崔不姓赵，不然自宋圣祖赵玄朗之后，宋朝恐怕就要有第二位神仙祖宗了。

花木聚景，四时繁荣

◉

南宋初年，西湖东南岸的第二个重大变化，便是聚景园的兴建。

据《咸淳临安志》记载，绍兴年间，在北起涌金门、南至清波门、西邻西子湖、东达流福坊的广大区域，也就是灵芝崇福寺和显应观以南的“柳浪闻莺”区域，朝廷开始兴建皇家园林聚景园。九座寺院的土地被占用，因而不得不“拆迁”。《咸淳临安志》明确记载了慧明院、水心保宁寺、兴福院、定水院、法善院等五座寺庙或庙额迁移或易地改建的情况，除了兴福院移建于清波门城下外，其余诸寺均已迁出了清波地区，延恩院也很可能是在这一时期被并入了聚景园。至于其余并入聚景园的三座庙庙名为何，史料阙如，就不得而知了。从水心保宁寺在隆兴初年迁移庙额来看，这次大规模拆迁，很可能发生在绍兴末年。

不过，也有个别寺庙保留了下来，甚至还有新庙建成。除了灵芝崇福寺和宝成院始终未迁外，绍兴十年（1140），毗卢寺僧净琳在钱湖门外修建了毗卢廨院，乾道二年（1166）改为永隆院。绍定四年（1231）院毁，端平元年（1234）至景定元年（1260）又逐渐恢复了旧制。这一时期兴建的寺院，还有我们前面提到的慧光院。乾道年间（1165—1173），张俊的女孙真寂妙明惠懿大师自幼奉敕出家为尼，守慈福宫香火，在聚景园前建起了慧光院，此后住持均为张俊后人。嘉定十四年（1221），宝莲山（在紫阳山南、七宝山东）的宝莲院也迁到了这里。这样，在聚景园兴建前，西湖东南岸至少有十一座寺院。在九座被拆迁建园后，又陆续迁来、新建了三座，仍有五座寺院与聚景园同在。

聚景园是南宋前期和中期，皇帝们最喜欢的御园。南宋在临安城里的御园不止一处，尤其是大内御园、德寿宫后苑和玉津园的规模与造景也达到一定水平，甚至论造景水平，奢华的大内御园与德寿宫后苑远在聚景园之上，为何皇帝们钟爱聚景园呢？

答案当然就在于西湖。尽管聚景园夹在西湖与城墙之间的狭长地带，但也正因为滨水，聚景园有得天独厚的自然景观，整座园林最注重的就是天然山水的灵气。远景有湖山全貌，中景有苏堤春晓，两处借景的娟秀，非其他任何御园可比；近景也配合自然之风，以植物造景为主，形成了“柳浪闻莺”的独特景观，完全不同于其他御园追求人工雕琢的风气。

聚景园中的花木，春有杨柳嫩芽摇风拂岸，夏有牡丹荷花十里争荣，秋有桂花香甜浓情不化，冬有梅花傲骨肌雪凌寒，而古韵老松更是四时苍翠，可谓季季繁盛，又季季不同。

在聚景园的四季花木中，最著名的当然是柳树。高翥在《聚景园口号二首(其一)》中写道：

浅碧池塘连路口，淡黄杨柳护檐牙。
旧时岁岁春风里，长见君王出看花。

而张矩的《应天长·柳浪闻莺》更写出了“柳浪”之中的“闻莺”：

翠迷倦舞，红驻残妆，流莺怕与春别。过了禁烟寒食，东风颤环铁。游人恨，柔带结。更唤醒、羽喉宫舌。画船远，不认绵蛮，晚棹空歇。争似涌金楼，燕燕归来，钩转暮帘揭。对语画梁消息，香泥砌花屑。昆明事，休更说。费梦绕、建章宫阙。晓啼处，稳系金狨，双灯笼月。

聚景园中的柳树代代留存，因此在当时有“古柳林”之称。今天“柳浪闻莺”中的柳树，虽然并非宋代的古柳，但西湖畔的这层绿纱，却如此让人魂牵梦萦，为我们带回了八百年前的莺歌燕语。

不过，“柳浪闻莺”的佳名也掩盖了聚景园中的许多盛景，其中之一便是在临安称盛一时的牡丹。北宋时，赏牡丹的最佳去处是位于怀远坊的吉祥寺(今拱墅区的军督司巷一带)。苏东坡还专门作了一首《吉祥寺赏牡丹》。

可到了南宋，吉祥寺的花王失落，牡丹折桂之处便被聚景园抢了过来。周密在《武林旧事》中说，聚景园的牡丹最盛时，千朵同开，三面漫坡，景象壮观至极。张抡在《壶中天慢》词中惊叹道：“洞天深处，赏娇红轻玉，高张云幕。国艳天香相竞秀，琼苑风光如昨。露洗妖妍，风传馥郁，云雨巫山约。春浓如酒，五云台榭楼阁。”此词一说是康伯可所赋，张抡以为己作。无论作者是谁，我们通过此词，都看到了当年聚景园里花王争霸的热闹气象，也难怪孝宗、光宗、宁宗，祖孙三代都喜欢来御景园观赏牡丹。

“三秋桂子，十里荷花”借景湖山的聚景园，自然少不了荷花和桂花。每到盛夏初秋，“芙蕖绕堤如锦”，园内河池荷花绽放。曹勋有《聚景园看荷花》诗云：

四山收尽一天云，水色天光冷照人。
面面荷花供眼界，顿知身不在凡尘。

有关聚景园中种植桂花的记述不多，我们只是发现，聚景园中的景观有“桂景”一目，不知当时桂花是植于园中，还是借香于湖山之间的“花中第一流”了。

聚景园中还种有梅花。高似孙曾在聚景园破败后，来到园中凭吊。他在《聚景园》一诗中写道：

翠华不向苑中来，可是年年惜露台。
水际春风寒漠漠，官梅却作野梅开。

当年聚景园中的“官梅”，沦落为无人照料的“野梅”。由此可见，聚景园中是种有梅花的。

除此之外，聚景园还种有苍松翠竹。高翥的《聚景园口号二首（其二）》，便是咏竹的：

竹影参差临断岸，花阴历寂浸清流。
游人难到阑干角，尽日垂杨盖御舟。

当然了，崇尚自然，并不意味着不要人工景观。“叠石为山，重峦窈窕”，至少还是需要的；亭台水榭的点缀，也万不可缺失。与今天“柳浪闻莺”亭台稀少不同，当时聚景园内可谓亭台榭殿堂齐备。《武林旧事》中记录的主要有会芳殿，瀛春堂、揽远堂（或作镜远堂、鉴远堂），芳华亭、花光亭（八角亭），瑶津、翠光、桂景、滟碧、凉观、琼芳、彩霞、寒碧、花醉、澄澜、锦壁、清辉等景，以及学士桥和柳浪桥。

孝宗皇帝是南宋诸帝中最爱逛聚景园的，高宗、光宗、宁宗也经常到聚景园中赏花游湖。笔者简单统计了一下，自乾道元年（1165）二月一日，从史书中首次记载皇帝游聚景园开始，高宗与孝宗一起游园九次，孝宗单独游园八次，孝宗与光宗一起游园两次，宁宗单独游园三次，总计二十二次，其中十九次都有孝宗参与，可见他对聚景园的钟爱，这也就难怪聚景园中的景观匾额都由孝宗亲自书写。而记载和统计肯定都有疏漏，皇帝们的实际游园次数只会更多。

宋孝宗坐像（南薰殿旧藏，台北故宫博物院藏）

那么，你一定很好奇，这些皇帝们在园子里都做些什么呢？周密在《武林旧事》中详细记录了淳熙六年（1179）的一次游园活动，可以为我们揭开皇帝游园的神秘面纱。

这年的三月十五日，孝宗亲自到德寿宫，恭请太上皇帝宋高宗和太上皇后吴氏一起到聚景园游园。第二天，孝宗的皇后谢氏早早来到德寿宫请安，协助高宗夫妇梳妆打扮，待到孝宗也来了，便一起吃些小点心。用膳过后，孝宗夫妇便随从高宗夫妇，一起来到聚景园。

进了院子，高宗夫妇来到会芳殿降辇，孝宗夫妇来到“翠光”降辇，先到殿阁帷帐中小憩。孝宗又来邀请高宗夫妇一起到“瑶津”，再吃一些点心。随后，高宗夫妇乘坐步辇，孝宗夫妇则骑马，一起遍游园中。

逛到“瑶津”西轩，估计已日近正午，一行人便入阁用膳。《东京梦华录》里有一句话，叫“凡御宴至第三盏，方有下酒肉”。也就是说要喝到第三杯酒，才能上下酒菜。不过看张俊请高宗吃饭时的菜单，这个“规矩”可能

［宋］夏圭绘《西湖柳艇图》（台北故宫博物院藏）

没有很好地被执行。

虽然如此，“第三盏”在宋代的饭桌上应该还是有它特殊的含义的。这一次，酒至第三盏，都管使臣刘景长便进献了最新创作的《泛兰舟》曲，并由吴兴祐踏曲而舞。高宗听得尽兴，便赏赐了二人银绢。此时，御宴气氛已浓，孝宗乘势捧起一只玉制的船形酒杯来敬酒。但见酒满玉船，船上人物雕刻得栩栩如生，高宗喜形于色。

为了让高宗更尽兴，孝宗便邀请高宗到不远处的“锦壁”欣赏牡丹。那花王三面漫坡、千株争艳的盛景，就出现在这次御宴之上。张抡的《壶中天慢》也写于此时。另有一千株精挑细选的绝色牡丹，用水晶玻璃、天青汝窑金瓶栽种。两相交融，土栽牡丹奔放，盆栽牡丹雅致，既不失王之本色，又不减花之气质。

孝宗又敬了几盏酒，便请高宗夫妇一同到“清辉”稍做休息，然后一行人回到“翠光”，登上御舟，沿园中流水入里湖，出断桥而一路南泊，来到了珍珠园，随后继续泛舟湖上。

皇帝出游，起初并未打乱西湖周边老百姓的生活节奏。微醺的高宗望了望不远处的民贩商贾，派人赶紧去找他们，把从湖中打捞的龟鱼全部放生。紧接着，他又让内侍用彩色小旗作指引，宣唤周围的小贩来排队领赏。

这拨小贩里，有一个在钱塘门外卖鱼羹的，名叫宋五嫂，张嘴就是标准的“东京音”。经过询问，高宗方知，这位宋五嫂当年是在开封开酒家的。靖康之难，天下大乱，她一路颠沛流离，来到了临安。“老乡见老乡，两眼泪汪汪”，高宗心有所感，又见宋五嫂年老，便让她上了御舟，多给了一些赏赐。有太上皇给“打广告”，宋五嫂的鱼羹立刻就成了西湖的“网红”美食。

高宗在西湖上泛舟，一直玩儿到申时，也就是下午三点至五点，才回到聚景园的花光亭停泊靠岸，并到会芳殿休息。这时的高宗早已醉酒，孝宗亲自扶他上岸，又亲自扶他上轿，一直送回德寿宫。

可以说，聚景园就是一道通向西湖的门户，聚景游园也成为皇室游览西湖的前奏。

南宋初年，高宗内禅于孝宗，孝宗内禅于光宗，光宗又内禅于宁宗，四代帝王三次内禅，作为王朝的最高权力掌控者，登基的新皇帝与退位的太上皇，如何保持融洽的关系，确实是一个难题。无论这几对父子的关系如何，聚景园都成为他们之间的一条纽带。

这条纽带不仅用于皇室内部的情感沟通，也常常被皇帝用来加强与臣僚的联系。任希夷就写下一首《聚景园宴集》，记录了皇帝大摆宴席、招待文武的热闹场面。

与民同乐的皇家花园

◉

帝制时代，皇家花园里有皇帝、有官员，这似乎是天经地义的事情；没有老百姓什么事，好像也是理当如此的。

可聚景园的理，却不是这么个理。

《梦粱录》里记录了这样一个奇怪现象。每到夏秋之际，游人便乘船跑到聚景园周围去围观。淳熙十三年（1186）春，陆游曾划着小船，从聚景园边路过，见此情景，还写了两首《小舟过御园》。

其一云：

圣主忧民罢露台，春风别苑昼常开。
尽除曼衍鱼龙戏，不禁刍荛雉兔来。
水鸟避人横翠霭，宫花经雨委苍苔。
残年自喜身强健，又作清都梦一回。

西湖对岸的雷峰塔

其二云：

水殿西头起砌台，绿杨闹处杏花开。
箫韶本与人同乐，羽卫才闻岁一来。
鹢首波生涵藻荇，金铺雨后上莓苔。
远臣侍宴应无日，目断尧云到晚回。

看来，聚景园虽然贵为御园，但始终保持半开放状态。夏秋之际，游人如织，皇帝的御园变成了与民同乐的御园，这倒是颇有皇宫门前卖早点、皇城门下看热闹的“清波风格”。其实，无论是吴越时代的王都，还是南宋时代的帝都，杭州城里的西湖，从来也没有成为帝王专享的宗山家湖。

可另一个西湖就完全不一样了。

清代北京的西北郊，曾修建了大片园林，合称“三山五园”。今天颐和园的前身清漪园，就是“五园”之一；清漪园中的昆明湖，那时又被称为“西湖”。

为了消除园林景观的视觉阻隔，乾隆皇帝在修建清漪园时，除在北面筑起围墙外，昆明湖的东、西、南三面都不设围墙。然而，不设防御下的并不是独大的皇权，而是阻挡皇权肆虐的最后屏障。据《清宫颐和园档案》记载，乾隆四十五年（1780）有个叫侯义公的老百姓喝高了，误闯清漪园。乾隆皇帝大发雷霆，勒令有关部门严加审讯。侯义公被严刑拷打，最后发配黑龙江为奴。

如果陆游晚生六百多年，看到的是清朝北京版“西湖”之畔的御园，我们可能根本没有机会欣赏那两首《小舟过御园》了。

与所有的皇家园林一样，聚景园的兴衰，也与王朝的命运紧密相连。宋理宗时期，南宋江河日下，特别是随着长达四十五年的宋蒙战争的推进，以及权臣贾似道的上台，南宋王朝不可避免地走上了日落西山的命运。从那时起，聚景园便迅速衰落，短短几十年间，便成了荒芜萧索的废园。释永颐在凭吊诗《过聚景园》中写道：

路绕长堤万柳斜，年年春草待香车。
君王不宴芳春酒，空锁名园日暮花。

“日暮”的不仅是花。流水落花春去也，开明豁达的大宋，终与开放繁华的聚景园一起，一去不复返了。

四　闹市里走出的皇帝

“做不得”的皇帝

◉

要问南宋的临安城里，最繁华、最有烟火气的地方是哪儿，那一定是西起泰和坊、东临御街、南至清河坊、北到市西坊的一片区域。全临安最高档的酒楼、最受欢迎的商铺、最舒适的酒店、最热闹的街道，几乎都集中在这片区域内。

要问南宋的临安城里，除了皇帝的宫殿，最高贵的地方是哪儿，那一定还是刚才提到的这片区域。南宋时期，两位皇帝从这里走出，四位皇后在这里安家。你可能很难想象，眼前还是酒楼屠户的“烹羊宰牛且为乐”，旁边就是皇后外戚的大宅；前面还在人群簇拥中听着买卖人的叫卖声，身后便已是走出皇帝的王府了。

从华光街到中山路，从河坊街到羊坝头，这小小的二十万平方米，承载了南宋时代的荣华富贵。把这些大人物的故事串起来，几乎就是一部完整的南宋政治史。

在后市街南北两端的西侧，各有一座王府，南宋中期的两位重量级皇帝——宋宁宗和宋理宗，便是分别从这两座王府中走入皇宫的。宋宁宗在位三十年，宋理宗在位四十年，两位皇帝统治半壁江山总计有七十年，几乎占了南宋王朝的一半寿命。尤其是宋理宗，他是南宋在位时间最长、两宋在位时间第二长的皇帝，仅比两宋在位时间第一的宋仁宗少了一年。由此可见，这两位皇帝的统治时期，在南宋时期有多么重要。

御街（步恩撒 摄）

位于后市街西侧南端的，是嘉王府。这里属于泰和坊地界。泰和坊是南宋中期新增的一个坊，因坊中有储存糯米的仓库，俗称糯米仓巷。由于从这里走出了一位皇帝，所以后来又称其为万岁巷。陆游晚年在临安奉诏修史，居住的六官宅就在泰和坊中，与昔日的嘉王府比邻。

嘉王，便是后来的宋宁宗赵扩。赵扩于淳熙十六年（1189）进封嘉王。他是宋光宗赵惇与皇后李凤娘的次子，也是他们唯一长大成人的儿子。因此，对于赵扩来说，成为皇位继承人本来是毫无争议的。绍熙元年（1190），宰相留正密奏光宗，劝他早立嘉王为太子。最初光宗并不同意，但架不住留正反复规劝。绍熙二年（1191）夏天，光宗终于松了口风，回复留正道："等朕去跟寿皇商量商量。"

寿皇是谁？光宗要立自己的儿子当太子，怎么还要跟寿皇商量？

这位寿皇，是当时的太上皇、光宗的生父——宋孝宗赵昚。孝宗晚年，主动禅位于三子赵惇，自己则搬到了重华宫安享晚年。虽然不在其位了，但是确立接班人这样重要的事情，光宗总要去跟孝宗打个招呼。

可没想到，孝宗的回复对光宗而言却是晴天霹雳："当初，按照规矩，本来应该立你二哥魏王为皇帝的。因为你的英武很像我，我才让你越位继承了皇位，希望你能成就一番大事业。如今你二哥去世了，可他的儿子嘉国公还在呀。"

原来，孝宗曾有两个成年的儿子，一个是次子魏王赵恺，一个是三子恭王赵惇。赵恺是孝宗原配郭皇后所生，赵惇是后来晋升的谢皇后所生。以嫡以长，孝宗都应该立赵恺为太子。奈何孝宗觉得赵恺过于宽厚，难成大事，这才越过了他，立赵惇为太子。

孝宗禅位前，魏王已去世多年。魏王有一个小儿子名叫赵抦，体弱多病，却聪明伶俐。或许是出于对赵恺的愧疚，孝宗对赵抦特别疼爱。在内禅前夕，孝宗特意加封赵抦为嘉国公，此时更是直接暗示光宗赵惇应该把皇位再传给魏王后人。

与赵抦一样，光宗的独子赵扩身子骨也并不特别硬朗；可与赵抦的"早慧"不同，赵扩却表现得"不慧"，贤愚不辨，智商不合格。在孝宗心目中，于情于理，赵抦都应该成为皇位的继承人。

光宗得到孝宗的答复，嘴上说自己也是这么想的，心里却是很不情愿。回到宫里，光宗只好对留正轻描淡写地说："寿皇的意思，也是先把这事儿缓一缓。"想必光宗说这话时面露难色，一旁的留正有所察觉，自此再也不提立太子的事了。

立储分歧，为孝宗与光宗父子的不和，埋下了导火索。再加上光宗皇后李凤娘煽风点火、挑拨离间，以及光宗状似精神失常等原因，竟然闹到光宗拒绝与孝宗相见的地步，乃至于孝宗驾崩，作为儿子的光宗居然拒绝主持丧礼。眼见光宗精神恍惚，国内政局日渐混乱，赵汝愚等大臣决定发动"内禅"，让光宗退居二线，拥立嘉王赵扩登基。

御街（步恩撒 摄）

而此时的临安早已谣言四起。有人传言，已改封许国公的赵柄会继承皇位；还有人说，嘉王和许国公都要被外放地方，离开京城。

赵扩就算再木讷，也感到了山雨欲来。他向自己的老师彭龟年询问外面的情况，彭龟年说："只有立储才能安定人心，但是必须奏禀太皇太后才可以着手。"有意思的是，赵扩听了此话，竟然直愣愣地让王府都监王德谦去奏请太皇太后。王德谦就算吃了豹子胆，也不敢如此行事，便糊弄了两句，全无下文了。

七月五日，在赵汝愚等人的操作下，宋光宗终于"被退位"，并由太皇太后吴氏宣布由嘉王赵扩继位。当时，许国公赵柄也在宫中，吴氏还专门给他做工作，告诉他为什么由嘉王继位。没承想，这番话下来，赵柄快快不乐不说，赵扩竟然惊慌欲走，被韩侂胄一把抓住。赵扩一边大哭，一边大喊："告诉大妈妈！臣做不得！做不得！”

吴氏哪容得他这般胡闹，命人取来黄袍说：“我来给他穿上！”赵扩却拽着韩侂胄的胳膊，绕着殿里的柱子乱跑。吴氏终于忍无可忍，大喝一声：“站住！”随即说道，“我见你公公，又见你大爹爹，见你爷，今天却见你是这副模样！”说着，便泪如泉涌。

宋宁宗半身像（南薰殿旧藏，台北故宫博物院藏）

这位吴太皇太后，便是宋高宗的皇后，“公公”“大爹爹”“爷”说的分别是高宗、孝宗和光宗。她想不到，自己历经三朝，赵家的皇位继承却闹到这般田地。

赵扩见吴氏急了眼，知道再反抗也无济于事，只好披上黄袍，在群臣的簇拥中登上皇帝宝座，口中却还是喃喃着：“做不得！做不得！”

做了六年皇帝后，宁宗赵扩于嘉泰元年（1201）四月十九日下诏，模仿北宋开封的开元阳德观，将嘉王府改建为开元宫，用来供奉荧惑。还将嘉王府的部分土地改建为官署，让大宗正司搬来办公。开元宫的正殿为明离殿，每年立夏的时候会在这里祭祀。嘉泰四年（1204），宁宗又命临安府在殿右另建阏伯宣明王殿。到宋理宗时，大宗正司发生火灾，被搬到了别的地方，这片土地又重新被划入了开元宫，并在端平初年时改建为宁宗神御殿。

除此之外，开元宫内还有供奉北斗的璇玑殿、供奉真武的衍庆殿，殿中匾额均由理宗皇帝御书。咸淳三年（1267），又建顺福殿、申祐殿，分别供奉太后谢道清和宋度宗的元命长生牌，并改璇玑殿为北辰殿。在开元宫的北面，还建有供道士修真之用的阳德馆。

从沂王府到龙翔宫

天生“不慧”的宋宁宗继位后，朝政日非。在他的统治下，前有韩侂胄专权，大兴“庆元党禁”；后有史弥远专政，朝堂乌烟瘴气。在这样的阴影下，南宋王朝不仅江河日下，赵氏储位也又一次出现了问题。

由于没有儿子，宁宗只能选立宗室子弟作为养子。最初，他曾收养赵询，并立之为太子，是为景献太子。可是嘉定十三年（1220），赵询便去世了。宁宗只好再收养赵竑为子。

宋宁宗是赵竑的第三位父亲。赵竑是他后来被赐予的名字，最初叫什么，史书中已无记载。他的生父名叫赵希瞿，如果不出意外，赵竑本应该待在距离临安府五十里外的临平安心读书，然后考功名、走仕途，或是干脆拿着宗室俸禄，默默消失在浩如烟海的史籍中。

可是，开禧二年（1206），一个人的死，彻底改变了赵竑的一生。这人他便是赵抦。

绍熙内禅后，赵抦被封为吴兴郡王，就住在今天后市街的西北角一带。赵抦去世，宁宗追封他为沂王。由于赵抦独子早夭，为了让他身后有人继承香火，宁宗只得从宗室里为他选一个儿子出来。

说起来，这堂兄弟俩当初为了皇位，也曾闹得鸡飞狗跳，没想到最后大家殊途同归——都要抱个别人家的孩子来给自己延续血脉。

就这样，品学兼优的秦王赵德芳十世孙赵竑经过“海选”，被天上掉下来的馅饼砸中了。这个在临平安静读书的孩子，一夜之间身份发生了巨大改变，被抬入了沂王府，成了当今圣上的堂侄子。很快，他有了新名字赵均，不久又被改赐名赵贵和。

赵贵和非常珍惜这份上天赐予的“贵和”，但他没有想到，这仅仅是一个开始。

嘉定十三年（1220），又是一个人的死，扭转了赵贵和本已清晰明朗的命运。

这一年，景献太子赵询去世，宋宁宗连过继的儿子都没有了，自然只能再选养子。赵贵和再度脱颖而出，被选为皇子，并赐名赵竑，封祁国公（后来又晋封为济国公），住进了宁宗曾经居住过的泰和坊。在册立赵竑为皇子的诏书中，宁宗写道：“国嗣未建，非所以严社稷、奉宗庙，朕深念焉！夫计安天下，强本为先，亲亲贤贤，厥有古始，非朕所得私也。”简单来说，立赵竑为皇子，是要解决“国嗣未建”的问题，是关系到江山社稷的大事。这几乎就是昭告天下，赵竑便是皇位继承人。

宁宗的身体每况愈下，明眼人都知道，不出意外的话，用不了几年，赵竑便是下一任大宋皇帝了。

可惜，出意外了。

赵竑确实很聪明，但太聪明了，就容易锋芒毕露。毕竟，从无名宗室，到王子，再到皇子，道路平坦得连颗硌脚的石头子都没有。年纪轻轻的赵竑相信，是自己的浩然正气感动了上苍，为自己赐下了好运。没有经历过人心险恶的赵竑并不知道，在深不见底的宫廷，正气便是锋芒，并非什么时候，都能有“剑气碧烟横”的豪气万丈。

对于宰相史弥远的专横跋扈，赵竑早就看不顺眼了。有一次，他当着一位侍女的面，指着地图上的海南岛说：“他日我得志了，就把史弥远流放到这里去！”可赵竑忘了，这侍女就是史弥远进献给他的。

其实，早在赵竑成为皇子之前，史弥远就对他颇为忌惮了。景献太子刚去世时，相府的塾师余天锡正好告假，要回舟山老家参加秋季的考试。平日里，史弥远对余天锡颇为器重，临行前对他说：“沂王还没有后嗣，你要是发现了贤明厚道的宗室子弟，就把他的名字告诉我。”

赵竑当时就是沂王子嗣，史弥远所指显然不是“沂王没有后嗣”，而是“皇帝没有后嗣”。余天锡心领神会。

在回乡的路上，余天锡途经绍兴府，恰逢天降大雨。同行的僧人建议他到府城西门左手边的全保长家暂时避雨。全保长得知来者是相府的塾师，自然杀鸡备饭，殷勤招待。席间，两个侍立一旁的小男孩儿引起了余天锡的注意。全保长介绍，这俩小孩儿都是他的外孙，大的叫赵与莒，小的叫赵与芮，都是赵氏宗亲，算命的都说他俩有大富大贵之相。

余天锡不动声色，却暗中把这事记在了心上。等到秋试结束，余天锡回到相府，立即向史弥远汇报，史弥远当即让全保长把两个孩子送过来。全保长大喜过望，虽然还不知道这两个孩子是去干吗的，但权倾朝野的史相公召唤，这不是天降喜事吗？全保长也豁出去了，卖田贩地，拿出全部家当，给这俩外孙一通打扮，还不忘跟保里的人炫耀自己的雨中奇遇。

就这样，赵与莒兄弟被送入了临安城的相府。想必两个没见过世面的孩子，不是四处张望，便是不敢抬头。可到了史弥远面前，赵与莒异常镇定。史弥远让他俩各写一幅字，赵与莒提笔便写下“朕闻上古”。

此天意也！史弥远心中暗暗称奇，脸上却不动声色。他只是叫全保长把两个外孙领回家。这下好了，全保长什么富贵都没得着，成了全保的笑话。

赵竑入为皇子后，史弥远立即向宁宗建议，为沂王再找一个子嗣。宁宗对赵抦这个弟弟其实颇为愧疚，他选赵竑作为自己的养子，原因之一便是赵竑曾是沂王子嗣。可赵竑成了自己的儿子，赵抦身后又无人了。史弥远的建议，立即获得了宁宗认同。史弥远乘机把赵与莒推荐了上去。

嘉定十四年（1221）八月，赵与莒被赐名赵贵诚，获准入宫。他洁身自好、雍容有度的气派，给宁宗和大臣们留下了极好的印象。九月二日，赵贵诚被宁宗正式立为沂王之后。

威胁近在眼前，皇子赵竑却仍然不知收敛。赵竑的老师、日后成为一代理学宗师的真德秀多次劝他韬光养晦，可赵竑只当是耳边风，甚至与史弥远的支

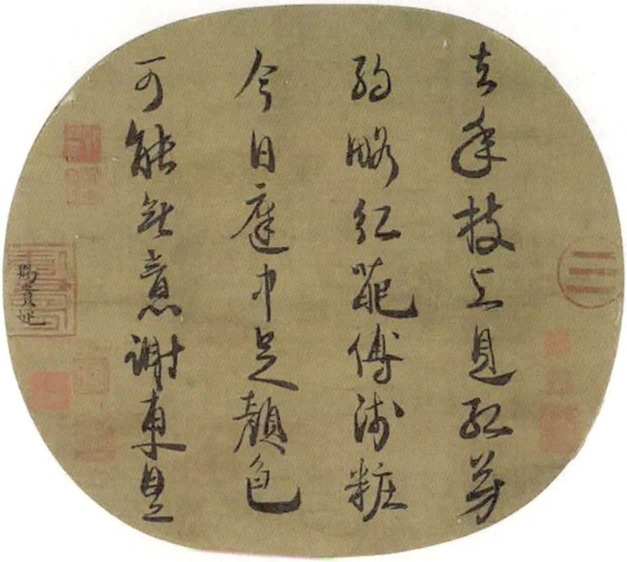

宋理宗书《枝上诗》团扇（美国纽约大都会博物馆藏）

持者、皇后杨桂枝起了直接冲突。眼见大难将至，真德秀辞官而去。赵竑身边，再也没有一个敢去直言进谏的人了。

而赵贵诚的力量，却在史弥远的布局下日益强大。

嘉定十六年（1223）四月，史弥远与自己的同乡郑清之暗中密谋。史弥远说：“主上和中宫为了社稷大计，才以济国公为皇子。可济国公不堪大任，以至入宫五六年了，主上都不肯立他为太子。我听说沂邸的皇侄贤德端重，入朝时主上经常关注他。现在要为他选一位老师，你忠实可靠，就去好好教导他。事成之后，我现在的位置，就是你将来的位置。不过，话出我口，入于你耳。要是有一句泄露出去，你我都要杀头灭族！”

郑清之惶恐拱手，连连说道：“不敢。”

话说到这个份儿上，史弥远的野心已经昭然若揭。而赵竑却仍然蒙在鼓里，等待登基的那天。

嘉定十七年（1224）闰八月二日，宁宗皇帝大渐弥留。史弥远急命郑清之去沂王府，告诉赵贵诚要立他为皇帝。赵贵诚既没有欣喜若狂，也没有神色慌张，反而淡定地在屋中一坐，来了个沉默是金。

这般反应，大大出乎郑清之的预料。面对这位淡定的学生，反而是他这个做老师的心急如焚，他向赵贵诚解释道：“丞相跟我是多年的交情，这才让我来转达肺腑之言。你不搭理我，这让我怎么回复呢？”

赵贵诚这才慢慢起身，拱手施礼，然后不紧不慢地说：“绍兴还有老母在。”

火烧眉毛尖了。郑清之不再耽搁，连忙赶回相府。对于赵贵诚的泰然自若与滴水不漏，史弥远大叹“不凡”。而拱手施礼，似乎代表着赵贵诚已经答应了做皇帝一事。

也不知是因为赵贵诚常年待在社会底层摸爬滚打，早就看透了人心，还是因为郑清之这位老师教得好。史弥远应该感到万幸，如果现在的皇子是赵贵诚，那么他这位宰相可能没那么容易翻云覆雨。

在史弥远的授意下，郑清之等人连夜草拟了二十五道诏书，其中的两道诏书说，立赵贵诚为皇子，赐名赵昀，封成国公。诏书发布时间则写作八月二十七日，就好像这些矫诏全部是宁宗清醒时亲自要求发布的。

闰八月三日，正当赵昀与史弥远已一切就绪之际，宁宗走到了生命尽头。一直留在宫中的史弥远一得到消息，立刻派人去后市街的沂王府接赵昀入宫。临行，他厉声吩咐：“记住了，现在让你们宣召的是沂靖惠王府的皇子，不是万岁巷里的皇子。要是错了，你们都得死！”

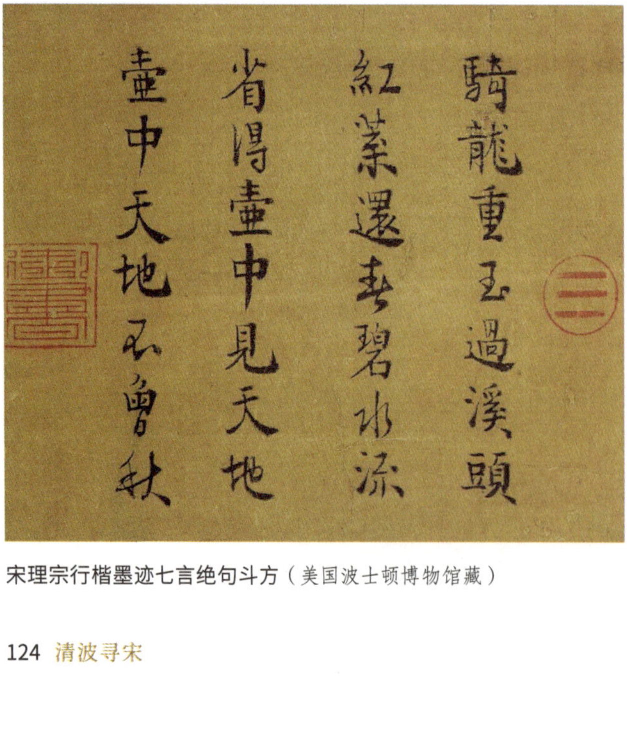

宋理宗行楷墨迹七言绝句斗方（美国波士顿博物馆藏）

宣召的使者刚刚离去，史弥远就找来了

杨皇后的两个侄子杨谷、杨石，让他们去说服杨皇后改立赵昀。平心而论，杨皇后对赵竑非常反感，但毕竟是关系江山社稷的大事，由赵竑继位是宁宗生前钦定的。此时的杨皇后还颇有几分大节，以至于杨谷兄弟在她与史弥远之间传了七次话，皇后始终坚决反对。杨谷、杨石实在没办法了，只好跪在皇后面前放声痛哭："现在内外军民归心，你要是再不同意，必生祸变。到那时，我们杨家一个喘气的都留不下了！"杨皇后这才知道大势已去，向史弥远屈服了。

宋理宗坐像（南薰殿旧藏，台北故宫博物院藏）

就这样，"成国公"赵昀登上了皇位，是为宋理宗，而那位一直等待登基的济国公赵竑，等来的却是济阳郡王的封号。八天后，赵竑进封济王，往湖州就藩，并遭到监视。到了宝庆元年（1225），湖州渔民和地方军近百人作乱，拥立赵竑为帝。赵竑虽然亲自平定变乱，并向朝廷汇报，但仍被史弥远的爪牙迫害致死，史称"霅川之变"。

淳祐四年（1244），宋理宗仿照宋宁宗，下诏将自己曾经居住的沂王府改建为龙翔宫，以供奉感生帝君。由于工程过于浩大，沂王府的面积根本不够。于是，又强拆了周边三分之二的民舍，万余人因此无家可归。淳祐七年（1247）二月二十八日，规模宏大、富丽堂皇的龙翔宫终于建成。在上一年的七月，礼官们为了龙翔宫应采用儒家礼仪还是道教斋醮而争论不休。最后，朝臣们觉得既然龙翔宫供奉的主神是道教的感生帝君，那就应该采用道教斋醮。这一结论最终获得了理宗的认可。

与开元宫不同，龙翔宫既是御前道观，也是皇帝行宫，因而殿阁楼斋众多。宫中共有四座大殿，其中正殿为正阳殿，供奉感生帝君。后面还设有正阳后殿，作为醮殿。

宫门左为福庆殿，皇帝进宫拜谒前于此殿歇息等候。咸淳二年（1266）改为理宗皇帝的神御殿。

整座龙翔宫中门、殿、阁的十四面匾额，如“龙翔之宫”“昭符之门”“正阳之殿”“和乐之阁”“琅函宝藏”等，均为理宗御书。

宫门之西为“南真之馆”，中门为“启晨之门”。正殿供奉三清，题匾“三境储祥”；后殿为“申祐”，西殿为“顺福殿”，分别供奉着度宗皇帝和谢太后的元命，与开元宫相同。又有寿元殿供奉南斗，景纬殿供奉十一曜；钟楼称“和应之楼”，经楼称“凝真之章”，藏殿为“琅函宝藏”。南真馆中还为皇帝准备了吃饭的小型御座，题匾为“仙源”。此外，龙翔宫建有道士的宿舍“澄虚”，内侍的宿舍“泉石”；又有履和斋、颐正斋和全真斋。

元朝时，龙翔宫迁到了杭州城的西北部，也就是今天的延安路一带。老杭州的地图上，便有以龙翔桥为名的地区，时至今日，还有一座以此为名的地铁站。而南宋龙翔宫的所在之处，却渐渐为人们所淡忘。

五　走进市井的皇后

“皇后区”里的皇后宅

◉

聊罢清波的皇帝，我们来聊聊清波的皇后。

在南宋的临安城里，总共有十二座皇后宅，其中十座集中分布在城中的两个“皇后区”：在西部的“后市街—军将桥”区域有四座，在东部的“荐桥—崇新门”区域有六座。另有两座皇后宅分别背靠东西城墙，隔御街遥相呼应。在这十二座皇后宅里，清波地区占了四座，富贵之姿可见一斑。

在正式开聊这些皇后与皇后宅之前，先来解决一个大家的困惑：皇后不是住在宫里吗，怎么还在宫外有宅子？

其实，皇后基本上不住在这些宅子里，这些宅子是皇后的家庙，最主要的功能是祭祀。这要算南宋的发明了，皇后们模仿官员的家庙，也建立起家族祭祀的场所。唯一的不同是，皇后的家庙从建立到维修、管理，全部纳入朝廷的管理体系之下。

当然，皇后平时不来住，这些宅子也不能就这么空着。于是，后戚们就经常居住在皇后宅里，这样看来，《梦粱录》中对皇后宅的另一个称呼——后戚府反而更接近事实。除此之外，皇后宅里还会请教师，为后戚们教学。从这个角度说，皇后宅又是皇后家里的宗族学校。

前面说到，南宋的临安有两大皇后宅集中区，其中的“后市街—军将桥”区域就大体坐落于现在清波街道的辖区之内。在后市街，开元宫与龙翔宫之

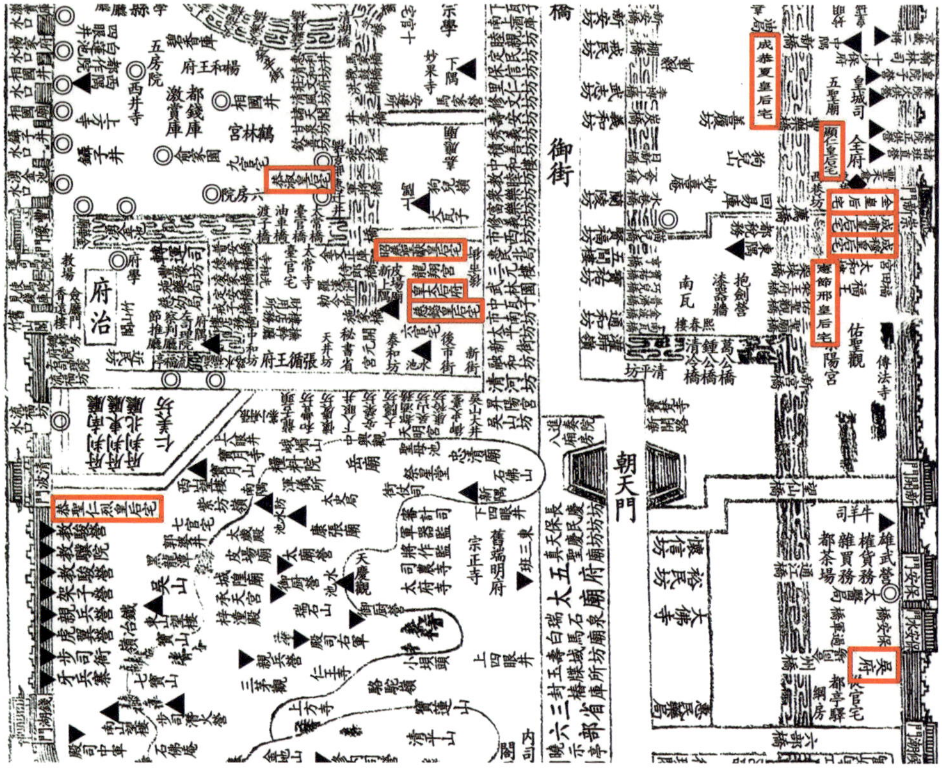

《咸淳临安志 · 京城图》中的皇后宅（底图使用姜青青《〈咸淳临安志〉宋版“京城四图”复原研究》中的复原图，宪节邢皇后、成恭夏皇后、全皇后三宅为笔者据《梦粱录》所加）

间，从北至南，依次分布着昭慈圣献孟皇后、寿和圣福谢太后和慈懿李皇后的宅子。军将桥边还有一座恭淑韩皇后宅，虽然其地今天已属湖滨街道，但还是属于“后市街—军将桥”皇后宅区，我们不妨越个界，“打包”在一起聊聊。

这四位皇后虽不能说都是风云人物，但大宋朝风起云涌的政局，却都离不开她们的身影。

最“标杆”：昭慈圣献皇后孟氏

看到这一大串谥号的时候，大多数人可能根本反应不过来这位皇后是谁。但如果说起她的另一个称号——元祐皇后，其中一部分人就豁然开朗了。

在宋代历史上，元祐皇后孟氏是可怜人，也是幸运儿。

孟氏是北宋哲宗皇帝的第一任皇后。她知书达礼，为人贤惠，在宫中颇有人望。可哲宗对她就是喜欢不起来，其中最大的原因，便是她是太皇太后高滔滔选立的。

高滔滔是宋神宗的母亲、宋哲宗的祖母。神宗驾崩后，由于哲宗年幼，朝政都掌握在太皇太后高滔滔手中。然而，高太皇太后不仅尽废新法，而且为人强势，哲宗长期生活在她的阴影下，心中愤懑。高太皇太后去世后，哲宗立刻恢复新法，并极力摆脱太皇太后的阴影。作为高太皇太后的影子，孟氏当然入不了哲宗的眼。绍圣三年（1096），哲宗废掉孟氏，强迫她出家修道。

元符三年（1100），哲宗驾崩。新即位的宋徽宗表示，自己要调和新旧两党的矛盾。于是，作为旧党的象征，孟氏的哲宗皇后身份被恢复，并被徽宗尊称为元祐皇后。

可是好景不长，才过两年，徽宗便再度宣布一边倒地变法，孟氏又被废了。

两立两废，元祐皇后可谓可怜，但俗话说得好："祸兮福所倚，福兮祸所伏。"可怜的孟皇后却因祸得福了。靖康之难中，北宋宗室外戚几乎被金人一网打尽，全部迁往遥远的苦寒之地。孟氏因为早先被废，不在名单之列，反而逃过一劫。南宋建立后，孟氏随高宗南渡，最后定居临安，她被尊为元祐太后，后为避其祖父孟元名讳改为隆祐太后。

南宋的官方定下基调，将北宋灭亡的责任全部扣在变法和新党头上。绍兴四年（1134），宋高宗曾称"朕最爱元祐"。孟皇后摇身一变，成为南宋王朝合法性的代言人。

在诡谲的两宋政局中，孟皇后就像是朝廷政策的标杆。她从来无力左右朝局，却每每成为政治斗争与政策转向的牺牲品。

最豪横：慈懿皇后李凤娘

李凤娘是宋光宗的皇后，这位大姐的彪悍甚至不能用"河东狮吼"来形容了。有一次，光宗洗手，发现捧着盆子的宫人双手白嫩，不禁夸了一句。没想到当天下午，光宗就收到李凤娘送来的一个盒子，打开一看，竟然就是那位宫人的双手！光宗吓得大病一场。

光宗性格懦弱，李凤娘自然不把他放在眼里。可她的悍劲儿上来了，连太上皇孝宗也敢怼。前面说过，孝宗不同意光宗立嘉王赵扩为太子。光宗虽然不满，一时也不好说什么。可混不吝的李凤娘不管不顾。有一次，她在孝宗面前竟然冷嘲热讽，说："我与皇上是结发夫妻，嘉王是我亲生的，名正言顺，又有何不可？"为什么说是嘲讽呢？因为孝宗是高宗的养子，并非亲生；而孝宗的现任皇后谢氏，是孝宗的第三任皇后，并非原配。孝宗气得当即就要废掉李凤娘，靠着大臣们拼命劝谏，这事儿才算不了了之。

李凤娘怼天怼地，光宗后来精神失常，与孝宗父子关系破裂，很大一部分原因就是李凤娘。正当这位豪横的皇后自以为"你们谁也惹不起老娘"时，朝臣们发动了"绍熙内禅"。光宗被逼退位，李凤娘也只好随光宗"退居二线"，算是自食其果了吧。

最低调：恭淑皇后韩氏

与前面两位皇后不同，这位韩皇后可说的并不多。她是宋宁宗的首位皇后，而且颇为得宠。韩皇后是韩琦的六世孙，曾祖父是高宗时期的签书枢密院事韩肖胄，她的另一位长辈更为著名——一代权臣韩侂胄。庆元六年（1200），年仅三十六岁的韩皇后英年早逝，韩侂胄的权势也随之呼啦啦似大厦倾。

最悲剧：寿和圣福谢太后

谢太后是宋理宗的皇后，名叫谢道清。韩皇后去世后，宋宁宗选立新的皇后，宰相谢深甫力挺杨桂枝。后来，杨桂枝被册立为后，便一心想报答谢深甫。宋理宗即位，在杨桂枝的主张下，谢深甫的孙女谢道清被送入皇宫，到宝庆三年（1227）更被立为皇后。

景定五年（1264），宋理宗驾崩，其养子赵禥即位，即宋度宗；十年后，即咸淳十年（1274），度宗又崩，度宗年仅四岁的次子赵㬎即位，即恭帝。在这近五十年里，谢道清深居宫中，不问政事。然而，年幼的皇帝与大厦将倾的危局，将谢道清推到了台前。

在群臣的一再请求下，六十五岁的谢道清垂帘听政。此时的南宋，已失去战略重镇襄阳，摇摇欲坠的江山完全暴露在蒙古铁骑之下；朝政混乱，官吏腐败，财政崩溃，南宋王朝已经积重难返。

德祐二年（1276）正月，元军攻至临安郊外。谢道清知大势已去，派人向忽必烈献表投降。三月，恭帝君臣百余人被元军押往北方的大都，南宋作为全国性政权的时期正式结束。八月，谢道清抱病北迁，降封寿春郡夫人，七年后，寿终正寝。

清波门里的“杨妹子”

◉

南宋的临安城里，在两大“皇后区”之外，还有两座“特立独行”的皇后宅。

一座是位于东部的宪圣慈烈吴皇后宅，另一座是位于西部清波门下的恭圣仁烈杨皇后宅。吴皇后是宋高宗的第二任皇后，经历高、孝、光、宁四朝，她化解过高宗御前的兵变，推动过立孝宗为皇子，支持过逼退光宗的绍熙内禅，也反对过宁宗和韩侂胄的“庆元党禁”。能与这样一位皇后齐名，也预示着杨皇后不同凡响的地位。

恭圣仁烈杨皇后，就是前面多次提到的杨桂枝。杨桂枝连自己姓什么都不知道，她出身低微，只因出落得国色天香，很小就被选入宫中，侍奉当时的太皇太后的吴氏。吴氏博览群书，工于诗文，具有极高的艺术素养。她见杨桂枝聪明漂亮，举止得体，又有慧根，颇为喜爱，便一直将她留在身边。在太皇太后身边耳濡目染，杨桂枝也完成了从“靓女”到“才女”的华丽变身，经史子集、诗词歌赋、琴棋书画，杨桂枝样样精通。

这样几近完美的女子，放在今天，也必然追求者如云。后来，吴氏将她赐予嘉王赵扩。赵扩即位为宋宁宗，对杨桂枝一路加封。到了庆元六年（1200），杨桂枝已贵至贵妃，距离皇后也不过一步之遥。恰在此时，皇后韩氏去世了。

谁来接替皇后之位，现在看来不算问题。可宫廷的事情，向来都是问题。

明确提出反对意见的，是权臣韩侂胄。他在宁宗朝前期执掌朝廷，专权跋扈，原因之一便是自己的侄曾孙女，是得宠又听话的韩皇后。如今韩皇后去世，韩侂胄进退失据，而聪明伶俐的杨桂枝自然不会任由他摆布。于是，韩侂胄奋力一搏，建议立贤惠温柔的曹美人为皇后。然而，在杨桂枝面前，曹美人毫无竞争力。对于韩侂胄的建议，宁宗嗤之以鼻。

嘉泰二年（1202），杨桂枝正式被册立为皇后。她是个恩怨分明的人，有恩必报，有仇也必报。对她有恩的吴皇后家族、宰相谢深甫家族，后来都得到了她的照顾；而得罪她的韩侂胄，自然没有好果子吃。

杨桂枝绞尽脑汁，要把韩侂胄从位子上拉下来。在她身边，也逐渐集结起礼部侍郎史弥远等反对韩侂胄的官员。而失去内宫支持的韩侂胄，与宁宗也渐行渐远。眼见权臣地位摇摇欲坠，韩侂胄才迫不及待地发动开禧北伐，一面收买人心，一面以战争的名义集大权于一身。

奈何韩侂胄仓促出兵，被金朝打得大败，威望大损，四面受敌。开禧三年（1207），为了及时止损，韩侂胄只好同金朝议和，并基本就议和条件达成共识。

腾出手来的韩侂胄，开始收拾杨皇后和集结在他周围反对自己的官员。他准备在十一月三日上朝时，利用台谏，将史弥远等反对派官员赶出朝廷。没想到，在生死存亡之际，史弥远却先发制人。三日早晨，在杨桂枝的支持下，史弥远勾结禁军，伪造宁宗密旨，将韩侂胄杀死在上朝的路上，将其首级送与金朝。十七年后，也就是嘉定十七年（1224），在她的支持下，史弥远成功“偷梁换柱”，拥立了宋理宗。

宋理宗赵昀为了感激杨桂枝的恩德，不仅尊她为太后，还坚决请她垂帘听政。但杨桂枝并不跋扈，她只把垂帘当作理宗对自己的一种感恩和尊重。七个多月后，杨桂枝就以多病为由，主动宣布撤帘，还政理宗。从此移驾慈明殿，安享晚年。

在南宋中期生死较量的政局中，杨桂枝够机敏，也有手腕。但她最引以为豪的，既不是作为皇后杀掉韩侂胄，也不是作为太后垂帘听政，而是作为“杨妹子”的艺术生活。

刚进宫时，十一二岁的杨桂枝不过是个则剧孩儿，负责为宫里的后妃奏乐。也正因此，她精通音律，善弹琵琶，这才与吴太后结了缘。

杨桂枝还颇能对弈。她曾作诗云：“薰风宫殿日长时，静运天机一局棋。国手人人饶处着，须知圣算出新奇。”说不定还是个围棋高手。

说起作诗，杨桂枝的诗大多以宫廷生活为题材，宋理宗曾选五十首集为《杨太后宫词》。可惜，这部宫词早已失传。不过，我们还是能在她为画作所题的诗词中，看到一代才女的文学风采。比如著名的《题菊花图》写道：

莫惜朝衣准酒钱，渊明身即此花仙。
重阳满满杯中泛，一缕黄金是一年。

她还曾为宫廷画家马远的《倚云仙杏图》题词：“迎风呈巧媚，浥露逞红妍。”《倚云仙杏图》描绘的是一枝杏花堆粉砌霜、轻灵润秀的姿态。杨桂枝的题词，可谓得之。

[宋] 马远绘《倚云仙杏图》（台北故宫博物院藏）

马远是光宗、宁宗两朝的宫廷画家，擅画山水、人物、花鸟，与南宋著名画家李唐、刘松年、夏圭并称“南宋四家”。杨桂枝的画，受马远影响很深。今天，我们仍然能看到她所绘的《百花图卷》（吉林省博物院藏）、《月下把杯图》（天津博物馆藏）和《樱花黄鹂图》（上海博物馆藏）等作品。

在杨桂枝的作品中，《百花图卷》最为著名。每幅画都是一朵花配一首诗，堪称珠联璧合。而这些题诗，除了反映出杨桂枝的诗歌水平外，也成为她留下的墨宝。杨桂枝的翰墨造诣不亚于丹青，行家有“波撇秀颖，妍媚之态，映带漂湘”的赞誉。

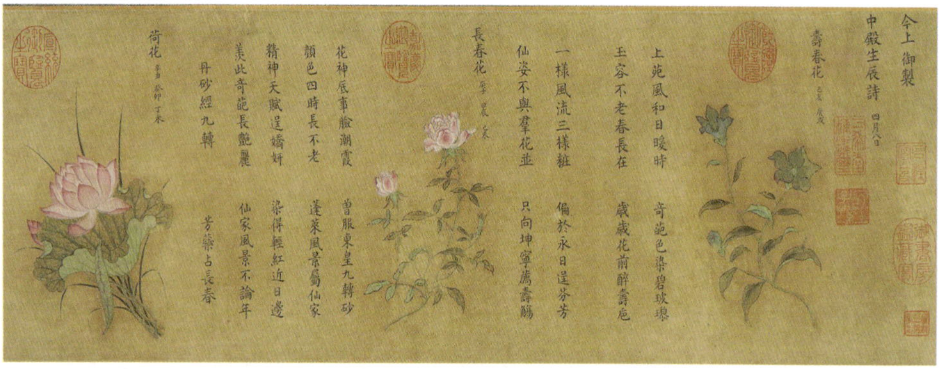

[宋]“杨妹子”绘《百花图卷》（局部，吉林省博物院藏）

这样一个走过血雨腥风的女中豪杰，还能在艺术中保持一份宁静，实属难得。有意思的是，杨桂枝在挥笔弄墨之时，会留下一个可爱又接地气的笔名——杨妹子。

2001 年 4 月，杭州市文物考古所在对大吴庄小区等地块进行考古发掘时，发现了南宋恭圣仁烈皇后宅遗址。恭圣仁烈皇后宅遗址北邻清波街、东临四宜亭、西倚蔡官巷北段，是全国首次发现的保存完好的南宋古代园林，入选了 2001 年全国十大考古新发现。

这是一座规格极高的私家园林，园内的太湖石超过千斤重，而且不止一块。宅院内有非常完善的排水设施，而且雕琢精致，甚至连用于排水的暗沟口部都以透雕花纹为假山、松枝和猴子的方砖封堵。宅院内还设有专门的观景地点——月台，站在此处，院中的假山、池水一览无余。

第四章　留取丹心辉简

清波之气——浩然正气的天府京尹

辛苦遭逢起一经，干戈寥落四周星。
山河破碎风飘絮，身世浮沉雨打萍。
惶恐滩头说惶恐，零丁洋里叹零丁。
人生自古谁无死？留取丹心照汗青。

——［宋］文天祥《过零丁洋》

一 延续七百年的地方行政中心

◉

行走在清波的大街小巷，总是不经意间，便与历史擦肩而过。

从“柳浪闻莺”出来，穿过河坊街，走过旧仁和署那一车宽的小径，准备拜访杭州孔庙。小径两旁是整洁而并不算高的居民楼，围墙之间是半楼高的绿荫翠染，一眼望去，颇有几分庭院深深的幽静。

这是一条不平凡的道路。八百多年前，这里成为杭州地方官署的核心地带，行人脚下的柏油路，曾经是州府大人们的正厅庙堂。旧仁和署自南宋至民初，做过七百多年地方官署的中轴线。想到这里，眼前的小径，也开阔敞亮起来。

杭州的州城，发迹于隋代的凤凰山脚下。钱镠拓城以后，那里便是天然的政治中心。吴越献土，北宋的杭州城沿袭旧治，范仲淹的高风亮节、赵清献的雷厉风行、苏东坡的“不合时宜”，都留在那小小的州治之中。

到了南宋，杭州变成了临安府，州治也升级为大内皇宫，临安府治不得不“另谋出路”，于是有了府治三迁。

第一次迁徙发生在建炎四年（1130）。根据《宋会要辑稿》的记录，这年四月，季陵知临安府，他是杭州升府后，有史记载的第一位知府。有鉴于州治已成为高宗行宫，季陵于七月六日提出建议，将府治迁徙到城北的祥符寺，也就是今天的拱墅区百井坊巷一带。大家翻翻地图便知道，这地方距离行宫五六千米，放在今天就是一脚油门的事儿，可放在古代要步行一个半小时。临安府作为京城天府，事务繁巨，而且要经常和朝廷的中央机构打交道。祥符寺的位置实在太偏了。

劳动路夜景（胡鉴 摄）

于是，到了绍兴二年（1132）正月二十九日，知府宋辉又建议，干脆把府治迁回凤凰山，改在行宫南面的府学故地办公。这一下，临安府治迁到了行宫南面正大门门口，距离政治中心近得不能再近了，可位置太局促。久而久之，临安的地方官员们又有意见了。

据乾道、淳祐和咸淳三大《临安志》记载，大约在绍兴末至乾道三年（1167）以前，临安府治第三次搬迁，这次的选址是清波门内北边的净因寺。此地东去朝天门不远，西邻清波门，北通涌金门，甚至当时不少迁出朝天门的中央官署，与此处不过一街之隔。而且周围六万平方米地界，足够宽敞，连三省枢密院恐怕都只能在凤凰山下远远地羡慕了。

自此而后直至民国初年的七百多年间，杭州的城头多次变换旗帜，可作为地方的行政中心，治所再也没有大规模迁驻过其他地方。

今天的河坊街西段，在南宋时曾有一条“流福水路”。这是一条源自西湖、经清波门北侧水门而进城的小河。小河在今劳动路的南口北折，沿着劳动路一路北向，再至今府学巷而西，注入涌金门内的涌金池。而流福水路唯独没有流过的西面，则是城墙内的竹园山。一面靠山，三面环水，临安府治确实是一块形胜的风水宝地。

在今天旧仁和署与河坊街交界的地方，便是跨越流福水路的州桥。穿过州桥，跨过府治大门，便来到了正厅门外的小广场。正厅门后，便是府治最重要的设厅。古代的官府经常在此厅设宴，故而得名。设厅两侧的偏厅，是临安府各个部门的日常办公场所。

经过一百多年的建设，临安府治已经相当宏大，各色厅堂齐备，不亚于一座官方营建的小花园。除了治事之所，府治的西部有练兵的教场，东部有诵读的书院，宴会、休憩的厅堂也是一应俱全。临安城内煊赫的厅堂繁多，可经历两宋之际的狼烟，又大多毁败。临安府治就仿佛一座祭奠历史的陈列馆，将那些湮没于战火的建筑，留在官署的花园中。

临安府治中，有大量搬迁新址的厅堂，如中和堂、有美堂、清暑堂等。

中和堂位于府治最北部，大概在今天浙江省气象局南门外面的地方。中和堂原本建在望海楼南，凤凰山旧州治内，前身是钱镠时所建的阅礼堂。至和三年（1056），知州孙沔重建此堂，“栋宇宏丽，轮奂一新”，遂改名“中和”。建炎三年（1129）四月十五日，宋高宗第一次来到杭州，便登临中和堂，遥望会稽山，眼见钱江巨浪滚滚而来，波涛万里，不禁有感而作诗：

六龙转淮海，万骑临吴津。
王者本无外，驾言苏远民。
瞻彼草木秀，感此疮痍新。
登堂望稽山，怀哉夏禹勤。

神功既盛大，后世蒙其仁。
愿同越句践，焦思先吾身。
艰难务遵养，圣贤有屈伸。
高风动君子，属意种蠡臣。

高宗抒发了自己中兴宋室的志向，表示愿意学卧薪尝胆的勾践，希望得到范蠡、文种这样的贤臣来辅佐自己，并亲题“中和堂”匾额。高宗还御书“斯堂伟特之观，无愧上都。熏风南来，我意虽快，愿与庶人共之”。后来，中和堂一度改名伟观堂，当是取御书中“伟特之观”之意。临安府迁治后，中和堂也随之移建。乾道年间（1165—1173），原来的旧堂已经荒废。

临安府治中，与中和堂一墙之隔的是东院的有美堂，原建于吴山之上，吴山上现在还有一块标识旧址的刻碑。北宋中后期，吴山上的有美堂久负盛名，很多家喻户晓的文艺大家都曾赴有美堂做客，那几乎是杭州城里文韵最盛之所在。关于有美堂，我们留待后面再详细介绍。

下面来说清暑堂。在临安府治中，清暑堂位于有美堂南侧。清暑堂原址在凤凰山旧州治的左面，治平三年（1066），由时任知州蔡襄建成。蔡襄撰写并亲自书丹《杭州清暑堂记》。在堂记中，蔡襄说道：

> 京师东南千里入吴越，杭于吴为一都会，其地倾于属海，又多陂池，以故善湿。方春夏时，梅雨蒸郁，础甓皆汗，披纤衣，覆大厦，犹鼻息奄奄，不得旷快，非有高明之居，曷以御之？于是清暑之堂作焉。

简而言之，春夏之时，梅雨之际，杭州的“桑拿天”令人苦闷。蔡襄便建了清暑堂，用于消夏避暑。原堂在南宋时已废，新堂在府治中迁建。

除了这些易地重建的建筑，临安府治中也有原创的建筑。规模宏大的见廉堂便是其中的佼佼者。见廉堂位于中和堂前，也在府治的中轴线上。初建时名叫七间堂，从名字看当是七间之堂，到南宋后期已经日渐腐朽。嘉定六年（1213）七间堂曾有过一次重建。到了咸淳五年（1269），知府潜说友再度重建，或者用“扩建”来形容更为合适。经过潜说友的建设，新堂由过去的七间拓展至三十二楹，“堂内外洞直，卓乎其高美”。堂上建有一座简乐楼，是府治中最高的建筑，站在楼上，凭栏四望，据说能看到临安城里的百万人家。由于潜说友在当时被夸奖“足见廉能”，因而新堂后改名为见廉堂。

见廉堂再往南，又有清明平轩和简乐堂。“简乐”二字，源自宋光宗。乾道七年（1171），光宗皇帝还是太子之时，曾领临安府尹。在给父亲孝宗的奏章中，光宗有“讼简刑清，百姓和乐”之语，“简乐”自此便成为临安府治的一个典故。两年后，知府胡与可便取“简乐”之意，在府治的设厅之后建简乐堂，光宗非常高兴，还亲自题写了“简乐”牌匾。咸淳二年（1266），知府洪焘又将简乐堂翻修重建。

除了这些厅堂，临安府治里还有不少园林建筑。比如简乐堂的西侧，就有一座景苏堂。这是知府魏克愚在景定三年（1262）专门建成的，为的是纪念

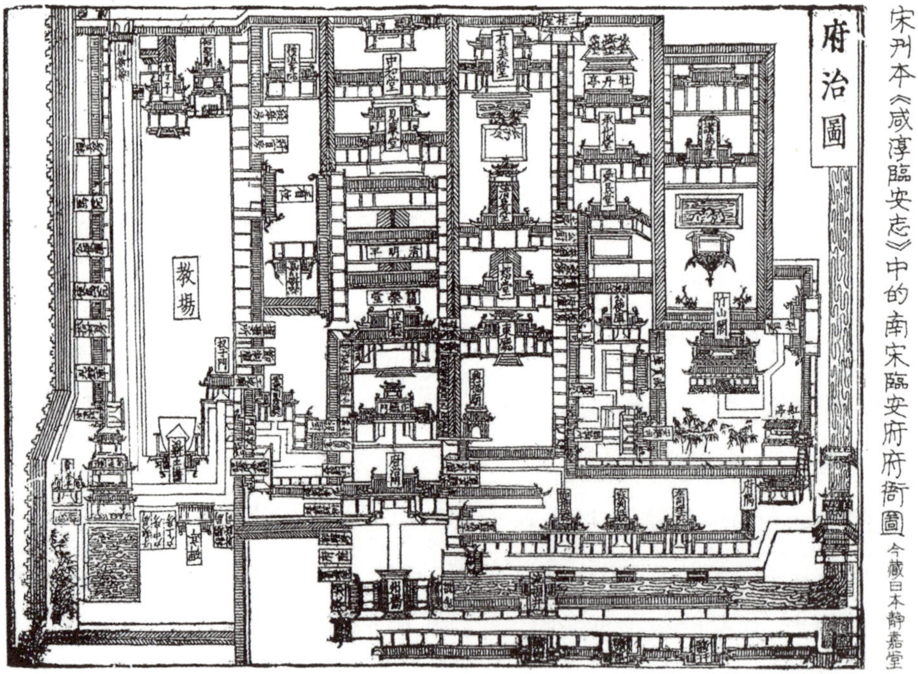

日本静嘉堂宋刊本《咸淳临安志》府治图

昔日政绩斐然的知州苏东坡。

临安府治中，最著名的一处小园林当属香远楼。我们在讲竹园山时曾提到过，知府赵与懃从张循王府买下竹园山后，便在山上建起竹山阁，临安府治自此有了观湖之处。而竹园山脚下的玉莲堂也是几经拆建，在咸淳七年（1271）扩建为六楹大堂，并建香远楼。楼后借竹园山之景，“山翠横陈”；楼前有荷花池，“芙蕖可俯”。因而，此楼便取周敦颐“香远益清”之意，得名香远楼。楼东设有茶亭，在荷香中望竹翠而品茗，亦是一件雅趣妙事。在香远楼之北，还专门建有一座香远门，可见此区是府治中一处相对独立的小院落。香远楼景区是临安府治中风景最美的地方。只可惜此时的南宋已危在旦夕，后任的京城大尹们恐怕很少能悠闲自得地在此雅集了。

时间流转，岁月变迁。曾经盛极一时的临安府治，也禁不住历史的风化。在几经改造后，昔日的临安府治渐渐失去原貌，直至在地下沉睡。重见天日，已经是近八百年后。

2000 年 5 月至 8 月，杭州市文物考古所为了配合上城区旧城改造工程，在河坊街荷花池头一带进行了抢救性发掘，发现了尘封已久的临安府治。在这次发掘中，有一处厅堂颇为耀眼，它建在一座用黄黏土夯筑而成的台基上，台基前后的压栏石全用灰白太湖石制成，底部用青砖双层错缝平铺砌筑。厅堂的中心部位铺以规整的“变形宝相花”印花方砖。此外，考古人员还发现了天井、厢房和回廊，这组南宋建筑规模宏大、材料精良、营造考究，对研究宋代建筑史具有重要意义。这项发掘也入选了“2000 年度全国十大考古新发现”。

唯一的遗憾是，当时的研究者认定这片遗迹是南宋临安府治诵读书院的局部。可如今回头再研究，已经有不少专家指出，这哪里是什么书院，这是临近府治中轴线的建筑群，我们一度距离设厅、简乐堂、清明平轩很近很近。

篇幅所限，我们无法在这里对府治中的每一座厅堂楼阁细细介绍，只好择要而书。说了半天府治，也该轮到府治的主人登场了。临安府的常设长官是权知临安府，不过除了正式的文书外，大家一般都简称其为知临安府、知府、京尹等。与州一样，知府下面设两名副手，也就是通判。偶尔，皇太子作为继承人，会兼任临安长官，这算是五代时期遗留下的一种传统。比如前面提到的，乾道七年（1171），皇太子赵惇就曾坐镇府治。这时，临安的长官就变成了府尹，副手便改名叫少尹了。

在南宋的历任天府京尹中，有不少成为一代名臣。他们有的以治理西湖而名垂青史，有的以养民爱民而流芳百世，有的不畏强权，有的舍生取义。在这片土地上，他们以一股浩然正气，抒写着临安城的光荣与梦想。

二　郡守京尹治西湖

说到宋代对杭州的治理，就不能不提治理西湖；说到治理西湖，就不能只说南宋，不提北宋，因为那位大名鼎鼎的苏东坡，是无论如何都绕不过去的。

五代时期，历任吴越国王都会派出撩湖兵千人，日夜疏浚西湖。可是到了北宋，西湖被定为皇家放生池，其中的水生生物自然不再大规模捕捞，可湖水的疏浚工作也自此被人忽视。一到干旱时节，西湖便水草丛生。这些水草越积越多，漂浮在湖面，腐化后变为泥土，周边的湖水日渐干涸，于是便形成了葑田。

当时，一块一块的葑田在西湖湖面上到处都是，湖水无所容纳，湖面越来越小。元祐四年（1089），苏轼来到杭州做知州，他不禁感慨：十几年前，自

西湖夜景（胡鉴 摄）

己作杭州通判时，西湖上的葑田不过十之二三；而如今，湖面已经堙塞了将近一半。

元祐五年（1090）四月的一天，一百一十五名杭州父老来到凤凰山脚下的州治，请求苏轼治理西湖。他们说，西湖干涸堙塞越来越严重，再过二十年，恐怕就再也没有西湖了。

经过反复调研与探讨，广泛听取水利专家的意见与建议，苏轼与僚属制定了周密的治湖规划，并于四月二十八日正式开始疏浚西湖。经过半年的努力，不但西湖之侧多了一条风光旖旎的苏公堤，而且整片西湖面目一新。水草淤泥全被铲除，湖面豁然开朗。为了防止西湖再度堙塞，苏轼采用了钱塘县主簿许敦仁的建议，将岸边的湖面租给民户，让他们种植菱角。这样，每年春天，农民在种菱之前，都要把沿岸浅水中的水草清除干净，西湖边可谓不疏自通。同时，出租湖面获得的租金，还可以用来治理西湖和维护长堤，民户也可以解决民生问题。一举三得，苏轼将一个简单的疏浚工程，变成了长期的系统化的民生工程。

苏轼之后，整治和管理西湖渐渐成为在杭地方官的重要工作之一。特别是到了南宋，临安成为行在，西湖的疏塞关乎京城生计。在一百三十八年的时间，由知临安府组织的大型西湖治理工程，前前后后有七次之多。

第一位治理西湖的知临安府，是临安成为行在之后的第一任知府，名叫张澄。绍兴八年（1138）十一月，就在临安成为行在当年，张澄便调集两浙诸州的一百余名厢军，利用半年时间，疏浚了城内外的大小河流。第二年八月，张澄在高宗的支持下，指定钱塘县尉兼管疏浚西湖事务，并为钱塘县尉调配了二百多人，西湖治理工程开始由较为固定的队伍负责。

绍兴十八年（1148）六月，汤鹏举知临安府。次年七月二日，高宗见“西湖近来秽浊”，便要求治理西湖。一个月后，汤鹏举再兴治湖。为了提高效率，朝廷在汤鹏举的建议下，派出武臣专管治湖工作。同时，汤鹏举彻底推翻了当年苏轼定下的湖中种植的规定，禁止在湖中租水种菱。

汤鹏举之后，官府对于禁止在西湖中栽种菱莲的法令一再公布。然而，地方上有钱有势的家族总是跟官府的法令对着干。他们不但继续申请租用湖面，还转手将租到的湖面继续转租出去用于栽种菱莲。可是这些人种菱，完全不打理浅水区域，当年苏轼制定的通过种菱来清除堙塞的规划就这样失效了。结果，西湖不仅堙塞越来越严重，而且污秽之物到处都是，西湖的湖面也越来越狭小。与西湖管理松懈相一致的，是西湖治理的松弛。汤鹏举调配的二百多人“西湖巡逻队”，到后来只剩下了三十五人。

乾道三年（1167）五月二十六日，周淙知临安府。西湖的堙塞，使他大为震惊。乾道五年（1169）五月，在经过宋孝宗的批准后，周淙开始治湖。这次治湖的一个突出特点，是负责西湖治理工程的队伍更加专业了。周淙在兼职的“西湖巡逻队”之外，又设置了由一百人组成的专职撩湖兵，让他们成为专门的西湖疏浚员，而且为他们专门修建了住宿和办公的寨屋，制造浚湖用的船只。

在治理西湖的诸多京尹中，最著名的当属张杓。他本人或许并不出名，但他的父亲可谓是大名鼎鼎——宋初著名的抗金派宰相、因志大才疏而受人诟病的张浚。

当然，张杓治理西湖出名，靠的肯定不是其父的名气，而是自己的能力和胆魄。淳熙十一年（1184）五月二十九日，张杓知临安府。第二年，他便开始了疏浚工作。当时他面临的问题，几乎是周淙时的重现：满额一百人的撩湖兵只剩下了二十五人；禁止水中种菱的法令执行不严，导致湖中葑菱蔓延，甚至西南一带已经堵塞如平陆。在孝宗的支持下，张杓填充人手，大举撩湖。

淳熙十六年（1189）六月，张杓再知临安府，继续他在上个任期内没有完成的西湖治理工程。正是这次治湖，让张杓名声大振。

禁止湖中种菱的法令之所以屡屡成为一纸空文，很大一部分原因是大户的阻挠。而这些大户，往往又有政治背景。谁会在短短的几年任期里，为了几里湖水，去跟有权有势的权贵之家对着干呢？这不是傻吗？

别说，张杓就是这么个“傻”人。有个叫毛伯益的宦官，私自占用了西湖的菱池，还建起了一座亭子。为此，毛伯益还专门去找张杓疏通关系，甚至还搬动了某位高层人物命令张杓“高抬贵手”。自古以来，能在京城里兴风作浪的宦官，大多是既能上达天听又爱搬弄是非的“死太监”。一般官员不说巴结，至少也不想得罪他们。至于毛伯益到底走了谁的门路，试图让张杓不了了之的高层人物是否就是已为太上皇的宋孝宗，或者是登基不久的宋光宗，史书说得隐晦，我们就不得而知了。可张杓根本不吃这一套，照样依据律法，收回了被毛伯益侵占的湖区。

类似的事情不止这一件，虽然不都与西湖有关。有一次，一名外戚杀了自家的仆人。在宋代，仆人虽然地位低下，但跟主人之间是雇佣关系，而非纯粹的主奴关系。老板把员工杀了，无论如何是触犯了法律。外戚自然要动用一切政治资源，让这件事轻描淡写过去。我相信，这个资源里，一定也包括皇帝。可到了张杓这里，什么资源都等于在西湖上打水漂儿。

后来孝宗皇帝游西湖，张杓以监察官的身份叩拜于路旁，恐怕也是自知得罪过太上皇。孝宗则专门下车对他抚慰，赏赐酒肉，以示鼓励。

张杓曾愤怒地跟手下人说："吾官可去，法不可屈！"这位南宋名相的次子，真有乃父风范。当时，人们传言："南渡以来，论京尹者，以杓为首。"

张杓之后，以治理西湖而闻名的权知临安府，还有一位我们的"老朋友"，他就是名字很多人都查不着、念不对的赵与篙。

先来为大家答疑解惑。赵与篙的"篙"字，念作 chóu，其实就是"筹"的意思。他任知临安府长达十二年之久，且颇有政绩。

早在淳祐二年（1242），赵与篙就曾仿照苏轼的苏堤，在西湖的西南岸修筑过一道小堤，也就是赵公堤。淳祐七年（1247）六月，临安遭遇百年大旱，湖水干涸。这就意味着，依靠西湖供水的临安人可能要喝不上水了。危难当头，赵与篙再度受命疏浚西湖。

赵与篙的名字中带个"篙"字，办事也讲究筹划。他曾在奏章中提出过一个系统而细致的治湖方案。一方面，赵与篙计划将西湖周边的小港支流全部拓宽，同时买回被权贵占据的沿岸池塘，以拓宽湖面，力求恢复西湖"承平之旧"的旧貌；一方面，他又准备在湖中立石为界，设立禁止船只进入的"无船区"，以确保区域内的湖水清洁和生态平衡；另一方面，赵与篙又把治湖与治井联系起来，计划将东岸六口水井的水口开掘深广，从而使这六口水井能够储蓄更多的湖水，为临安城中提供清洁的日常用水。

其实，这里所说的杭州地方官治理西湖也只是列其大概，治理过西湖的知州知府也还有不少，如北宋的郑戬、南宋的潜说友等。宋代对西湖的治理总体上比较连贯，"终宋之世，湖无壅淤之患"的评价虽然略有夸张，但无疑是对两宋西湖治理的最好诠释。没有比较就没有伤害，后来元朝灭掉南宋，除了元世祖至元年间对西湖有过疏浚之外，终元一朝，都没有采取过像样的西湖治理措施。

三　无畏生死斗权贵

◉

养民和不扰民，这是宋代朝廷对地方官员的基本要求。可绝大多数地方官员，为了政绩和一己私利，扰民之举尚且层出不穷，更不要说让他们去跟扰民的权贵对着干了。

而绍兴二十六年（1156）九月八日走马上任的知临安府荣薿，在任上最大的贡献，便是想方设法废掉临安城中存在的扰民政策。

在不到一年的任期里，荣薿曾上书宋高宗，揭露了临安城里存在的一系列弊政。据他反映：安抚司的投资金库强行将官钱借给油铺，又设置了一家米铺用来收利息。居民日用的蔬菜瓜果，也被中间商漫天要价或压价。结果，买东西的多掏钱，卖东西的不赚钱。钱就这样，都流入了中间商的腰包里。在荣薿的呼吁下，高宗批准了奏章，对中间商无下限赚差价的行为做了治理，临安的工商业者减掉了不少负担。

同年九月二十一日，荣薿又提交申请，希望能够面见高宗，当面反映工商业者的民生问题。在召见荣薿前，高宗对宰执们说："朕要当面跟荣薿聊聊，要他好好约束那帮奸猾的胥吏，归还商人的货物。如果民间有诉讼，要让他当面处理，决不能拖延。"

在短短不到一年后，荣薿于绍兴二十七年（1157）七月十一日升任权户部侍郎。南宋周麟之在《知临安府荣薿职事修举转行一官》中，盛赞荣薿治理临安取得的成果。他说："现在的行在，实际上跟京都一样，是王朝的根本。临安府的事务繁复众多，就像古代的长安一样。你要是办什么事都雷厉风行，用霹雳雷霆手段，那就好像是烹饪鱼食时反复翻面，最后一定会把鱼肉弄得七零八碎；可是你要是办什么事都拖拖拉拉，就丧失驾驭临安城事务的能力。能够恰到好处地掌握轻重缓急的火候，这种人向来稀少。只有荣薿，精明能干，老成练达，为人精明而不失风采。”

［宋］叶肖岩绘《西湖十景图》之《曲院荷风》（台北故宫博物院藏）

如果说荣薿治杭，体现了他拿捏事务火候的能力，以及直言不讳的品行；那么李椿和李芾，则与张杓类似，表现出了一个优秀士大夫不畏权贵的崇高人格。

淳熙三年（1176）正月六日，由于获得孝宗的赏识，李椿权知临安府。李椿是河北洺州（今邯郸市永年区）人，靖康之难时，父亲和哥哥为了保护祖父而被杀，尚未成年的李椿与继母一路南行，历尽辛苦。虽然日子很难熬，但不到二十岁的李椿却始终竭尽全力，奉养继母。这是一个厚道的人。

权知临安府后，李椿亲自审阅文书，事必躬亲，对公务极为重视。不管谁来走后门，李椿一概拒之门外。在此之前，临安府的常态却是长官奔走于权贵，府中事务一概委任胥吏，而胥吏弄虚作假、上下其手，倒霉的自然是临安城里的老百姓。李椿的到来，让临安府的风气为之一变。

这样的知府，权贵们自然受不了，不到两个月，李椿就因为不阿权贵，被迫离职了。李椿在临安的时间虽然不长，但他的正气却并未因他的调离而消散。后来，李椿入朝，依旧是直言快语，他拒绝过向宰执溜须拍马，也举报过宦官权势熏天。淳熙十年（1183），李椿去世，享年七十三岁，朱熹亲自为他撰写墓志铭，称赞他“不阿主好，不诡时誉”。

李椿做京尹时，在位的孝宗号称南宋第一贤君，而形势尚且如此；到了乌烟瘴气的南宋末年，李芾的艰难也就可想而知了。

咸淳元年（1265）闰五月二十二日，李芾知临安府。当时，朝政全由贾似道把持，连皇帝都尊称他为“师臣”，天下官员更是唯贾似道马首是瞻。李芾的前任知府，为了不犯错误，事无巨细，都要先向贾似道汇报，然后才敢施行。李芾竟然什么事都“自作主张”，这让贾似道非常不满。

[宋] 叶肖岩绘《西湖十景图》之《南屏晚钟》
（台北故宫博物院藏）

有一次，福王府内发生了逼人致死的案件，李芾下令抓人。贾似道竭力营救，而李芾却多次给贾似道写信，申明自己的立场，最后根本不买贾似道的面子，将犯人依法处置。

还有一次，李芾外出视察。那时，朝廷正指定部分民户制作火攻用的武器装备，李芾却发现有一家人根本没动作。李芾便问他：“你怎么不制作装备啊？”那人牛气冲天地答道：“咱是贾似道的家人！”李芾怒火中烧，立刻命人打他大板子。

这一次，李芾终于一板子打到贾似道脸上去了。贾似道恼羞成怒，指使谏官以贪污罪诬告李芾。九月二十七日，在做了四个月知临安府后，李芾被罢免了。

荣薿也好，张杓、李椿、李芾也罢，他们或因刚直而受到皇帝赏识，或因正派而遭到权贵排挤，但无论他们的命运如何，历史不会撒谎，公道自在人心。

四 留取丹心照汗青

◉

德祐元年（1275），元军对南宋发起决战，亡国之势已成定局。临安的朝廷向天下发出“勤王”号令，可响应者寥寥无几。

在这寥寥无几的几支军队的将领中，文天祥便在其中。文天祥是宋理宗时期的状元，朝廷号召勤王时，他正在江西赣州任上组织抗元武装。朝廷危难之际，他毅然率万人支援临安，一度被派去平江府（苏州）当知府，只是后来因为平江府一带战略要地尽失，在朝廷的催促下，文天祥才回到临安府。

德祐二年（1276）正月四日，文天祥临危受命，出任知临安府。而此时，元军正驻扎在城外一二十里的皋亭山（在今浙江省杭州市余杭区西南），已是兵临城下的局面。二十四日，宋廷拜文天祥为右丞相兼枢密使、都督诸路军马，同时出使元军去议和，议和期间，他痛斥伯颜，遭到拘留。

［宋］叶肖岩绘《西湖十景图》之《花港观鱼》
（台北故宫博物院藏）

尽管文天祥在知府任上仅有二十天，但这番正气，无疑会长存临安，长存清波。

文天祥走后不久，太皇太后谢道清便带着小皇帝宋恭帝出降，但张世杰和陆秀夫等人，仍然保护着赵家骨肉，在东南沿海一带继续抗击。而文天祥也早已逃离元营，转战于福建、广东等地。景炎二年（1277）五月，他率军进入江西，大破元军，江西各地云集响应，一度掀起了抗元高潮，收复州县多处。元朝江西宣抚使李恒见状，立即发重兵围剿。文天祥终究是寡不敌众，被迫退入岭南。景炎三年（1278）十二月，他在五坡岭（今广东省汕尾市海丰县北）不幸被俘，自杀未遂。

祥兴二年（1279），元军攻厓山，张弘范把文天祥押到船上。船队经过零丁洋，张弘范让他给张世杰写劝降信，文天祥却写了一首《过零丁洋》，表明心迹：

辛苦遭逢起一经，干戈寥落四周星。
山河破碎风飘絮，身世浮沉雨打萍。
惶恐滩头说惶恐，零丁洋里叹零丁。
人生自古谁无死，留取丹心照汗青。

张弘范见诗，对文天祥大为钦佩，直呼“好人！好诗！”，自此不再提劝降之事。

厓山海战结束后，元世祖下诏说“谁家无忠臣”，命张弘范礼待文天祥。十月，文天祥被押至大都。元朝廷对文天祥待如上宾，但文天祥拒绝这种优待，当夜他并未就寝，而是枯坐到天明，见他如此，元朝便将他移送兵马司，令士卒看守。

当时，忽必烈求贤若渴，降臣王积翁说：“南人无如天祥者。”为了让文天祥投降，世祖煞费苦心，派了一个又一个重要人物来威逼利诱。已经降元的南宋状元宰相留梦炎，被降封为瀛国公的宋恭帝赵㬎，元朝重臣平章政事阿合马，一个个信心满满而来，垂头铩羽而去。元朝丞相孛罗气得要杀文天祥，但世祖不同意，病中的张弘范也极力劝世祖不要杀他。

在狱中，文天祥写下了著名的《正气歌》，其中写道：

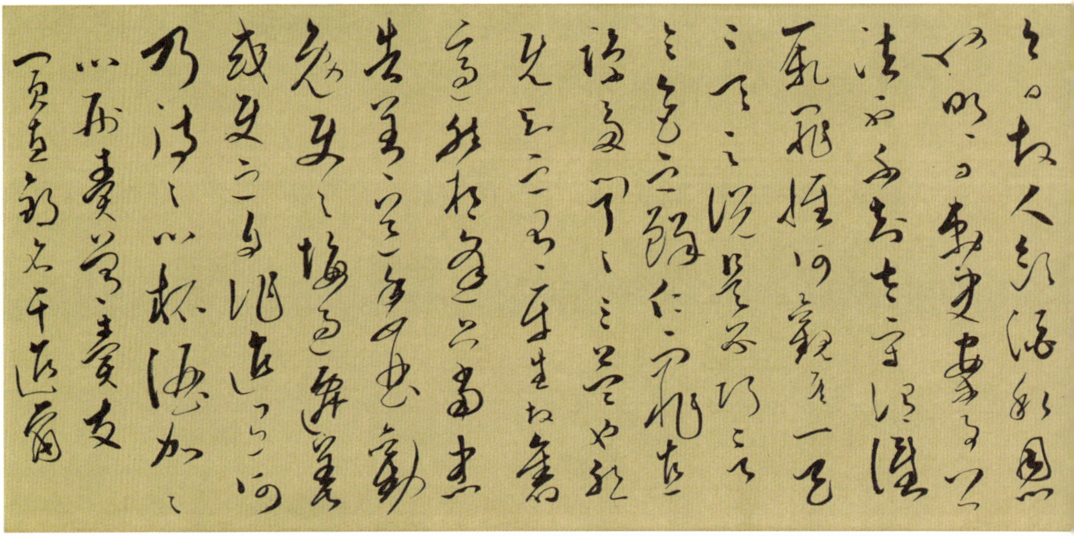

［宋］文天祥书《谢昌元座右自警辞》（局部，中国国家博物馆藏）

天地有正气，杂然赋流形。
下则为河岳，上则为日星。
于人曰浩然，沛乎塞苍冥。
皇路当清夷，含和吐明庭。
时穷节乃见，一一垂丹青。

他晚年的诗词慷慨激昂，苍凉悲壮，具有强烈的感染力，抒发了他忠贞不屈的浩然正气，反映了坚贞的民族气节和顽强的战斗精神，以至于传诵至今。

文天祥在大都被囚禁了三年零两个月。南宋降臣王积翁等十人正准备联名上奏元世祖，干脆让文天祥去当道士，以免元朝落下杀戮忠良的恶名。据说元世祖也示意，文天祥可以出家为僧为道。然而，十人之中，有一位名叫青阳梦炎的人却说："文天祥要是再出山，号召江南义士，将置我们十人于何地！"此事遂罢。

青阳梦炎在元明之际，就已经被古人和留梦炎搞混了。以至于青阳梦炎这一句话，让留梦炎背了七百多年的锅。

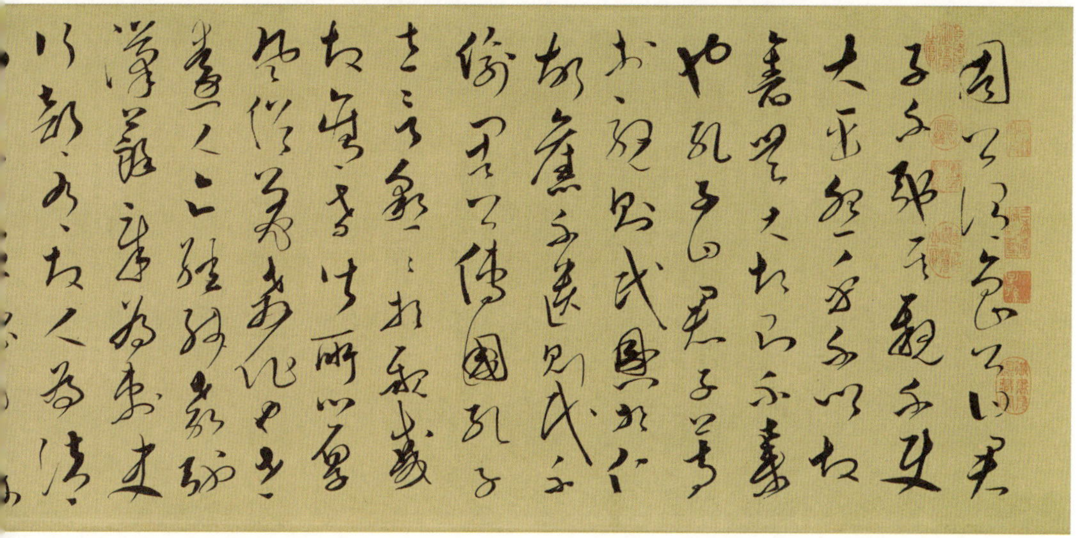

青阳梦炎的人品不足为道，不过他对于文天祥的影响力确实有相当清醒的认识。至元十九年（1282），中山府（今河北省定州市）突然爆发数千人的反元起义，义军自称是南宋幼主，准备到大都劫狱，救出文天祥。

由此可见，只要文天祥不为元朝所用，他就是一面永远屹立不倒的反元旗帜。元世祖不得不做出最后的决断。

十二月八日，世祖召见文天祥，文天祥依旧长揖不跪。世祖道：“你能以对宋朝的忠心来效忠大元，我就让你做大元的宰相。”文天祥却毅然决然地答道：“天祥受大宋厚恩，号称状元宰相。现在让我来辅佐其他人，这非我所愿。”世祖追问：“那你的愿望是什么？”文天祥答：“愿一死足矣！”世祖终于明白，文天祥无论如何也不会归顺自己，不禁长叹道：“好男儿！不为我所用，杀了他实在太可惜了！”

十二月九日，万余名百姓自发来到柴市（在今北京市东城区），为文天祥送行。文天祥从容不迫地来到刑场，朝故国所在的南方拜了拜，便慷慨就义。

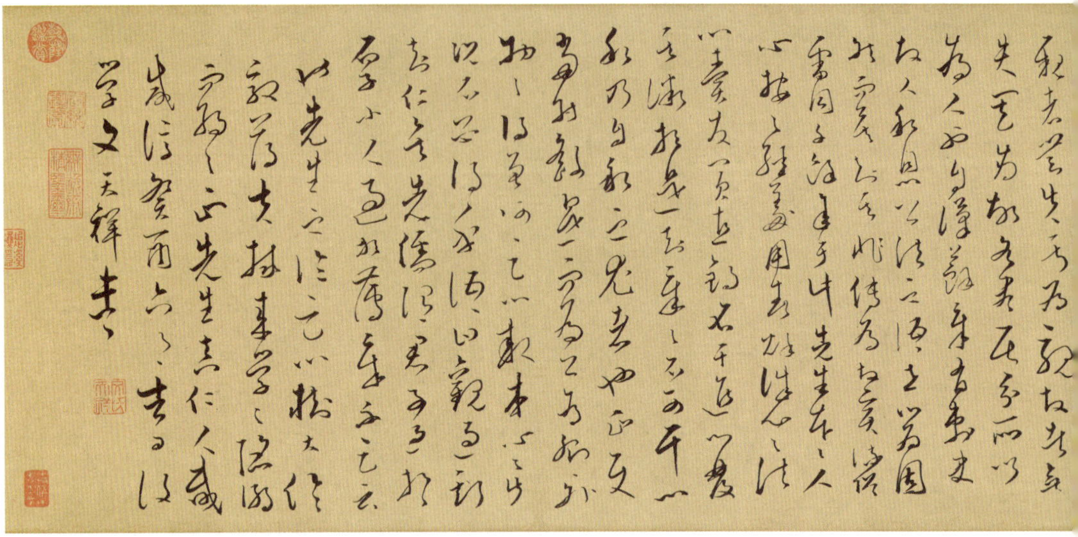

[宋] 文天祥书《谢昌元座右自警辞》（局部，中国国家博物馆藏）

文天祥殉难后，人们在他的衣带中发现他生前留下的绝笔：

孔曰成仁，孟曰取义。

惟其义尽，所以仁至。

读圣贤书，所学何事？

而今而后，庶几无愧！

意思是：“孔子说要‘杀身成仁’，孟子说要‘舍生取义’。只有尽到了义，才能成就仁。我读圣贤书，学到的是什么？从今以后，我或许可以内心无愧了！”据说，文天祥刚受完刑，就传来了世祖停止行刑的诏令。

文天祥在绝笔里之所以说是“庶几无愧”，大概是因为他真的害怕过死亡，但经过深思熟虑后，他最终仍选择了“杀身成仁”“舍生取义”，这是他作为一名儒学之士的行道与殉道。

当初文天祥起兵抗元时，同乡王应梅曾建议他散尽家财，招募军队。文天祥采纳了王应梅的意见，并要求他来当幕僚。王应梅因为父死未葬，母老病危，

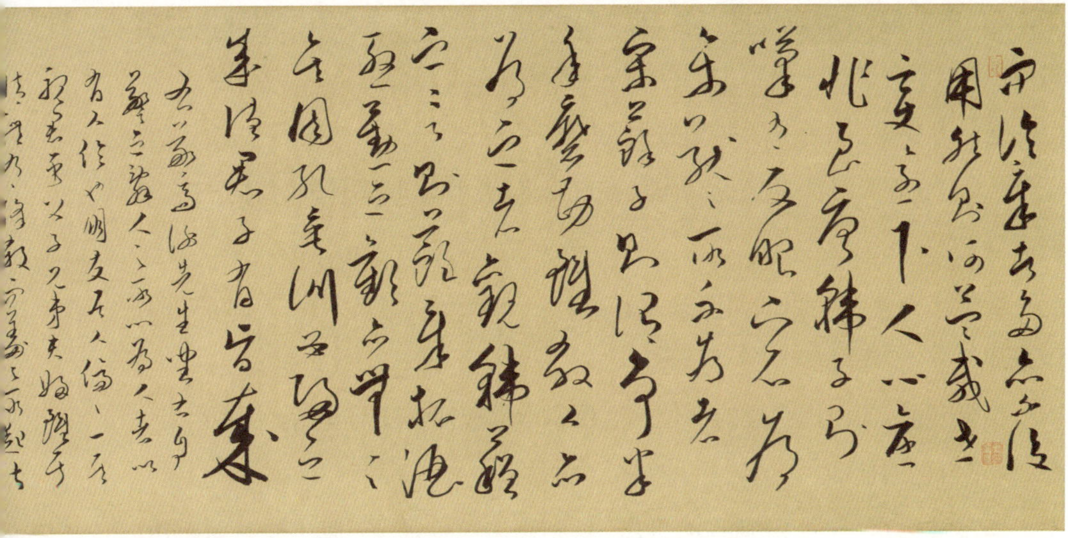

怕“进难效忠，退复亏孝”，因而谢绝了文天祥的邀请，文天祥也尊重了他的选择。

文天祥被俘之初，王应梅写了一篇《生祭文丞相》——给活着的文天祥写祭文。在这篇“生祭文”里，王应梅反复陈述古今死节之道，激励文天祥作为天下读书人的表率，承担起自己状元宰相的责任，英勇死义，断不可没骨气地投降敌国。

文天祥就义后，王应梅又写了一篇《望祭文丞相》，痛哭不已。后来，他改名炎午，故世称王炎午。在元朝，王炎午始终隐居，终身未仕。

有人吐槽王炎午，劝文天祥死义，自己却不殉国，因而他是“伪君子”；而这种“伪君子”写出的《生祭文丞相》，是用理学逼死活人。

实际上，在传统道德范畴里，权力与责任是匹配的。王炎午在宋既无功名，又非官员，本就没有死节的义务。他的终身不仕，已经全了自己的节。相反，文天祥是状元宰相，是士林领袖，还是抗元英雄，他若投降，不仅坏了自己的名节，更会产生恶劣的影响。取义成仁，成了文天祥不得不面对的责任。

后来明清鼎革之际，一代鸿儒刘宗周决定绝食而死。他的学生自比王炎午，在信中劝他：“愿先生早自裁，毋为王炎午所吊！”刘宗周欣慰地说：“我讲学数十年，有这样一个学生，足矣！”遂绝食二十日而逝。

退一万步讲，如果文天祥想做大元的宰相，王炎午又拦得住吗？古人浩然正气，天地长存！后人非要说高尚是被逼出来的，那岂非只有做伪君子才有资格高尚？

理学逼不死一个想活命的文天祥；一个视死如归的文天祥，也不需要理学来逼。

顺带一提，前面提到过的那位怒怼贾似道的权知临安府李芾，后来也用生命，殉了自己的信仰。

李芾被罢京尹后，遭到政治打压。直到南宋灭亡前夕，他才被重新起用。临安沦陷之际，李芾率兵勤王，后被朝廷任命为湖南安抚使兼知潭州。

德祐元年（1275）七月，李芾来到潭州。当时潭州的守军早已被调往他处作战，潭州几乎无兵可用。如此危急的形势下，李芾仍然积极组织当地军民保卫潭州，他一面招募三千民兵作为守备主力，一面与附近的少数民族搞好关系，以为声援。当阿里海牙率元军兵临城下之际，李芾更是亲自登城督战，城中百姓无论老幼皆自发协力守城，大小数十战。元军多次派人招降，都被李芾杀死。

然而，面对强大的元军，孤军奋战的潭州根本没有胜算。这年十二月，元军攻破了潭州外城。除夕，阿里海牙率元军发动总攻，潭州城即将沦陷。李芾急忙召见亲随沈忠，再三嘱咐道：“我已经竭尽全力，理当殉国。我的家人也不能屈辱地成为俘虏。你帮我把家里人都杀死，然后再来杀我。”德祐二年（1276）大年初一，李芾全家壮烈殉国。沈忠在奉命杀死李芾一家后，便四面放火，回家杀了自己的家人，然后自尽了。

潭州老百姓听说李芾殉国，悲痛万分，不少人举家自尽。守将见大势已去，便向阿里海牙献城。

第五章　四方昭炳云雅

清波之学——继往开来的文章大业

临安之有学官，自中兴以来，所关事体，特为甚重。四方之士，云会于辇毂之下者，于此乎处；天子之学，所以为贤士之关者，此为之贰。则夫执经分教领袖乎其上者，其于责任，非特一州一郡之职而已也。数十年间，老师宿儒，项背相望。学问之所沾濡，事业之所权舆，炳炳在人，昭不可掩。

——［宋］曹彦约《代临安教官求壁记于杨诚斋札子》

一 临安府学的遗憾与骄傲

与“南宋第一”擦肩而过的学府

◉

在今天杭州劳动路西侧的府学巷内、楼宇林立的钢筋混凝土世界里，有一座典雅的古代院落，时不时会有穿着汉服的孩子，在里面举行隆重的仪式，或是走出石玉牌坊，在门前的院墙下拍照合影。院墙上赫然写着四个大字：杭州孔庙。

杭州孔庙的前身，是南宋的临安府学。它不是临安城里级别最高的学府，却成为杭州市内寿命最长的学府。

宋代杭州的州学，始建于北宋天圣六年（1028）。只不过那时州治尚在凤凰山，州学也不在清波地界。最初，知州李谘在州治南面的通越门外、凤凰山之右，建了数十间学舍，仁宗御赐题额。杭州州学的规模虽然不大，但确是那时杭州城里级别最高的学校。

到了元祐元年（1086），知州蒲宗孟开始对州学进行扩建，同时附设了钱塘、仁和两座县学。徽宗年间，州学中的大成殿匾额由徽宗御书，学府中设有六经斋十二，斋十二分别为经德斋、进德斋、炳文斋、兑习斋、颐正斋、贲文斋、蒙养斋、时升斋、益朋斋、履信斋、复古斋和宾贤斋。

南宋初年，杭州升府，旧州治成为高宗行宫，日后又变成了大宋皇宫。与新的临安府治一样，紧邻通越门的新临安府学也面临着搬迁的命运。

在建炎四年（1130）府治北迁时，临安府学并未迁徙。可是随着府治南迁、

杭州孔庙鸟瞰图（吴海平 摄）

要占用府学旧地的动议越来越热闹，临安府学就不得不另找落脚之地了。

绍兴元年（1131），府学由行宫正门外向北迁徙至凌家桥西，以慧安寺故基重建，也就是今天杭州孔庙的位置。

绍兴十一年（1141）十一月，绍兴和议达成。宋高宗开始在临安大兴土木，将临安城按照国都的规模进行建设。自然，仅仅一座地方府学已经不能满足临安的需求了，此时的临安需要修建一座帝制王朝的最高学府——太学。绍兴十二年（1142）四月，起居舍人杨愿上奏，“请以临安府学增修为太学”。到了十一月十二日，高宗基本同意了杨愿的建议，他下诏对临安府学进行扩建，并让太学生暂时在府学居住学习。临安府学一时成为临时太学，改造工程方兴未艾。

如果这项决定就此尘埃落定，那么今天杭州孔庙的规模，一定会比现在宏伟壮阔得多，也一定比现在更具文物价值，抑或有机会跻身全国十大孔庙之列。

杭州孔庙（吴海平 摄）

可府学的改造还不到两个月，高宗便改了主意。绍兴十三年（1143）正月，高宗决定改在岳飞故宅上建立全新的太学。此后，南宋又在太学附近兴建国子监、武学、贡院等一系列教育与考试机构。至此，在临安城的西北隅，中央官学区正式建成。

说好要在府学建太学，怎么突然就变卦了呢？

坊间常见的说法是，秦桧以岳飞旧宅为太学，培养人才，昭示偃武修文，堵天下人之口。更有甚者，说秦桧是在压胜即以符咒等法除邪得吉，这除的自然是岳飞的英魂。总之，这些说法都是些“和战”“忠奸”的心理推测，于史无证。

其实，府学升级的无疾而终，更可能的原因是地理位置：府学所在之地，太热闹了！

中国传统的官学，都不太喜欢放在特别繁华热闹的地段。毕竟，你来府学是学习的，不是让你享受花花世界的。在宋代的一些城市里，官府甚至会因为学校周边太热闹，而对周边的商铺民居进行强拆，更有甚者，连官府自己的建筑也跟着一起拆。

不得不说，朝廷官府对于培养人才好好读书这件事，还是非常上心的。而府学边上就是繁华热闹的御街、后市街、清河坊等地区，黄金地段的优势反而变成了劣势。

擦肩而过的杨万里

◉

杭州孔庙（吴海平 摄）

高宗时期，临安府学使用了三十年，应该培养了不少人才。不过，临安府学却始终缺一篇题记，这对于以学术为业的府学而言，多少是个遗憾。

隆兴元年（1163）十二月，那个写过“小荷才露尖尖角，早有蜻蜓立上头”的杨万里，在张浚的举荐下出任临安府学教授。虽然此“教授”非我们今天的“教授”，但却不妨碍杨万里在这里做老师。

已经在地方颇有政声却仍没有考中科举的曹彦约，决定抓住机会。他向杨万里写了一封书信，这封信后来被命名为《代临安教官求壁记于杨诚斋札子》。曹彦约在信中表示，府学为教育事业做出了巨大贡献，但是迄今为止，墙壁上还没有题记，因此想请杨万里题写一篇。曹彦约当时并不在府学任职，也不知道这是府学的“校长”让他帮忙邀请杨万里，还是曹彦约自发代表了“临安教官”。

从后来的记载看，杨万里并没有为府学写下题记，原因并不是他傲慢，也并非他谦虚。实在是因为第二年的正月十五，杨万里的父亲突然病倒了。于是杨万里辞掉了教授，急急忙忙返乡探望父亲去了。急得官都不要了，哪还有时间精力来写题记？

就这样，府学与杨万里也擦肩而过了。

从府学到孔庙

◉

太多的擦肩而过，给临安府学留下了不少遗憾。不过，府学还是很受南宋朝廷的重视，那位到哪儿都喜欢题匾的宋理宗，也在府学留下过珍贵的墨宝。

临安府学内里面到底什么样？不是太好说，因为记载相当简略，跟临安府治的情况完全不一样。不过，学校这一类建筑，建筑的规律大体一样，我们其实也能猜出个八九不离十。临安府学内部，大体可以分为庙、阁、堂、舍这四类建筑。

祭奠先圣先师的“庙”，是我国古代学校特有的建筑，最早甚至可以上溯到周代。东汉以后，孔子成为学校里祭祀的主要对象。此外，一些对教育事业或办学做出过巨大贡献的人，学校也会修建祠堂，加以祭拜。

临安府学里有两座“庙”。第一座也是最重要的一座，便是大成殿。在我国古代的文庙、学校之类的建筑中，大成殿是不可或缺的。殿内设有孔子像，殿前东西房或东西廊有七十二贤人像。临安府学的大成殿牌匾由宋理宗御书，此后历经数代，大成殿屹立不倒。时至今日，当我们迈进杭州孔庙的大门，迎面看到的正殿仍然是大成殿。

临安府学中的另一座“庙”是先贤祠堂。南宋末年，在祠堂的东西两端，供奉着十四位先贤：东面为八行崔公（崔贡）、谏院钱公（钱彦远）、和靖处士林公（林逋）、太师文忠张公（张九成）和知制诰谢公（谢绛），为临安（杭州）本地先贤，他们或籍贯在杭，或徙居于杭；西面为濂溪先生周元公（周敦颐）、明道先生程纯公（程颢）、伊川先生程正公（程颐）、横渠先生张献公（张载）、康节先生邵公（邵雍）、涑水先生司马文正公（司马光）、晦庵先生朱文公（朱熹）、东莱先生吕成公（吕祖谦）和象山先生陆文安公（陆九渊），

杭州孔庙（吴海平 摄）

这自然是理学认定的先贤。

除了祭奠先圣先师的“庙”，府学中还有存放皇帝诏书、御礼、御札的“阁”，称为御书阁。御书阁是宋代学校里必有的建筑。如太学里的御书阁称为“首善阁”，里面还藏有宋高宗御书的石经。宋理宗撰写的《道统十三赞》刻石，曾置于太学之中，应该就收藏于御书阁。当然，今天太学已经不存，石经早已迁入杭州孔庙加以保护展览。

庙与阁，更多的是一种学校的礼制建筑。学校中最实用的，当然还是讲堂和宿舍。临安府学设有养源堂，牌匾为理宗御书。这就是当时学生们上课的地方。

最后是斋舍，也就是学生宿舍，这是府学里数量最多的建筑。南宋初年，府学中有斋舍六处，分别为升俊斋、经德斋、敦厚斋、弥新斋、贲文斋和富文斋。嘉定九年（1216），临安府学曾进行过一次大规模的扩建，此后学校规制才算完全具备。斋舍可能也是这一时期进行扩建的。到淳祐年间（1241—1252），府学中的斋舍已经多达八处，分别为进德斋、兴能斋、登俊斋、持正斋、崇礼斋、宾贤斋、致道斋、尚志斋。此外，在登俊斋的侧后方，还有一座小学斋舍。斋舍的这些高雅名字，透露出浓浓的品德情操之意，与学校的育人功能相得益彰。

斋舍的增多，也说明府学的学生数量在增加。当时临安的太学，可达二十斋。府学与其相比，规模终究有限。不过相比之下，同属规模较大的建康府学也不过六斋，临安城中属于中央教育系统的武学也是六斋，那么临安府学的规模就相当可观了。

元代时，杭州府学已有“甲东南为杰观”之称。虽然在至正十二年(1352)，府学毁于战火，但到了明代得以重建，规模、建制、地位都有了很大发展，后来逐渐发展成为杭州的孔庙。几经风雨，到了现代，府学仅存大成殿一座建筑。1979 年，浙江省政府、杭州市政府对孔庙全面整修，并在此组建“杭州孔庙碑林”。2008 年 9 月 28 日在孔子诞辰纪念日这天，复建后的杭州孔庙终于正式对外开放。如今，这里是全国重点文物保护单位，也是重要的文化打卡点，传承着华夏文明尊师重道的古老传统。

南宋石经

◉

既然提到了杭州孔庙的碑林，提到了《南宋石经》，我们就不妨多说两句。

绍兴初年，为了表彰大臣、鼓动士子，宋高宗亲自提笔上阵，抄写儒家经书。除少数字迹是皇后吴氏代笔外，其他均为高宗御书。高宗擅长楷书、行书和草书，在继承二王书风和临摹学习王羲之法帖方面，获得过当代书法大家很高的评价。虽然高宗在抗金一事上表现不佳，但不能否认，他的艺术造诣与父亲徽宗一脉相承。

《南宋石经》（杭州孔庙碑林藏）

绍兴十三年（1143），秦桧为了配合太学的兴建，同时也为了奉承高宗，便上书建议，将这些抄写的经书刊刻在石上，藏入太学的首善阁。

据杜正贤先生等学者推测，《南宋石经》包括《易经》七石、《尚书》十石、《诗经》十三石、《中庸》二石、《春秋左氏传》六十三石、《论语》十石、《孟子》二十二石、《礼记》二至四石，整部石经共计一百二十九至一百三十一块。而今天我们能看到的，就只有八十五块了，全部收藏在杭州孔庙的碑林之中。

在没有印刷术的时代，石经曾经是一种标准文本的公示方法。比如东汉时期的《熹平石经》，就是由官方公布的一个校勘完备的古籍版本，供天下的读书人参考学习，因而，那时的读书人也有不少不远千里，来到国都洛阳抄录石经。

而到了南宋，印刷术与造纸术已经很发达了，临安城就是当时著名的出版中心对于此时的学子来说阅读经典，校勘文字，买书即可，实在不必大费周章去观摩抄写石经了。显然，《南宋石经》与《熹平石经》不同，它的象征意义已经超过了实用价值。

宋代是中国历史上第一个全面施行科举制的时代。为了让天下英才尽入彀中，宋真宗不惜写下“书中自有颜如玉，书中自有黄金屋”的“招牌广告”。南宋初建，百废待兴，高宗自然也希望全天下优秀的读书人们都能通过科举考试，来到庙堂。

可以说，《南宋石经》包括了儒家经典典籍，也囊括了科举考试的核心内容。在宋代，科举的核心内容是“五经”，也就是《诗经》《尚书》《礼记》《易经》《春秋》；“四书”的地位虽然在迅速上升，但远没有达到与“五经”相提并论的地步。而高宗所书石经已有《论语》《孟子》，也包含着《中庸》《大学》，从中也可见到他对“四书”的推崇。

二 有酒一樽聊自适，藏书万卷未为贫

在全世界最富有的国度，最繁华的都市，最兴隆的商业街，最赚钱的酒楼旁，一场商业大战，一触即发。

两家知名企业隔街对峙，老板们已杀红了眼。

在这寸土寸金的黄金地段，谁也不能倒下。倒下，便是万劫不复。

这是怎样的一场巅峰对决？是金融巨鳄间的你死我活，还是能源巨头间的殊死搏斗？是零售集团间的寸土必争，还是高新产业间的寸步不让？

都不是。

21 世纪已经过去二十年，离不开手机的人们已经很难想象，如此激烈的竞争，会发生在几家民营书商之间！

是的，没有补贴，全靠市场，在黄金商业街，几家书店展开了激烈竞争。这就是 12 至 13 世纪的临安，真实发生的事情。

在今天的中山中路、惠民路至羊坝头一带，是南宋临安城最负盛名的娱乐商业大街——中瓦子；在它对面，是临安城的金融街——五间楼以北。这里不仅各色店铺林立，而且临安城里的几大酒楼，有不少就在这附近，比如张俊经营的太平楼、地处“五花儿中心”的五间楼、全临安最高档的三元楼等。这里简直就是一座娱乐城。谁能想到，在这种消费清单能吓得你出不了门、房屋租金高到跟普通人毫无关系的地段，却开起了三座书铺。

第一座书铺，名叫开印输经史书籍铺荣六郎家。简言之，就是荣老六书铺，位于中瓦子南街的东面，大概已经到了御街东侧。

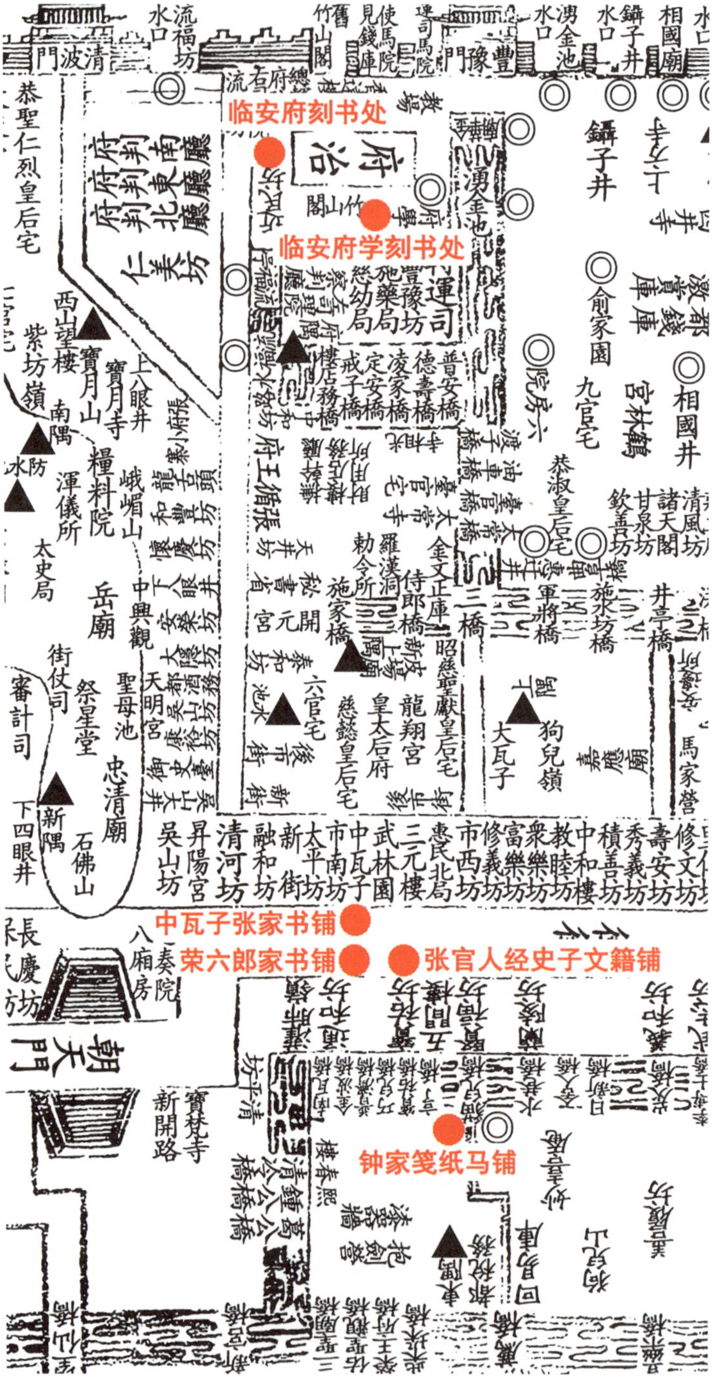

清波街道范围内的南宋临安书铺、刻书处分布图（底图使用姜青青《〈咸淳临安志〉宋版“京城四图”复原研究》中的复原图）

第二座书铺，名叫张官人经史子文籍铺，也就是张官人书铺，开在了与中瓦子一街之隔的宝佑坊前，与荣老六书铺估计不会隔得太远。

最后一家书铺最有意思，直接开在了中瓦子里面，名字起得极为简洁——中瓦子张家。

敢在中瓦子周围开书铺，两位张老板和那位荣老六都是很有想法的人，估计当初也跑遍了杭城南北，做足了调研工作，这才敢挥金如土，在这里扎根。

在中瓦子开店确实风险大，但要是把准了读者的脉，那收益也是相当可观。因为这里的客流量太大了，用今天的话说，平台不仅自带流量，而且还要送你流量包。那年头人们的文化娱乐生活虽然丰富，但也简单，听个书，唱个曲，大街上轧轧马路，酒楼里面聊聊天。可问题是，不管你怎么开心，这些开心的物件儿你带不走哇，回到家里干什么呢？

看书吧！这是来自中瓦子张家的呼唤。

这不，张家刚刚印好的《大唐三藏取经诗话》，已经在中瓦子里卖得断了货。这本书一共三大卷，看书名就知道，讲的是从东土大唐而来的三藏法师，去西天拜佛求经的故事。不过，故事的主角可不是唐三藏，而是一位猴行者。这位猴行者神通广大，一路上扶助三藏，大显神通。在路上，他还降伏了一个叫深沙神的神人。

嗯，是不是感觉故事很亲切？是的，这部《大唐三藏取经诗话》，就是我们今天看到的《西游记》的前身。而此刻，中瓦子的张老板并不知道，这部书会发展成“四大名著”之一。他只知道，中瓦子里演的这出戏老百姓很爱看，现在把“剧本”整理成书老百姓依然很爱看，自己卖出去的是纸，收回

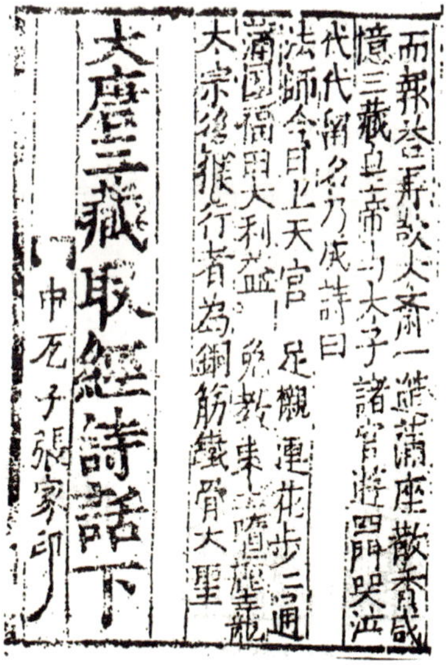

宋刻本《大唐三藏取经诗话》书影
（日本大仓集古馆藏，上面写着“中瓦子张家印”）

来的那可是钱。

张老板斜着眼睛朝御街东侧瞄了瞄，毫不掩盖脸上的得意之色。荣六郎正好也朝御街的西侧望来。四目相对，分外眼红。荣六郎不服气地冷哼了一声，转身便让伙计举起一块招牌，沿街叫卖。只见招牌上写着：

> 旧日东京相国寺东荣六郎家，见寄居临安府中瓦南街东，开印输经史书籍铺。今将京师旧本《抱朴子内篇》校正刊行，的无一字差讹。请四方收书好事君子幸赐藻鉴。绍兴壬申岁六月旦日。

怪不得敢在中瓦子外边开书铺呢，原来是当初北宋开封城里的老字号！可中瓦子张家的张老板还是不以为然，《抱朴子内篇》，这是什么书？有人看吗？而且一出就是五卷。这中瓦子是花花世界，又不是府学、太学，大家都玩儿在兴头上，谁去买你家的《抱朴子内篇》啊？

对于张老板的不屑，荣六郎报以一个尴尬而不失礼貌的微笑。谁说读书人只在学校里憋着呀？你看看中瓦子的那几家大酒楼，哪家的墙上不是写满了诗作？再说了，这里距离朝天门这么近，退朝的士大夫总会来吃顿饭。再怎么说，也都是科举考场上的文章高手，读书人中的雅士，买书的头等顾客。本朝的欧阳修在《幽谷种花洗山》里说："史君功行今将满，谁肯同来作地仙。"王安石在《谒曾鲁公》里也说："翊戴三朝冕有蝉，归荣今作地行仙。"黄庭坚在《玉京轩》里又说："个中即是地行仙，但使心闲自难老。"一代代大文豪，各个想当地仙。地仙是怎么回事？那你得问问葛洪，毕竟他就曾在西湖葛岭修仙。连"葛岭"姓"葛"都是托了他的福。所以，为什么不去看看葛洪在《抱朴子内篇》里都说了什么呢？

再说了，《抱朴子内篇》讲的都是养生之法，谁不想延年益寿？我大宋朝的文官们虽然拿了太祖皇帝的"免死金牌"，但是贬官流放的危险还是有的。万一让你去了天涯海角，你还想不想活着回来了？要想回来，那就好好养生，保重身体。你看，苏东坡当年就练就了一身闭气数息法，才熬到从儋州回来的，

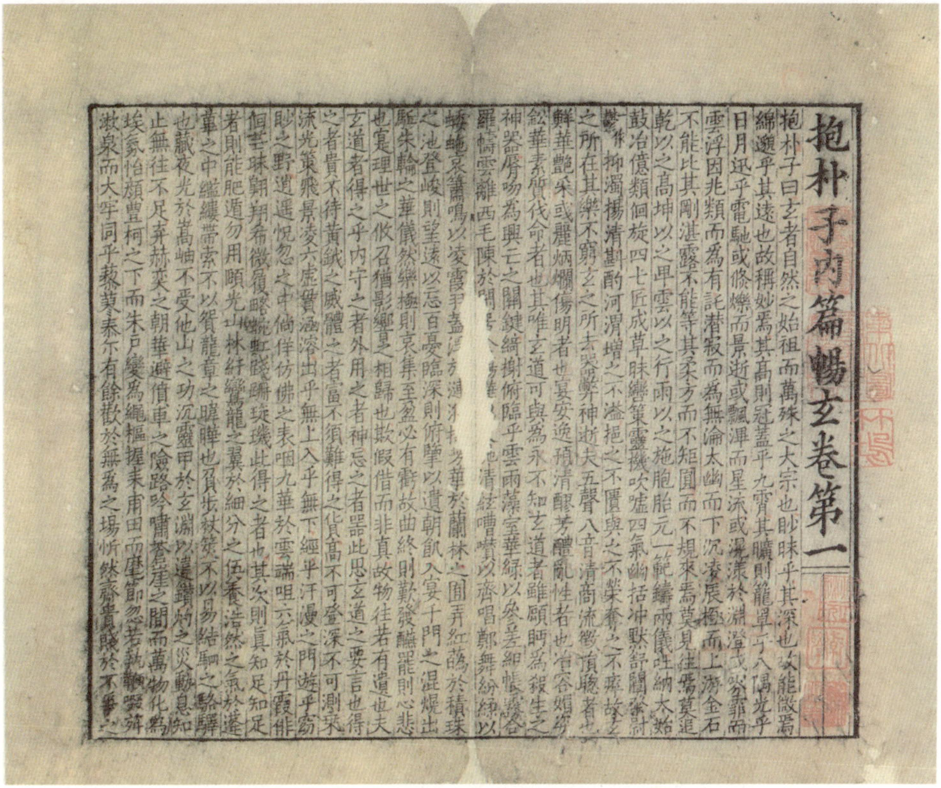
抱朴子內篇暢玄卷第一

荣六郎家刻本《抱朴子内篇》第一卷书影（辽宁省图书院藏）

那套闭气数息法就来源于《抱朴子内篇》。

一句话，文人都爱《抱朴子》，怎么会卖不出去呢？你读不懂罢了。老字号的底蕴，可不是吹出来的。

荣六郎自信地笑了笑，他随手又翻了翻身边的一卷《抱朴子内篇》，那段小广告赫然出现在了书的最后一页。

绍兴二十二年（1152）六月一日，荣六郎正式在临安打响了自己的招牌。

至于张官人经史子文籍铺，留下的记录太少，我们并不知道他的经营之道。不过，就书铺的名称来说，估计也是荣六郎那种走中高端精英路线的店铺。毕竟，在宋代，弱势的一方都可以管强势的一方叫“官人”。这位张老板标榜

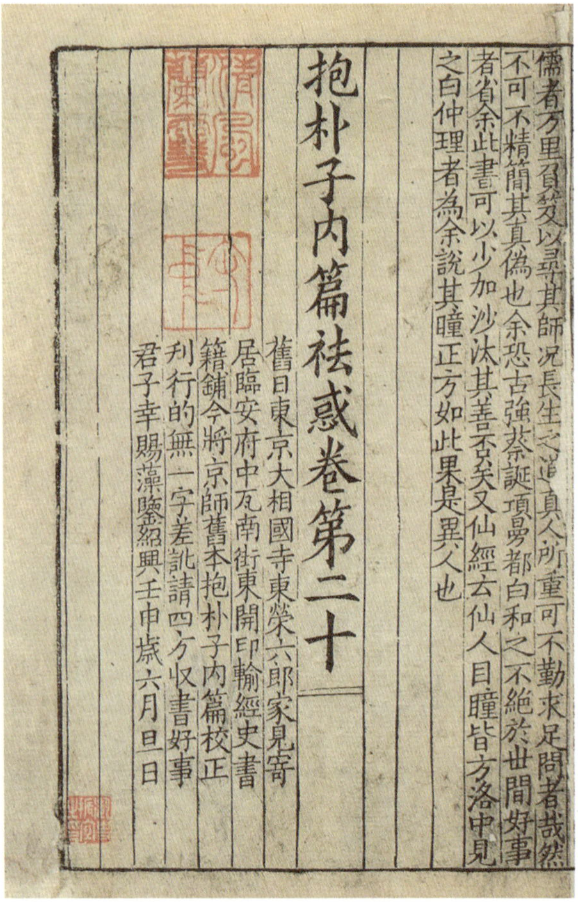
儒者方里負笈以尋其師况長生之道真人所重可不勤求足問者哉然
不可不精簡其真偽也余恐古強蔡誕項曼都白和之不絶於世間好事
者省余此書可以少加沙汰其善否矣又仙經云仙人目瞳皆方洛中見
之白仲理者為余說其瞳正方如此果是異人也

抱朴子內篇祛惑卷第二十

舊日東京大相國寺東榮六郎家見寄
居臨安府中瓦南街東開印輸經史書
籍鋪今將京師舊本抱朴子內篇校正
刋行的無一字差訛請四方收書好事
君子幸賜藻鑒紹興壬申歲六月旦日

荣六郎家刻本《抱朴子内篇》最后一页书影

（里面有“广告”信息，辽宁省图书馆藏）

“官人”，自然不是标榜我这个当老板的比你们这些读者都厉害，而是想说我是一个有文化的张老板。

除了卖书，这三大书铺还有不少生意可做。宋代的书铺有一个常规工作，那就是兼做公证处。结婚领证，请找书铺；立遗嘱，请找书铺；参加科举考试，要开户籍证明，还是请找书铺。总而言之，那些经过官方认定的书铺，在当时就是民办的公证处。这份证明有什么效力，我们不妨举个《醉翁谈录》里讲述的例子。

据说有一个姓王的贡士，来到临安参加省试。在这里，他与一名戴姓女子一见钟情，便许下婚约，并找了一名女郎做见证人，在婚约上签字。可是不久，戴氏就发现，这位王贡士居然是重婚，他早就娶过老婆了。一怒之下，戴氏将王贡士告上公堂。县令认为，两个人没有到书铺那里做过公证，随便找人签证的婚约也没有法律效力，于是便判决二人婚姻无效，批准了戴氏“离婚”的请求。

《醉翁谈录》虽然是个话本小说集，但也反映出当时的真实世界。你看，没有书铺做公证，你连个合法证件都拿不到。而书铺给你做公证，那是要收手续费的。更有甚者有些书铺到处钻空子，还干起不法买卖来。比如科举考试要开户籍证明，有的书铺居然非法帮考生改户籍。当然，这种“非法服务”的价格也很高，书铺写几个字，立马就能赚钱，比卖书轻松数十倍。

这样看来，是不是感觉宋代的书铺也跟现在的书店差不多，靠卖书不如靠副业。

而且，守着朝天门还有另一个好处——赚钱的副业可不止一个。

还记得吗？朝天门外有一个进奏院，专门收发朝廷和各地部门上下往来的文书，是大宋的信息中心。就是这个进奏院，很有做书铺衣食父母的潜质。

进奏院在当时有一个职责，就是每天采集、编辑、审定和发行“朝报”——你可以把他理解成简易版的《大宋日报》。进奏院的小编们手里有大量新奇有料的劲爆信息，那年头又没朋友圈，拿在手里发不出去太可惜了。于是，小编们就把这些“小道消息”暗中抄写下来，悄悄传给外面的人，编印成“小报”，天不亮就拿到市场上去卖，这也是小编们一笔不少的外快呢。

至于谁来发行“小报”呢？当然是家中自备“印厂”、每天与文字打交道的书铺最合适。要知道，那年头的书铺都是编、印、发一体化的，编辑部、印刷厂和书店都开在一起，只有前庭后院的区别而已。

对书铺来说，要想拿下这项业务，那就必须快——以最快的速度获得“小道消息”，以最快的速度制作发行小报。要想“快”，首先就要“近”。闭着眼睛都知道，朝天门外那三家书铺绝不会放过这样的商机。至于他们怎样抢新闻、怎样与进奏院的小编们维持长期稳定的关系，这样的商业机密，就烂在了各位老板的肚子里。

南宋的临安城，是当时当之无愧的出版中心；临安城里的清波，又是当之无愧的出版核心。其实，这样的传统由来已久。早在北宋时期，杭州的书坊业就已经相当繁荣。毕昇不远千里跑到杭州来做印刷工人，并在杭州一举发明了活字印刷术，这绝非偶然。

南宋临安的书铺，现在可考者，除了前面提到的位于今天清波街道的开印输经史书籍铺荣六郎家、张官人经史子文籍铺和中瓦子张家以外，其他地方的还有太庙前尹家书籍铺、猫儿桥河东岸开笺纸马铺钟家、棚北大街睦亲坊南陈宅书籍铺、棚北睦亲坊巷口陈解元书籍铺、大河北段油蜡桥（新桥）西桥橘园亭文籍书房、棚前南街西经坊王念三郎家、修文坊相对王八郎家经铺、洪桥子南河西岸陈宅书籍铺、鞔鼓桥南河西岸陈宅书籍铺、众安桥南街东开经书籍贾官人宅、钱塘门里车桥南大街郭宅经铺、杭州大街棚前南钞库相对沈二郎经坊、太学前陆家、积善坊王二郎、钱塘俞宅书塾、钱塘王叔边和李氏书肆，其中睦家坊的两户陈家应属一家书坊。此外，临安府和临安府学，都有自己的刻书处。

还有一个地方，我们也别忘了它，那就是陆游工作过的秘书省。这可是南宋的国家图书馆，主要工作是修书、校书、藏书。北宋的宫廷和朝廷藏书，大多

南宋书房（吴海平　摄）

毁于靖康之难。南宋重建秘书省后，对修书和藏书非常重视，相关工作也逐渐步入正轨。在秘书省西廊，甚至还专门设立了印版书库和印版库，用于收藏印刷图书和印刷所用雕版。据《南宋馆阁录》记载，截至淳熙四年（1177），秘书省仅收藏的诸州印版书就已达六千零九十八卷、一千七百二十一册。

靖康之难后，宋朝的国家藏书被金朝洗劫一空，私人藏书也在逃难中大为损毁。可南渡后的大宋依旧有藏书千卷，不得不说清波街道上的书坊为此做出了历史性的贡献。

在今天的鼓楼之侧，依然有一家书店，这就是南宋书房。这也许是历史的巧合，但更像是前世的缘分，南宋书房让繁华的御街平添了几分书卷气，与南宋辉煌的出版业再续前缘。

三 浑仪往事

◉

说起古代的文化学术，大多数朋友一定会想到经史子集，其中有部分科学技术，是人们经常忽略的。

清波虽然不是大宋朝的科技中心，但一段浑仪制作的陈年往事，为我们展现了在那个普遍不重视科学技术的年代，清波在古代科技之路上坎坷而执着的经历。

绍兴三年（1133）五月，丁师仁正坐在熔炉前，呆呆地凝视着炉中的熊熊大火。铜匠们正赤裸上身，使出浑身的力气，叮叮当当地砸着刚刚冶炼出的铜。每个人的身上都青筋暴凸，看来已使出了十分的力气。丁师仁汗流浃背。已经用掉八千多斤赤铜了，现在手里只剩下一千多斤了。而眼前这堆零件，没有丝毫能组装在一起的意思。

至德观遗址附近的浑仪石座

丁师仁在朝中官居太史令。别误会，这不是太史公修史的那种太史令，而是纯粹的天文官——昼编历法、夜观星象的司天之官。而此时，他最发愁的，便是用尽人力物力，却铸造不出一部能用的浑仪。

这件事有其前因，绍兴二年（1132），宋高宗在江南逐渐站稳了脚跟，朝仪礼制也开始慢慢恢复。这年六月，高宗获得了一部北宋末年使用的历法，于是下诏，要修改历法，特别是要求修改后的历法要合乎天象。这样一来，太史局的官员们就不得不需要一台精准的浑仪，来协助自己修订历法。

北宋时，开封城里本来有四座浑仪，分别是至道仪、皇祐仪、熙宁仪和元祐仪，每台浑仪都有两万多斤重。靖康之难间，这八万多斤的家伙自然带不到南方来，只能任由金人取走。

没有了精准的仪器，天文观测就受到了严格限制，自然对修订历法形成了障碍。于是，在高宗要修改历法的同时，重建浑仪成为当时朝野上下一致认可的当务之急。

绍兴二年九月，高宗命太史令丁师仁等负责制造浑仪，朝臣们纷纷发表了自己的意见。丁师仁说："临安的地理位置太偏南，设置浑仪的北极倾角时，应该考虑浑仪安置点的位置变化。"换句话说，从开封到临安，纬度变了，仪器自然也要变。

与此同时，工部员外郎袁正功建议，在正式安置浑仪前，一定要先确定南北的方向，别出乱子。于是，高宗先派出李继宗等人测定了南北的正方向。由此可见，高宗和朝廷上下对重建浑仪都非常重视。到了绍兴三年（1133）正月，袁正功向高宗进献了一座小型的浑仪木样。与此同时，吕颐浩也将自己收集的旧浑仪的两个部件进献给了朝廷。

万事已具备，丁师仁开始动真格的了。他先是告诉高宗，开封城里的旧浑仪各重两万多斤。然后建议，按照旧仪规制的一半来制作新的浑仪。高宗当即同意，为丁师仁准备好一万斤铜料，并派出助手，协助丁师仁。可是，当丁师仁花费了八千四百多斤赤铜，却毫无进展时，他选择了放弃。这年五月，高宗改命工部侍郎李擢负责制造浑仪。

绍兴五年（1135）正月初一，又发生了一件打击太史局官员信心的事。

至德观遗址（至德观即宋代的十一曜太岁堂，俗称太岁庙。宋绍定年间，建于浑仪台侧，隶属太史局）

当天，发生了一次日食。太史局官员对日食的预测误差极大，甚至还不如一位叫陈得一的普通老百姓测得准确。

缺乏通晓天文的人才，国力亦大不如前，南宋几乎不可能再制作出一座可与北宋媲美的浑仪。

但南宋君臣并没有放弃。高宗找来陈得一，命他与秘书省官员共同改造新历。绍兴七年（1137），袁正功制造了浑仪小样，而能够实际使用的浑仪始终没有建成。

到了绍兴十三年（1143）十月，为了满足礼制和日后修历的需求，高宗再次命太史局制造浑仪。这一次，大家变聪明了。虽然仍在朝堂上叽叽喳喳，纷争不断，但是大家普遍认为，这次就先找个靠谱的学者来吧。

可懂天文的学者似乎是断层了，朝廷无论如何也没有找到。朝廷甚至让苏颂的第六子苏携带着苏颂的遗书入朝，为大家讲讲浑仪到底是怎么个制造方法。奈何时过境迁，对那些生僻的专业术语，苏携根本理解不了。最后，宋高宗把自己的一个小内侍邵谔推上了前台。这位邵谔善于谋划，连宫中制作的浑仪小样，搞不好都有他的心血。

在邵谔的努力下，绍兴三十二年（1162），朝廷终于制成了两架较大的浑仪。这两架浑仪铜料精致，堪称精良。可跟开封的浑仪一比，那就实在拿不出手了。

但毕竟，南宋依靠自己的力量，重新找到了制造浑仪的方法。三座浑仪也被安置在不同地方发挥作用。其中，一座大浑仪被安置在吴山上的太史局司天台，一座大浑仪被安置在秘书省测验所，浑仪小样则被搬到了钟鼓院。秘书省自然在清波，太史局司天台也在清波范围之内，就在今天的至德观遗址附近。

第六章　湖山水调谁家

清波之韵——文人墨客的诗情画意

湖山信是东南美，一望弥千里。使君能得几回来？便使樽前醉倒更徘徊。沙河塘里灯初上，水调谁家唱。夜阑风静欲归时，唯有一江明月碧琉璃。

——［宋］苏轼《虞美人·有美堂赠述古》

一 一场由柳永的“神仙词”引发的战争

◉

吴山，杭州人俗称城隍山，位于西湖东南岸，与西湖北岸的葛岭、宝石山皆为天目山余脉的尾端，隔西湖而遥望。苏轼曾有“天目之山，苕水出焉。龙飞凤舞，萃于临安”的感叹。吴山就像是一枚梭镖，揳入杭州城内，它是西湖群山中唯一的城中之山。

吴山由云居山、紫阳山、七宝山、金地山、粮道山、伍公山等诸小山头连接而成，甚至连勾山都是它的余脉。其山势平缓，山中林木葱郁，怪石嶙峋，近邻闹市街坊，远望西湖胜景，独占湖山之胜与登临之便。1985年，在杭州新西湖十景评选中，吴山被冠以“吴山天风”的美称。

两宋时期，有不少文人雅士与吴山结缘。论其传奇色彩与影响之大，当首推柳永与他的《望海潮》，其词云：

> 东南形胜，三吴都会，钱塘自古繁华。烟柳画桥，风帘翠幕，参差十万人家。云树绕堤沙。怒涛卷霜雪，天堑无涯。市列珠玑，户盈罗绮，竞豪奢。　　重湖叠巘清嘉。有三秋桂子，十里荷花。羌管弄晴，菱歌泛夜，嬉嬉钓叟莲娃。千骑拥高牙。乘醉听箫鼓，吟赏烟霞。异日图将好景，归去凤池夸。

词的上阕鸟瞰杭州，下阕俯眺西湖，要在杭州城中取得这样的视野，就唯有登临吴山了。在柳永笔下，吴山森木如云遮天蔽日，钱江惊涛骇浪翻滚似雪，皇城坊间八街九陌，人稠物穰，市集上陈列着珠玉珍宝、市民们家里存放着绫

从吴山俯瞰西湖

罗绸缎，争竞豪奢。至于湖山，在如烟绿柳，画梁彩桥之间，更有“三秋桂子，十里荷花”，采莲的姑娘，唱晚的渔翁。热闹、繁华、安逸、娟秀，一座人间天堂，在柳永的笔下被抒写得淋漓尽致。

《望海潮》词调首见于柳永的词集《乐章集》，是柳永开创的新声。全词铺张扬厉，排比对偶，极尽富丽，故有词家谓其为“词中之赋”，宋人陈振孙称其“承平气象，形容曲尽”。

值得一提的是《望海潮》的最后一句，“异日图将好景，归去凤池夸”。“凤池”即凤凰池，比为魏晋时的禁中池沼，中书省所在地，唐宋时多以凤池目宰相，以此代比朝廷。柳永在这里说，他日将西湖美景描绘成画，回到朝中向同僚们夸耀，隐隐给人一种企盼飞黄腾达之感。

《望海潮》的传奇，就此展开。

柳永塑像

南宋人杨湜在《古今词话》中曾写过这样一个故事：柳永与知杭州孙何是布衣之交，因而想找他碰碰运气，寻求仕宦机会。奈何孙何为人正直，门禁非常严，一般人根本见不到他。柳永只好想出了一个邪招儿，他填了这首《望海潮》，然后找到杭州当地的歌伎楚楚，让她在中秋府会上演唱这首词。

宋代习俗，朝廷御宴、官府公宴、富户宴乐等活动，常常会招歌伎表演。当时的歌伎又都以唱柳永的词为幸，因而楚楚当即答应柳永，并在府会上演唱了这曲《望海潮》。楚楚歌喉婉转，娇容动人，一曲《望海潮》，宾客仿佛泛舟西湖之上，微闭双目，浸身于三秋桂子的甜美与十里荷花的清香之中；睁开眼睛，却又是钱塘怒潮的波澜壮阔，四下里皆是杭州城坊间的富丽堂皇。孙何听了非常高兴，立刻邀请柳永入座。

咸平五年（1002）夏秋之际，两浙转运使孙何可能正在杭州任职，十七岁的柳永写诗给这位比自己大二十四岁的前辈，显然是为了科举中第。不过，也有不少学者认为，《古今词话》里的故事记载有误，《望海潮》是柳永写给知杭州的孙沔的，时间已晚至至和二年（1055）之后。这时的柳永已是古稀之年，但仕宦不显，给孙沔写诗，只能是寻求庇护。

《望海潮》到底是不是柳永的敲门砖呢？不好说。毕竟这个故事出现得太晚了，杨湜亦有道听途说之嫌，但这并不影响《望海潮》的艺术价值，也不影响人们对这段传奇故事的津津乐道。

传奇故事尚不止于此。

这次讲故事的人，是南宋的罗大经。在金朝皇帝完颜亮伐宋的一百多年后，罗大经在《鹤林玉露》中写道，完颜亮正是听了柳永的《望海潮》后，特别是那句“三秋桂子，十里荷花”，才对江南心向往之，于是动了伐宋的念头。

比罗大经大十来岁的岳飞之孙岳珂，在他的著作《桯史》中还提到过一则关于完颜亮和吴山的趣事。金正隆四年（1159）十二月，完颜亮按惯例派施宜生带领使节团出访南宋，庆贺即将到来的新年。完颜亮命画工混进使节团来到临安，暗中收集情报，回朝后画下杭州的湖光山色、城郭布局。西湖美景尽收眼底，完颜亮按捺不住激动的心情，一面命人将画作制作成屏风，一面又让画工把自己策马扬鞭的形象画在吴山的山顶，然后亲自在画上题写了一首豪气万丈的《题临安山水》：

金海陵王完颜亮雕像

万里车书一混同，江南岂有别疆封？
提兵百万西湖上，立马吴山第一峰！

这个故事看起来跟《望海潮》没有直接关系，不过“立马吴山第一峰”一句，让完颜亮与《望海潮》若即若离起来。到了宋末元初，《望海潮》与完颜亮伐宋的关系被传得越来越神，时人宇文懋昭在《大金国志》中补充了许多相关细节。《大金国志》不仅吸收了《题临安山水》的来龙去脉，还写了另一个与之相关的故事。

正隆六年（1161），完颜亮移驾开封，在内侍梁汉臣的陪同下，正在宫中游乐，忽然听见有人唱曲子，咏唱的全是临安美景。词华曲美，加上曼妙的歌喉，引得完颜亮闻声而来。或许在那一刻，“三秋桂子，十里荷花”的钱塘美景，“立马吴山第一峰”的豪壮场面，一下全在完颜亮的眼前活了起来。

演唱者李贵儿见皇帝来了，连忙出迎。完颜亮问道：“你刚才唱的是什么词？”贵儿答：“《望海潮》。”梁汉臣不禁赞美：“真是神仙词！”随后，完颜亮又召见曾到过江南的臣子细细追问，方知江南盛景美得不可方物。完颜亮“闻之大喜，遂决意南征”。

在《鹤林玉露》和《大金国志》的世界里，正是柳永的《望海潮》，刺激完颜亮发兵伐宋。然而在真实的历史世界里，这恐怕并非事实。完颜亮是杨广一样的人物，为人残暴，却有一颗壮志雄心。他垂涎的也绝不是钱塘美景，而是一统天下的不世之功。

虽然如此，完颜亮还是有机会听到《望海潮》。毕竟柳三变的词名响彻天下，早在北宋时，柳词便已传入西夏、高丽。在文化上汉化水平颇高的完颜亮，绝不会错过这样的才子佳作。说《望海潮》使完颜亮下决心南征，这是夸大其词；但要说《望海潮》描绘的美景，成为完颜亮心头的一根羽毛，不断撩动他的心，那倒是极有可能的。如果真是这样，那么柳永的这首绝世好词，终究是不幸为这场蓄谋已久的战争背了骂名。

于是，又一个有意思的现象出现了。罗大经在《鹤林玉露》里，还提到过谢驿的一首《杭州》诗：

谁把杭州曲子讴？荷花十里桂三秋。
那知卉木无情物，牵动长江万里愁。

谢驿是宋高宗、孝宗之际的人物，经历过完颜亮的南征。谢驿在诗中质问：是谁在词曲中，把杭州描绘成了人间天堂？你哪里知道，这些原本没有生命的花卉草木，却牵动了长江万里之上宋人的愁怨。

谢驿既然在诗中提到了“荷花十里桂三秋”，那么前面的“谁”，显然说的是《望海潮》的作者柳永。当然，这倒不一定说谢驿在责怪柳永，他更像是在借着《望海潮》来咏叹宋金战事起得无可奈何。

罗大经对此诗的评价更有意思。他说：“要我看，这首词虽然牵动了长江上的哀愁，但也成了金朝皇帝的催命符，那还有什么可恨的？”完颜亮南征，结果在长江沿岸的采石矶被虞允文击败，金朝也因南征而爆发内乱，最终完颜亮被杀于军中。所以在罗大经眼里，就算完颜亮真是被《望海潮》引来的，那也是好事一件，是“未足恨也”。

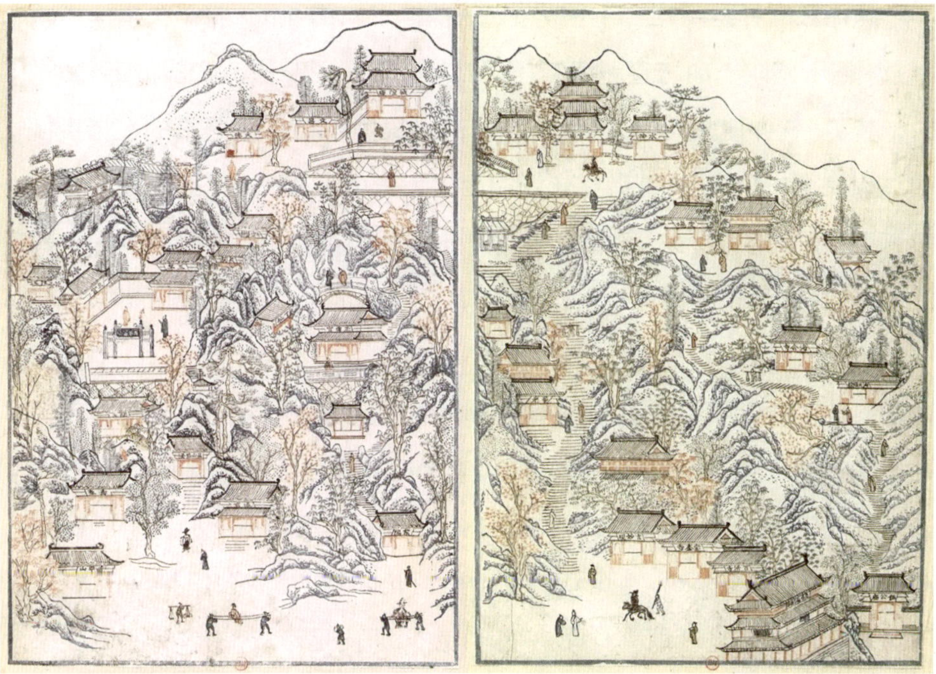

明万历年间《湖山胜概》中的《吴山全景图》

与谢驿感慨《望海潮》招引外患不同，罗大经却认为，西湖太美了，士大夫流连于“荷艳桂香”，嬉戏游乐，早就丧失了恢复中原之志，这才是最可恨的事情！罗大经因此作诗来和谢驿的《杭州》，诗云：

杀胡快剑是清讴，牛渚依然一片秋。
却恨荷花留玉辇，竟忘烟柳汴宫愁。

与罗大经异曲同工，宋末陈德武也在《水龙吟·西湖怀古》中有同样的蕴意，其词云：

东南第一名州，西湖自古多佳丽。临堤台榭，画船楼阁，游人歌吹。十里荷花，三秋桂子，四山晴翠。使百年南渡，一时豪杰，都忘却、平生志。可惜天旋时异。藉何人、雪当年耻。登临形胜，感伤今古，发挥英气。力士推山，天吴移水，作农桑地。借钱塘潮汐，为君洗尽，岳将军泪。

陈德武同样是使用“十里荷花，三秋桂子”的典故，将矛头指向柳永和《望海潮》，感叹一曲《望海潮》“使百年南渡，一时豪杰，都忘却、平生志”。

其实，就像谢驿一样，罗大经也好，陈德武也罢，未必是真的在指责柳永和《望海潮》，他们只是借此咏叹江南士大夫的玩物丧志，徒叹收复中原遥不可期。南宋的每况愈下，又岂是百年前柳三变和他一百零七字的仙吕调所能承担的，又岂是西湖“十里荷花，三秋桂子”的美景应当承担的呢？

就此打住吧，我们已经像杨湜、罗大经等人一样，走得太远了。柳永《望海潮》的美，无关国破家亡，也无关万里愁怨。“三秋桂子”“十里荷花”早已在人们的传唱中，成为杭州的象征。其余如北宋赵抃的“八面松阴笼古寺，三秋桂子下灵山”，黄裳的“诗笺酒盏游何处，十里荷花一叶舟”“归棹晚，载荷花十里，一钩新月”，秦观的“十里荷花菡萏初，我公所至有西湖”，无不体现了诗人们对西湖美景的热爱与追求。即便是南宋，有“宋之苏武”之称的洪皓，也写下了“驱车宵济卢河去，十里荷花待入吴”；苦大仇深的陆游，也依然在对中原念念不忘之中，抒写着“一汀苹露渔村晚，十里荷花野店秋”。

愁亦“三秋桂子”，美亦“十里荷花”。吴山山麓下的士大夫们，就是这样在家国情怀的担当之中，也不妨对美好生活的热爱。也许，这才是真正符合那个在吴山上“浅斟低唱”的柳三变的真实心境吧。

二 一座有美堂，半部大宋的文人墨客史

◉

若问吴山上最负诗词文章盛名的去处是哪里，那一定是有美堂。梅挚、欧阳修、蔡襄、苏颂、苏轼都与有美堂结下了不解之缘。夸张点儿说，一座有美堂，就是半部大宋的文人墨客史。

有美堂之建，梅挚、欧阳修、蔡襄功不可没，欧阳修《有美堂记》和南宋的《乾道临安志》对此有详细记载。

嘉祐二年（1057）九月五日，龙图阁直学士梅挚出知杭州。梅挚亲民刚正，"言事有体"，宋仁宗对他寄予厚望。临行前，仁宗特意赐诗一首，以激励梅挚。诗云：

地有湖山美，东南第一州。
剖符宣政化，持橐辍才流。
暂出论思列，遥分旰昃忧。
循良勤抚俗，来暮听歌讴。

宋仁宗坐像（南薰殿旧藏，台北故宫博物院藏）

吴山在吴越时，曾建有江湖亭。梅挚到杭州后，一日登临吴山高处，他北望西湖清波碧水，南眺钱江浩浩汤汤，城内万家灯火，城外一秋

秀色，钱塘胜景尽揽于此。梅挚一时忆起仁宗赐诗，于是建堂于吴山之上，取首章“地有湖山美”中的“有”“美”二字，得名“有美”，以此作为杭州之荣。

嘉祐三年（1058）六月十七日，梅挚徙知金陵，却依然对有美堂念念不忘。第二年，他专门派人到京城汴梁，诚请有“一世文宗”之称的文坛领袖欧阳修出马，为有美堂题记。

起初欧阳修是满口拒绝，倒不是欧大文宗的架子大，实在是欧公从未到过杭州，无从落笔。

没想到名里带个“挚”字的梅挚，不仅真挚，而且执着。他见欧阳修不答应，便三邀五请；还不答应，便继续派人上门，最后竟达六七次之多。也不知道欧阳修是被梅挚感动了，还是招架不住梅挚的狂轰滥炸，最后终于应了下来。

当年滕宗谅请范仲淹写《岳阳楼记》，好歹还附上一幅《洞庭晚秋图》能作参考，梅挚却连张画都没给。欧阳修唯一可以参考的，就是那些去过杭州的朋友的描述以及书籍里描写杭州的文字。

确实是个考验，但这当然难不倒欧大文宗。八月十三日，欧公挥笔成章：

> 嘉祐二年，龙图阁直学士，尚书吏部郎中梅公，出守于杭。于其行也，天子宠之以诗。于是始作有美之堂。盖取赐诗之首章而名之，以为杭人之荣。然公之甚爱斯堂也，虽去而不忘。今年自金陵遣人走京师，命予志之。其请至六七而不倦，予乃为之言曰：
>
> 夫举天下之至美与其乐，有不得而兼焉者多矣。故穷山水登临之美者，必之乎宽闲之野、寂寞之乡，而后得焉；览人物之盛丽、夸都邑之雄富者，必据乎四达之冲、舟车之会，而后足焉。盖彼放心于物外，而此娱意于繁华，二者各有适焉。然其为乐，不得而兼也。
>
> 今夫所谓罗浮、天台、衡岳、庐阜，洞庭之广，三峡之险，号为东南奇伟秀绝者，乃皆在乎下州小邑、僻陋之邦，此幽潜之士、穷愁放逐之

臣之所乐也。若乃四方之所聚，百货之所交，物盛人众，为一都会，而又能兼有山水之美，以资富贵之娱者，惟金陵、钱塘。然二邦皆僭窃于乱世。及圣宋受命，海内为一，金陵以后服见诛，今其江山虽在，而颓垣废址，荒烟野草，过而览者，莫不为之踌躇而凄怆。独钱塘自五代时，知尊中国，效臣顺；及其亡也，顿首请命，不烦干戈。今其民幸富完安乐。又其俗习工巧，邑屋华丽，盖十余万家。环以湖山，左右映带。而闽商海贾，风帆浪舶，出入于江涛浩渺、烟云杳霭之间，可谓盛矣。

而临是邦者，必皆朝廷公卿大臣若天子之侍从，又有四方游士为之宾客，故喜占形胜，治亭榭，相与极游览之娱。然其于所取，有得于此者，必有遗于彼。独所谓有美堂者，山水登临之美，人物邑居之繁，一寓目而尽得之。盖钱塘兼有天下之美，而斯堂者又尽得钱塘之美焉，宜乎公之甚爱而难忘也。梅公清慎好学君子也，视其所好，可以知其人焉。

四年八月丁亥，庐陵欧阳修记。

欧阳修并没有纠结于有美堂有多么美，某处装饰多么精雕细琢，某处景观多么如诗如画。欧公没有做文章的雕刻工，毕竟见都没见过，雕又能雕到哪儿去呢？搞不好变成了无病呻吟。于是，欧公站上云端，站在天外，一起笔便是挥毫泼墨，有如飞瀑直下，大气磅礴。

欧公说，天底下的美景有两种，一种是山水田园的自然至美，一种是都邑市井的繁华盛景，两种美带来的乐趣大不相同。可是，大多数地方，自然之美与繁华之美不能兼而有之，这种乐趣自然也就没法同时享受。你看那罗浮诸山俊秀，洞庭湖水广阔，长江三峡险阻，可他们都在远离烟火的偏僻之地，只有那些隐士或郁郁不得志的人，才有福消受。

那有没有既有自然美景，又烟火气十足的地方呢？欧公长吸了一口气，脚下的浮云悄然下降。我们眼前的壮阔景象，也就随着高度的降低，渐渐从大宋的千里江山，聚焦到娟秀的江南水乡，聚焦到江南的两颗明珠——一颗是梅挚现在任官的金陵，另一颗是有美堂的所在地杭州。

在有美堂遗址附近重立的《有美堂记碑》(碑阳)

《有美堂记碑》(碑阴)

《有美堂记碑》(篆额)

欧公接着说，要想两种乐趣兼得，那只能去金陵和钱塘感受了。只可惜，在五代乱世，两座都邑都僭位一方。金陵曾是南唐的国都，杭州则是吴越的首府。后来大宋受命，要四海归一。南唐不肯来朝，反而与大宋兵戈相向，却终逃不过亡国归宋的命运。如今，金陵的江山还在，可经过战火的荼毒，早已是颓垣废址，荒烟野草，谁从金陵路过，能看到的都只是满目凄凉，哪还有美景可言呢？

这样看来，天下能兼得二美的，就只有杭州了！欧公说，吴越钱氏在五代时一直尊奉中原王朝，最后又是和平献土，使浙江躲过了兵祸。现如今，这里的人们富足安乐，都邑繁华，商贾不绝，而且左衔湖山，右带钱潮，这才是真正的盛景啊！

我们就这样随着欧公的笔墨，在不知不觉中降临到杭州上空。欧公继续说道，这样的盛景，自然是上到公卿大臣，下到四方游客，都喜欢来此观赏，搭筑起亭台楼阁。只是这些景观，当然也是自然之美与都邑之盛难以两全。唯独有美堂，既可品鉴山水之美，又能一览繁华都市。欧公不禁赞叹：“杭州兼有天下之美，而有美堂尽得杭州之美，难怪梅挚公对此处心心念念，难以忘怀。”

此时此刻，我仿佛看到了欧阳修步下有美堂前，与在此等候多时的梅挚相视一笑。“钱塘兼有天下之美，而斯堂者又尽得钱塘之美焉。”俗话说“上有天堂，下有苏杭”，而欧公一语，斯堂亦应天上所有，仙池天麓，美矣壮矣！

在《有美堂记》中，欧阳修层层衬托，由天下而金陵、钱塘，由钱塘诸景而有美之堂，构思之恢宏灵巧，层次之转承圆润，可谓妙矣，“ 世文宗”之称果非虚名。

“唐宋八大家”里，宋人占了六位，而且后面五位全是欧阳修的门生。在北宋中期那场古文运动的高潮中，欧阳修的文宗地位是任何人都无法动摇的。但这场运动又不仅仅是文学改革，更是一场思想解放。文以载道，在欧阳修的倡导下，时人眼中的好文章必然是要“明道”的。用他自己的话说，就是“道

今人在有美堂遗址附近修建的有美亭，匾额上为“有美”二字

胜者，文不难而自至”。作文如是，修史亦如是。作为史家的欧公，尽管他在《新唐书》与《新五代史》中的“春秋笔法”，给今天的历史研究者带来不少麻烦，但我们却从中看到了北宋贤士大夫的精神。在儒学复兴热潮中，士大夫的灵魂正在觉醒。

正因如此，我们看到的《有美堂记》不独是一篇写景文，更是有灵魂的，它无处不体现着欧阳修四海归一的美好愿景与热情，体现着一位文宗儒者的君子之志。在文章的最后，欧公笔锋一传，便落在了“君子”二字：有美堂是君子，喜好有美堂的梅挚也自然是好学君子。

何义门说《有美堂记》“通篇以虚景成文”，然景虚而文实。朱熹对欧阳修的文笔大为叹服，他说：“梅龙图挚知杭州，作有美堂，最得登临佳处。公为之作记。人谓公未尝至杭，而所记如目览，坐堂上者，使之为记，未必能如是之详也。”坐在有美堂上看风景的人，也未必能写得过千里外没到过杭州的欧公。所以《有美堂记》，堪称奇文。

既得奇文，当有奇书。梅挚再度出山，邀请书法大家蔡襄书丹，勒石立碑于堂前。梅挚再赋五言诗六首。于是乎，仁宗赐诗，梅挚建堂，欧公题记，蔡襄书碑，有美之堂，文翰盛隆，大美矣！

蔡襄后来也任知杭州，多次登临有美堂，并留下了两首传诵至今的诗作。一首是他在九月重阳登顶，写在醉里览胜之际的《重阳日有美堂南望》：

越邑吴封此地分，高堂繁吹半空闻。
山峰高下抽青笋，江水东西卧白云。
菊蕊芬芳初应节，松林照耀欲迎曛。
州人不见归时醉，未拟风流待使君。

此是宋本之文貌。今日流传的版本与此稍异，如“此地分”作“绣错分”，“高堂”作“华堂”。而今吴山有美亭遗址之侧，建有一座有美亭，为六柱单檐塔形攒顶，掩映于郁郁葱葱之中。亭有楹联，书“山峰高下抽青笋，江水东西卧白云”句，就是出自《重阳日有美堂南望》。

此外，蔡襄还在夜里登过有美亭，写下《和夜登有美堂》一诗，诗云：

忽闻乘月上层台，正值江湖夜色开。
云屋万重灯火合，雪山千仞海潮来。
静游唯有诗情得，独笑应无俗语陪。
纵使羁怀多感慨，若逢清致少徘徊。

有美堂盛名在外，特别是北宋的杭州州治在凤凰山下，也就是日后南宋皇宫大内旧址，由凤凰山登有美亭并不太远。因而，来杭州任职的文人墨客们，少不了到有美堂宴集赏色，题诗作赋。苏轼作杭州通判时，曾令笔吏誊录题于有美堂的诗作，以贾收《题有美堂》为冠。有美堂的美，因景而美，因名而美，因文而美，因诗而美。

后来，有美堂有了苏东坡与陈襄的惺惺相惜，有了他与周邠的念念不忘，便又因情而美了。

有美堂也不总是那么含情脉脉，有时也会威风凛凛甚至刀光剑影。比如苏颂知杭州时，有一次正在有美堂宴客，突然接到报告，称城中有将兵要闹事。苏颂临危不惧，暗中派人去抓了

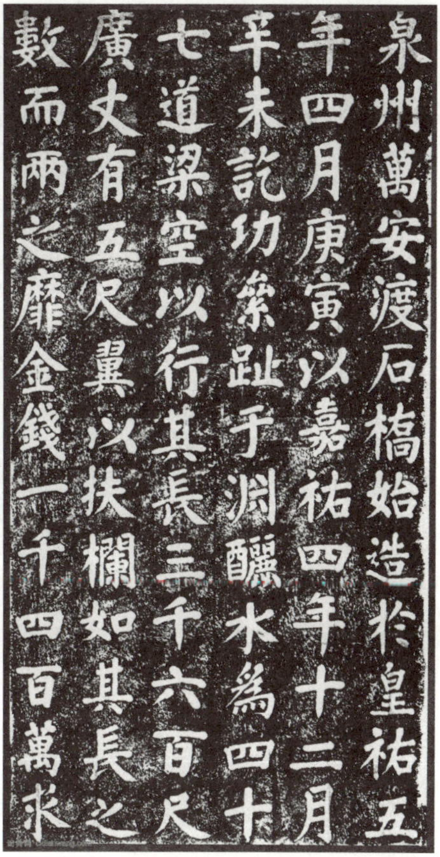

蔡襄书丹的《万安桥记》碑拓本

江湖汇观亭

几个带头儿的，全部投入狱中。一场兵变就这样，在杯酒酬唱间消于无形。到了傍晚，宴会散席，宾客们仍然不知道，白天的杭州城曾与一场血雨腥风擦肩而过。

南宋时，有美堂已不复当年盛况。坊间经常有一种说法，认为有美堂在南宋改名“江湖汇观堂”，元朝时毁于战火。这实际上是张冠李戴，把有美堂的前身江湖亭，与始建于 20 世纪 80 年代的江湖汇观亭搞混了。至于混淆的原因，除了名字相似外，可能也源自《淳祐临安志》曾推断江湖亭和有美堂“当在吴山最高处”。

其实，南宋初年，有美堂早已不在。孝宗年间的《乾道临安志》就明确记载有美堂“今废”。关于南宋有美堂的“事迹”，尚能查证到两条：

一条是刘过曾在《郭殿帅邀游凤凰山》诗中写道：“结束战袍骑赐马，冠带将军宛如画。前呵小驻有美堂，箭去弓鸣飞鸟下。”这位“郭殿帅”，是殿前军的统帅郭倪，字季端。

不过，这条“事迹”其实有点儿问题。“前呵小驻有美堂”是宋人陈起所编《江湖小集》的版本，而在刘过的《龙洲集》里，这首诗的名字叫《嘉泰开乐日，殿岩泾原郭季端邀游凤山，自来美堂而上湖亭、海观、梅坡、石林，无不历览，最后登冲天楼，下介亭，观骑射胡舞，赋诗而归》，“有美堂”写作“来美堂”。

南宋殿前司在凤凰山脚下，从这个很长很长的标题来看，刘过与殿帅郭倪在爬凤凰山，无缘吴山有美堂。后来还有个口水官司，比如明代的《明一统志》和清代的《凤凰山圣果寺志》都说有美堂在凤凰山，不知道跟陈起的这个“笔误”有没有关系。

另一条是淳祐六年（1246），知临安府赵与簋在吴山顶的太岁殿之侧，发现了一块古刻小碑，碑上刻有宋仁宗御赐梅挚的诗。由此，人们才更加确认了有美堂旧址的具体位置。这也是我们今天确认有美堂位置的重要依据。显然有美堂就在吴山，不在凤凰山。

联系到两宋之际的江南烽火，有美堂的衰落，或许与南宋初年完颜兀术的劫掠毁坏有直接关系。

昔日文豪挥毫泼墨的盛景不复，唯余丘墟之间的残碑断碣；谈笑间让兵变灰飞烟灭的苏颂，早已成为过眼云烟。毁于金人战火的有美堂再也没有重建起来，就像在靖康之难中毁灭的汴梁，也无法在西子湖畔原模原样地重建一般。有美堂的兴衰，隐约成为两宋兴衰的象征，令人感叹。

三　宝月山下诉衷情的仲殊

在宋人关于清波门的诗词中，人们最常见的有两首，一首是高翥的《春日湖上》诗，另一首便是仲殊的《诉衷情·宝月山作》词：

> 清波门外拥轻衣。杨花相送飞。西湖又还春晚，水树乱莺啼。　闲院宇，小帘帏。晚初归。钟声已过，篆香才点，月到门时。

此词见载于《唐宋诸贤绝妙词选》。清波门外是著名的“西湖十景”之一“柳浪闻莺”，词的上阕描写的正是这里的暮春之色。人们正穿着薄薄的春装，与柳絮、莺啼相伴归家。词的下阕则是一幅月夜归寺图。仲殊结束了一天的云游，回到了位于清波门内的宝月寺。此时天色已晚，钟声已过。盘香刚刚点燃，明月便已高悬。上下两阕，一动一静。上阕暖风扑面，轻快灵悦；下阕月色清凉，悠远淡然。明明两者形成了鲜明对比，却又有一种一致的静谧、安然，隐隐蕴含着些许禅意。

据《咸淳临安志》载，宝月寺又称宝月山塔寺，由回头和尚始建。寺在宝月山下，大抵位于今天吴山广场一带。此地东望车水马龙的清河坊，西衔柳莺春色的清波门，当真是闹中取静的大隐之所。《乾隆杭州府志》则说，后梁龙德二年（922），吴越王钱镠始建瑞像寺。至大中祥符元年（1008），宋真宗才让回头和尚建塔，并赐名“宝月寺”。此说不见于宋人记载，未知何据。

北宋后期的僧人惠洪在《林间录》中记录，回头和尚是一代“狂僧”，喜欢“鼓动流俗”，而士大夫不仅对其听之任之，与他的来往也颇为密切。宋代

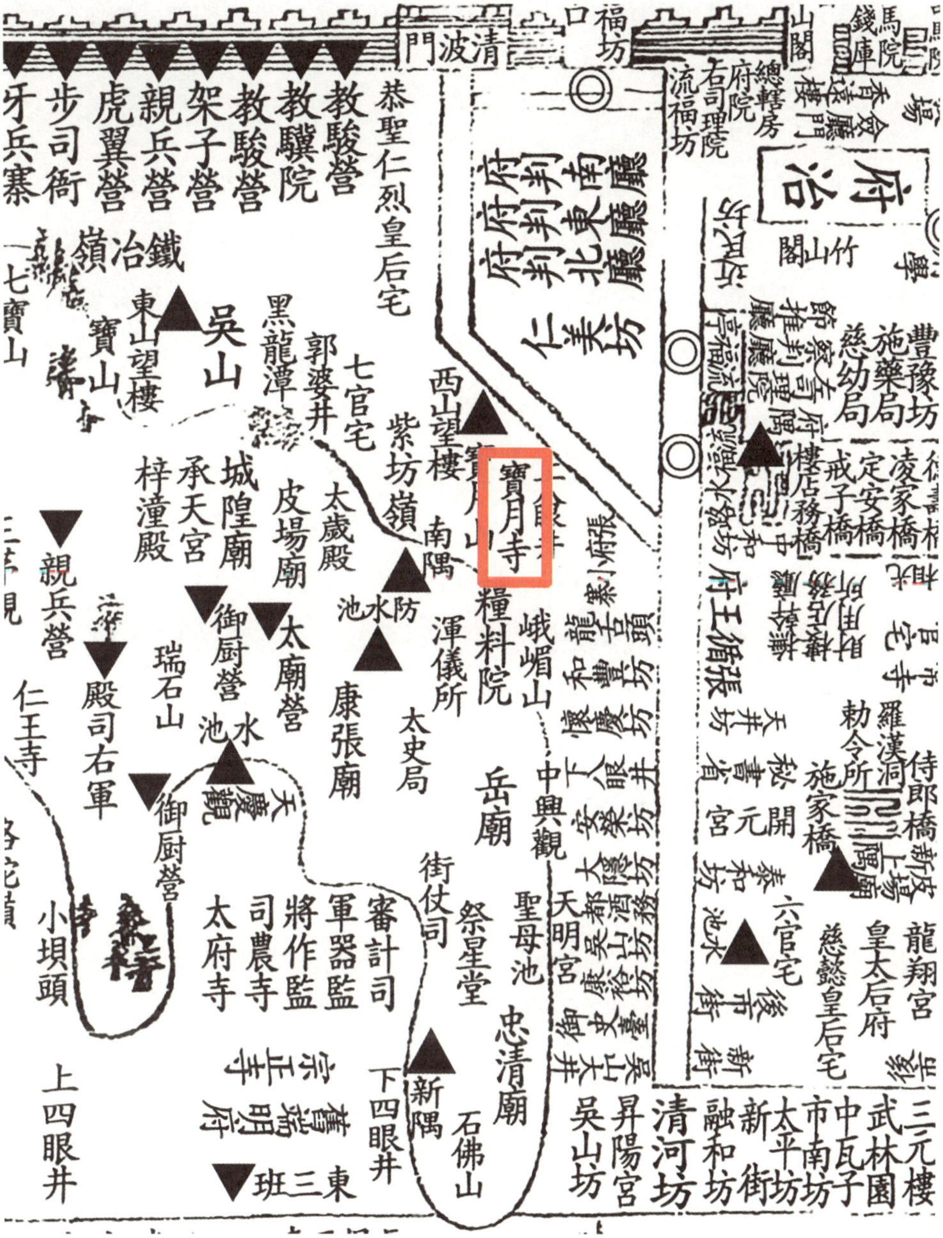

《咸淳临安府治》附《京城图》中宝月寺的位置（原图使用姜青青《〈咸淳临安志〉宋版“京城四图”复原研究》中的复原图）

僧人以儒释经，士人也援释入儒，这自然离不开僧人与士人的彼此交游。甚至有些僧人，原本就是士人。

比如我们的主角仲殊。

仲殊，本姓张名挥，因此又被人们称为张仲殊、僧挥。字师利，安州（今湖北省安陆市）人，号蜜殊、安州老人、太平闲人、雪川空叟等。士人张挥本来一举考中了举人，也有记载称他中了进士，可谓前途无量；但谁也没有想到，转瞬之间，他就变成了僧人仲殊。

究竟是什么原因，让他毅然出家了呢？

这是一个很八卦的故事。据说仲殊年轻时放荡不羁，妻子忍无可忍，在肉羹里下了毒，仲殊差点儿被毒死。此后，他便落发为僧，还需要经常通过吃蜜来解毒。陆游的说法就更有意思了，据他在《老学庵笔记》中的记载，仲殊中毒后，虽然靠服蜜解了毒，但是医生却告诉他，这辈子都不能再吃肉了，否则必然毒发身亡。为了强迫自己戒掉吃肉，仲殊这才出了家。

陆游的说法虽然有趣，但几近小说家言。不过，在各种说法里，仲殊的出家与妻子的下毒息息相关。看来，极有可能是仲殊被这件事伤透了心，这才遁入空门。可是遁入空门，并不意味着看破红尘。从仲殊的诗词中，我们往往看到的是这位僧人的“求之不得，辗转反侧”：

水中仙子并红腮，一点芳心两处开。
想是鸳鸯头白死，双魂化作好花来。

这首《荷花》咏的是荷花，感叹的却是仲殊无缘的爱情。前两句写荷花的并蒂莲开之象；后两句则是感慨象征爱情的并蒂莲开，想必是白首偕老的鸳鸯魂魄化作的。不知道写这首诗时，仲殊是否想到了那位曾让他百转千回又伤心欲绝的前妻。

当然，凡心未尽的仲殊也并不总是这般心境。更多时候，他享受着平静的生活带给自己的心灵上的宁静，如此才会有《诉衷情·宝月山作》这样的佳

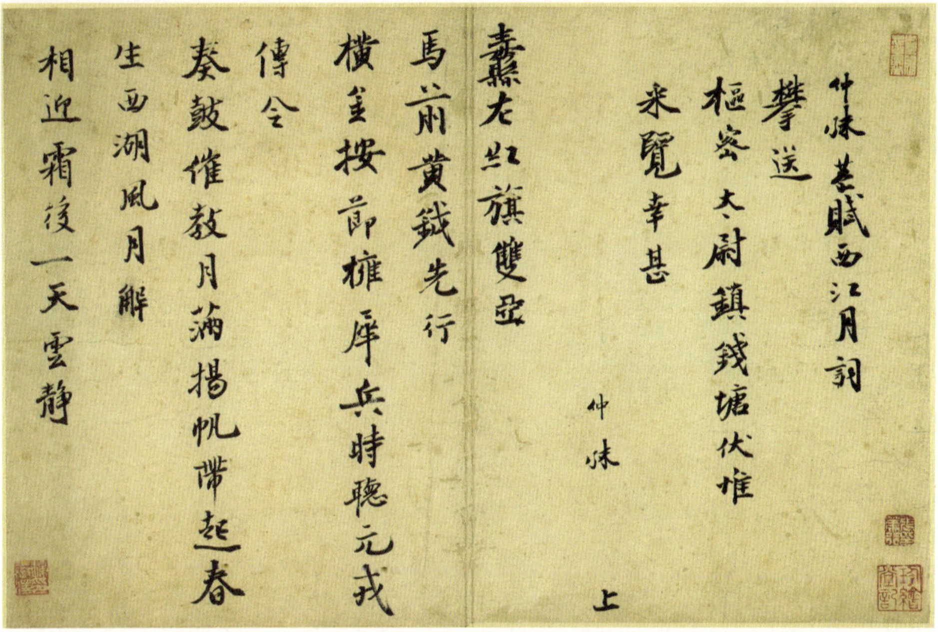

［宋］仲殊书《西江月词》（台北故宫博物院藏）

作。这种宁静并没有让他沉浸于晨钟暮鼓中不能自拔，反而使他更加安定地保持着对生活的一份热爱——这般意境，像极了隐于闹市之侧的宝月寺。

仲殊几乎放肆又执着地热爱着自己的热爱，最集中的一个表现，便是他嗜蜜如命。

仲殊吃蜜，据他自己说是为了解毒，但这更像是一个无足轻重的借口。当时仲殊的好友都知道他嗜蜜如命。陆游家族中的一位伯父陆彦远，与仲殊相识。有一天，他和苏轼等人一起去拜访仲殊，结果发现仲殊招待众人的豆腐、面筋、牛乳等食物，全是从蜜汁里捞出来的。大家无从下口，真不知道筷子该往哪里放，只有同样喜欢吃蜜的苏轼，吃得大为过瘾。

想必，两个整日嘴上都抹了蜜的人，聊起天来是极讨喜的。

仲殊与苏轼的相知，远不止吃蜜这么简单。

熙宁四年（1071），苏轼因与王安石政见不合，来到杭州做通判。据说为情所困的仲殊，也是在熙宁年间，到宝月寺做了和尚。两个失意人，像说好了似的，在同一时期，躲入了同一座被誉为天堂的城市，尽管彼时的他们，在这里擦肩而过。

如果就这样错过一辈子，恐怕历史上永远也不会有仲殊与苏轼相知的佳话。

好在两个人都有慧根，天性豁达。

仲殊与苏轼的交往，始于神交。元丰四年（1081），已在黄州谪居三年的苏轼给范仲淹的表弟滕元发写信，谈到了自己无法参透佛教经文，随即写道：

> 仲殊气诀，必得其祥，许传授，莫大之赐也。此道人久欲游庐山，不知有行期未？若蒙他一见过，又望外之喜也。数年来，觉衰，不免回向此道矣。

苏轼说，仲殊名气很大，肯定能解决自己的困惑。若是能获得他的指点，那真是"莫大之赐"。他还说，要是能跟仲殊见上一面，那简直是"望外之喜"。由此可见，这时的苏轼虽然还不认识仲殊，但已经极为钦佩他的学术水平，而且表达了与他交往的强烈愿望。

可直到元祐四年（1089），苏轼才等来这个机会。仲殊自出家后，常往来于苏、杭之间。这一年六月，苏轼受命知杭州，途经苏州姑苏台，见到台柱上仲殊写的一首绝句：

> 天长地久大悠悠，尔既无心我亦休。
> 浪迹姑苏人不管，春风吹笛酒家楼。

苏轼见了诗句，称此乃"神仙之作"。后来仲殊与苏轼相见，两人成为莫逆之交。

第二年（1090）七月，仲殊回到杭州，与苏轼交游。苏轼专门作了一首《安州老人食蜜歌》赠予仲殊。诗云：

> 安州老人心似铁，老人心肝小儿舌。
> 不食五谷惟食蜜，笑指蜜蜂作檀越。
> 蜜中有诗人不知，千花百草争含姿。

老人咀嚼时一吐，还引世间痴小儿。
小儿得诗如得蜜，蜜中有药治百疾。
正当狂走捉风时，一笑看诗百忧失。
东坡先生取人廉，几人相欢几人嫌。
恰似饮茶甘苦杂，不如食蜜中边甜。
因君寄与双龙饼，镜空一照双龙影。
三吴六月水如汤，老人心似双龙井。

[宋] 叶肖岩绘《西湖十景图》之《断桥残雪》
（台北故宫博物院藏）

前面说过，仲殊嗜蜜如命，因此被人赠了一个“蜜殊”的雅号，不知道是否跟这首诗有关。

元祐六年（1091）正月，仲殊与苏轼在雪中漫游西湖，两人有诗酬唱。仲殊的诗已经失传，苏轼的《次韵仲殊雪中游西湖二首》却保留了下来。第一首写道：

夜半幽梦觉，稍闻竹苇声。
起续冻折弦，为鼓一再行。
曲终天自明，玉楼已峥嵘。
有怀二三子，落笔先飞霙。
共为竹林会，身与孤鸿轻。
秀语出寒饿，身穷诗乃亨。
禅老复何为，笑指孤烟生。
我独念粲者，谁与予目成。

此时的北宋正在经历全面否定新法的“元祐更化”。苏轼第一次来杭州任职，是因为指出了新法弊端；而这次来杭州，却是因为反对尽废新法。这样尊重事实、反对站队的做法，在党争喧嚣的朝堂上显得那么不合时宜。面对这样的挫折，苏轼也只能用“秀语出寒饿，身穷诗乃亨”的“鸡汤”，以自嘲式的

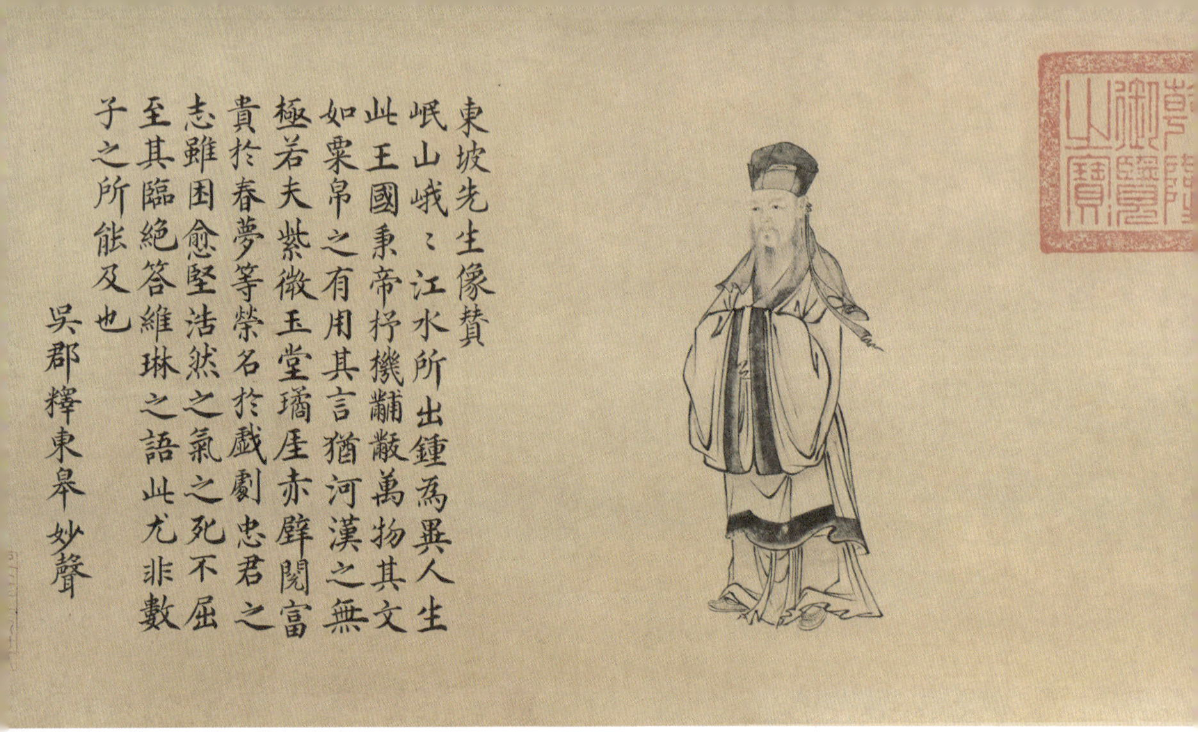

明人在苏轼《治平帖》卷首所绘苏轼像（北京故宫博物院藏）

口吻激励自己。于是，我们看到的不是无可奈何，而是苏轼豁达的人生态度。

苏轼的第二首诗是这样写的：

宝云楼阁闹千门，林静初无一鸟喧。
闭户莫教风扫地，卷帘疑有月临轩。
水光潋滟犹浮碧，山色空蒙已敛昏。
乞得汤休奇绝句，始知盐絮是陈言。

作这首诗时，苏轼与仲殊正在西湖葛岭的宝云庵。苏轼将仲殊比作汤休。汤休，也就是北宋僧人惠休，俗姓汤，善写诗文，辞采绝美。由此可见，仲殊原诗肯定是十分绮艳的。

苏轼的夸奖并非恭维，仲殊的诗词工妙绝人，他也因此有“词僧”之称。不仅如此，仲殊写诗往往下笔即成，完全不需要润色修改，苏轼无不钦佩地称赞他“善诗及歌辞，皆操笔立成，不点窜一字”。

仲殊的诗词在宋代文人中获得了一致好评。北宋李献民在《云斋广录》

中谈到仲殊时说：“世传僧仲殊清才丽藻，雅能缀属小辞，每一阕出，人争传玩，世未尝知其能诗也。”及至南宋，“中兴四大诗人”之一的范成大也称赞他的诗词“长短句间有奇作，非世俗诗僧比也”。

仲殊豁达豪放，苏轼就说“此僧胸中无一毫发事”。这样的性格，使得他与当时的不少士大夫交游甚密，除了苏轼，还有李伯时、米芾、钱世雄、邹浩、刘泾、张诜、陈袭善、方子通、张缜、崔鹏等。这些士大夫或善风骚竹帛之雅，或具翰墨丹青之趣，而且往往理想崇高，品德高尚。如邹浩、崔鹏，都是后来在徽宗朝不畏皇权的铮铮谏臣。

看来，仲殊虽然表面上不拘小节，或者说，小节可以不拘，但大节必须无亏。

可偏偏那是一个大节动荡的时代。

自从宋神宗熙丰变法以来，新旧之争逐渐演变成愈演愈烈的党争。宋神宗驾崩后的哲宗朝，先是司马光在太皇太后的支持下一股脑儿否定新法实行的“元祐更化”，接着是哲宗新政后全面否定旧法的“绍圣绍述”。治大国如烙大饼，民不堪其扰，官不堪其变。比如仲殊的挚友苏轼，就是在此间起起落落，最后被发配到了当时的不毛之地海南岛。所幸宋徽宗即位后，表示要“建中靖国”，缓解矛盾，不再折腾。苏轼也遇赦而还，在满心的希望中安详去世。可惜不久后，宋徽宗就打了自己的脸。蔡京上台，在“崇宁”的旗号下，北宋开启了最疯狂的政治打击与横征暴敛。

山雨欲来风满楼，仲殊的孤寂与忧愁，或许从来便无处发遣。他将自己诗词集命名为《宝月集》，将自己的闲情逸趣与宁静致远都留在了静谧的杭州宝月山下，而将孤寂与忧愁锁在了苏州城中。正如多年前，仲殊在《定风波·独登多景楼》中所说的那样：“故里无家归去懒。伤远。年华满眼多凄凉。”

“闲院宇，小帘帏”，那个宁静的夜晚，再也回不去了。

崇宁年间（1102—1106）的一天晚上，仲殊突然关闭了自己在苏州承天寺的方丈大门，在悄无声息中，自缢而死。

四 在水心寺吃了白眼的秦观

◉

如今的“柳浪闻莺”之地，北宋时曾是一片梵雨法林。在笔者一而再再而三地念叨下，相信您早就把这个场景刻在脑子里了。有寺庙的地方，就一定有许多文人墨客的故事。虽然苏东坡给宝成寺的题诗纯属好事者牵强附会，可他的得意门生秦少游，却真的成为“柳浪闻莺”这一带古刹的有缘人。

水心保宁寺最初就叫水心寺，始建于后晋天福年间，多半还是吴越钱氏的手笔。到了寺庙大改名的大中祥符初年，水心寺正式改名叫水心保宁寺，这一点和灵芝寺被改作灵芝崇福寺很像。

与那些在《咸淳临安志》中被一笔带过的寺院相比，水心寺小有规模，史家免不了多费些笔墨。院中建有思白堂、好生亭和陆莲庵，三处景观都颇有来头。

秦观像（南薰殿旧藏《历代圣贤名人像》册，北京故宫博物院藏）

思白堂，顾名思义就是思念白乐天。据说，此堂旧址原是白居易旧日游赏之地。元丰二年（1079），日后将成为同知枢密院事的林希曾来到杭州，为此堂起了名字，以表达怀念先贤之意。

好生亭，同样是看名字就能知道，这是供人们放生用的地方。北宋以来，西湖一度作为放生池，禁止居民在湖中采捕。宋代杭州的寺院，多豢养用于放生的鱼类。水心寺也不例

从吴山城隍阁眺望小瀛洲

外。嘉祐七年（1062）至治平元年（1064），沈遘出知杭州，游水心寺时为此亭命名“好生”。

相比于思白堂与好生亭，陆莲庵的来历要更传奇。吴越国王钱俶在位时的一个严冬，水心寺的绍严禅师正在寺中诵读《莲华经》。没想到，在这寒冬腊月百花枯的季节里，突然有七朵莲花生于庭院陆地。莫不是莲花听了《莲华经》有了灵性？一时之间，杭州城里的老百姓都来水心寺围观神迹，水心寺的莲花自然成了“网红”打卡圣地。

佛法精深的绍严禅师却没有以此为功，他反而觉得，寒冬生莲，并不符合万物生长的规律，扰动人心的不过是空无一物的幻象。于是，绍严禅师命人割去了莲花。陆莲庵却由此得名。

绍圣元年（1094），秦观承乃师苏轼衣钵，来到杭州担任通判。他曾送一位高僧回到水心寺，并留下《送僧归保宁》一诗，诗云：

西湖环岸皆招提，楼阁晦明如卧披。
保宁复在最佳处，水光四合无端倪。
车尘不来马足断，时有海月相因依。
上人弱龄已隶此，心目所证惟瑰琦。
白玉芙蓉出清沼，天然不受红尘扰。
坐客一语不入意，目如明星视飞鸟。
冠切云兮佩玉难，上人顾之真等闲。
应缘聊入人间世，兴尽却归湖上山。
伊余久欲窥禹穴，矧今仲父官东越。
行挽秋风入剡溪，为君先醉西湖月。

这位白眼大和尚的性格十分高冷，“坐客一语不入意，目如明星视飞鸟”，跟你一言不合，就翻白眼不搭理你了。哪怕是秦观这样的杭州二把手，他也全不放在眼里。这番做派，活脱脱一个“竹林七贤”里的“青白眼”阮步兵。

可秦观却对大和尚颇为欣赏，在他眼里，孤傲也是一种风骨。和尚有风骨，水心寺也成了秦观眼中的“最佳处”。《送僧归保宁》中，“西湖环岸皆招提”，描述的就是西湖东南岸诸寺林立的景象。但水心保宁寺之所以称为“最佳处”，就在于它与其他寺庙的意境完全不同。

[宋] 叶肖岩绘《西湖十景图》之《三潭印月》
（台北故宫博物院藏）

水心寺，顾名思义是建在水中的小洲之上，正因如此才能“水光四合无端倪”，才能“车尘不来马足断，时有海月相因依”。寺建在水里，自然马上不去，车进不来。能够与寺庙相依伴的，便只有西湖水与夜中月了。

网上经常有一种说法，认为水心保宁寺建在西湖中的小瀛洲，也就是“三潭印月”一带。这就未免太远了。何况据《咸淳临安志》记载，水心保宁寺与灵芝崇福寺等寺庙全部建于涌金门至清波门之间的狭长地带，这里后来又纳入聚景园，总不能连“三潭印月”也并入了聚景园。

《杭州日报·西湖副刊》的《城纪》专栏，曾刊载过一篇文章《清波门外：多少楼台烟雨中》，作者谈到，在今天柳莺宾馆南边门外的学士桥东面，有一个三米来宽、二十多米长的学士港。六十多年前，这片水域相当广阔，水中还有一座小岛。西湖周边的打鱼人、斫柴人，往往会在此泊船，然后挑担上岸，到清波门直街的集市去吆喝买卖。那座小岛，在南宋时期面积应该更大，在岛上修建水心寺完全富富有余。

五 周公祠堂与孝子坊传说

◉

第一次听说清波的西湖畔曾经有一座周公祠时，我一直以为这是祭祀周公旦的。后来才发现，原来这位“周公”不是西周的“周文公”，而是北宋的“周元公”——北宋五子之首、理学开山祖师周敦颐。

在中国历史上，周敦颐最大的成就便是为程朱理学奠基。总理学之大成的朱熹，后来为理学找到了五位奠基人，第一位便是周敦颐，由此确立了周敦颐在中国思想史上的重要地位。不过平心而论，周敦颐的理论贡献其实有限，他对理学更大的贡献便是教出了两名青出于蓝而胜于蓝的得意弟子——程颢与程颐。

［清］佚名绘周敦颐像
（收于《历代名臣像解》）

相比于周敦颐对理学的贡献，普通人更熟悉的是他的《爱莲说》。几乎每一个喜爱诗文的人，都能对《爱莲说》的名句脱口而出："出淤泥而不染，濯清涟而不妖。"

在十里荷花之畔，为周敦颐建一座祠堂，真是再合适不过了。

可问题来了。熙宁五年（1072），周敦颐病逝于庐山濂溪书堂。遥远的清波门外，怎么会有他的祠堂？这座祠堂，又建在哪里呢？

清乾隆十八年（1753）十二月，梁诗正等人在雍正年间编成自《西湖志》的基础上，编撰了一部《西湖志纂》。据书中说，周元公祠始建于清波门外的钱家湾。钱家湾在哪儿，今天还真没人能说清楚。这一带最能搭上边的，可能就只有位于今万松岭路与南山路交会处的钱湖门了。

周公祠最初是由谁怎么建起来的，和它的位置一样，竟然也没有什么详细的记载。《西湖志纂》只说是南宋初年建成的，由于年头太久，后来就被废弃了，直到康熙、雍正年间才得到重建，官员们还主持了祭祀。外人说不清楚，周家人也说不清楚。道光二年（1822），周敦颐的二十八世孙周勋懋写了一部《重修西湖周元公祠志》。在书中，周勋懋坦言：相传南宋的时候，在西湖边上建过一间周元公的祠堂，至于是谁建的，建在哪儿了，不好意思，我也搞不清楚。

到了光绪二十三年（1897），丁丙在编写《武林坊巷志》的时候，引用一个叫吴奇的人的话，说故老相传，靖康之难后，周敦颐的孙子避难来到杭州，身上什么都没带，就只带了他爷爷周敦颐的画像。

一路上，这位周氏后人吃的是寒葵野苋，喝的是溪泽雨露，蹚过了浑浊的河水，翻过了寂静的山陵，躲过了兵匪的屠刀，逃过了女真的铁骑。从中原到江南，烽火连天，荒无人烟。当年的喧城闹市，唯留下带不走的枯藤老树，连昏鸦都不见踪影。只有他，风尘仆仆，在断壁残垣间，寻找着栖身的枝丫。

可无论遇到什么困难，画像都不曾离开他的身边。

在那一刻，历史为他休止。画像已不再是画像，而是一种信念，一种遥远的源自敬天法祖的坚定。于是，狼狈的逃难，便升华成一种道义的修行。

他终于来到临安城下，而画像早已浸染了水渍。是雨水的浇灌，是河水的淹泡，还是汗水的浸渍？那是时间的记忆，是历史的印记，就像画像旁那一方朱红的钤印，风吹不化，水晕不开。

这幅画像后来成为周氏宗族的精神寄托，在代代周氏人之间薪火相传。画像传至明代，据说董其昌还曾为其题字。直到第二次鸦片战争爆发，古老的帝国被彻底打开国门，传家之宝也在历史的旋涡中不慎遗失。

这位对祖父画像千里相护的周氏后人，后来被人们称为孝子。他在清波门内安家落户，周氏后人也在此繁衍生息。周氏宗族的栖息之地，也因此有了“周孝子弄”的称呼。几经辗转，名称演变，便成了今日清波街和河坊街之间，靠近南山路地方的孝子坊。

《武林坊巷志》还记述道，清波门外的周元公祠，是周孝子的家祠。今天孝子坊的南口，距离清波门旧址也不过一百多米。

《武林坊巷志》一下子把俩案子全给破了。周元公祠在清波门外不远处，始建者自然是抱着画像远道而来的周大孝子。

可问题没那么简单，最大的破绽，莫过于一切信息都出现得太晚了。南宋建有周公祠的说法，出现时间已经是清朝前期；孝子坊的故事就更晚了，已经到了晚清。而无论是祠堂始建，还是孝子北来，在宋代的文献中，都没有留下丝毫痕迹。

传说，大概率也只是传说。但传说之所以有生命力，一传就是几百年，就因为它早已深入人心。周孝子怀抱的画像，与西湖畔的周公祠堂，并不是虚无缥缈的幻象，而是一种孝文化基因，写在每一位中国人的心中。

六　李清照的怀念

◉

又是一个绿柳如新的清晨。刚下早市的生意人，正挑着扁担，三三两两地沿着御街两侧走出朝天门，急匆匆奔向各自的前程。沿街的店铺早已取下樟木门板，就等着悠闲自得的达官贵人来照顾自己的生意。

眼见得不远处，一袭青色一步步地朝这边移来。老板一眼认出，这是位富贵夫人，连忙招呼伙计，卖命吆喝，只道今日开张全指望她。可偏偏那夫人就像是一尊守在大墓前的青石翁仲，任你如何卖力呼喊，她也不动上一毫。

久之，那石像竟蓦然向前移了几分，老板这才看清。她形容憔悴，身穿青色薄罗衫子，罩着紫锦刺绣的襦衣，下着六幅的十五褶碧罗长裙，当真是一青到底，冷若春寒。定睛再看，妇人颧骨高凸，嘴唇苍薄，唇上的裂纹向四周蔓延，连泛着些许青色的脸上也映着淡淡的皱皱，那分明是一件已经冷却的越窑的开片青瓷。

她是凝固的时间，她是不朽的誓碑，她是时间之神不小心制造的差错。她之所过，寒气透骨，花凋树零，寸草不生。

绍兴二年（1132），李清照已经四十九岁了。伴随着高宗皇帝驻跸临安，她也找到了一隅似乎可以落脚的角落，只是角落里的她形单影只。三年前，那个奔赴建康朝见皇帝的夫君赵明诚，再没能走出建康半步。到如今，他们共同收集的钟鼎彝器文玩字画，也早已在辗转漂泊中所剩无几。

赵明诚去世那年，李清照曾大病一场，气若游丝。失去方向的李清照不知道该飘向何方，只得追随高宗的脚步，在两浙之间颠沛流离，飘摇不定。皇帝终于在临安城落了脚，李清照紧绷的那根弦儿，也终于在抬手曲终的一刹那——断了。

这年夏天，李清照又病倒了。这一次，她已经到了“牛蚁不分”的地步，以至于轻易就接受了来自张汝舟的“感情”。没有人知道张汝舟发起过怎样的感情攻势。也许，病中憔悴不堪的李清照在张汝舟那里，重获了久违的温馨与依靠。

四五月间，李清照改嫁张汝舟。这一天，是她与张汝舟的开始，也是她与张汝舟的终结。

张汝舟从第一天搭讪李清照开始，垂涎的便是她手里那些残存未失的金石宝贝。婚后的张汝舟千方百计想将这些宝贝据为己有，李清照当然不肯。张汝舟恼羞成怒，每日对李清照拳打脚踢。感情上的欺骗与婚内的暴力行为，终于让李清照在愤怒中找回了失去的灵魂。既已决裂，她便亦无顾忌，愤然将张汝舟告上公堂，检举他妄增举数入官、欺君犯上的罪名。张

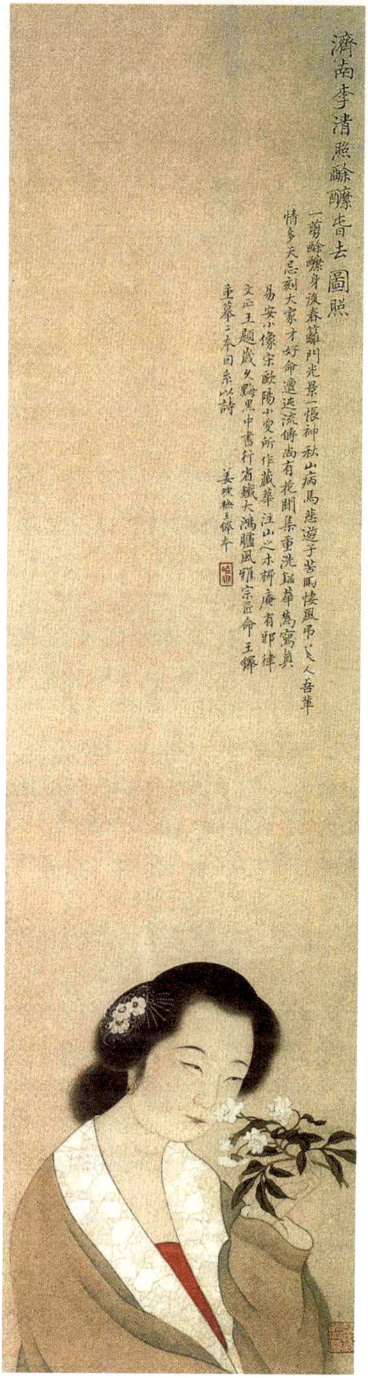

［清］姜壎绘《李清照小像》（无锡博物院藏）

汝舟因此丢了乌纱帽，被发配到柳州编管。短暂的“百日婚姻”就这样，以夫妻反目告终。

按照宋朝的法律，妻子状告丈夫，就算全部属实，妻子也要被判处两年有期徒刑。李清照宁可坐两年大牢，也要与张汝舟鱼死网破，可见她已对张汝舟厌恶到何等地步。好在赵明诚有一位叫綦密礼的远亲，他曾在南宋建立之初与高宗共同患难。在綦密礼的斡旋下，李清照只遭了九天牢狱之灾。为此，李清照专门写信向綦密礼表达感谢，这封珍贵的书信一直流传至今。

解开了孽缘樊笼，也逃脱了牢狱之灾，重获自由的李清照越发怀念赵明诚。两人不只是恩爱夫妻，更是才学上的知己，事业上的伙伴。如今，灵魂伴侣却只有灵魂相伴了。

赵明诚与李清照夫妇，原本收藏有大量金石文物。以此为基础，赵明诚生前撰写了一部《金石录》，收录了大量传世的钟鼎碑版铭文。正是这本书，使赵明诚能够与欧阳修齐名，金石之学从此也多了“欧赵之学”的名号。

然而，《金石录》最终能顺利出版，里面也凝结了李清照诸多心血。随着生活逐渐稳定，李清照着手整理和校勘《金石录》。绍兴四年（1134）八月，李清照写下一代名篇《〈金石录〉后序》。这是一篇书序，更是李清照对爱人的思念与追悼。“今日忽阅此书，如见故人。”“今手泽如新，而墓木已拱，悲夫！”《〈金石录〉后序》句句含泪，字字泣血，读之使人潸然。

绍兴十三年（1143）前后，耗费李清照后半生心血的《金石录》终于“杀青”，清照将书进献于朝。又过了十二三年，《金石录》付梓面世，朱熹读后惊叹云“煞做得好”。虽然朱熹称赞的是赵明诚的文笔，可作为二人心血结晶的《金石录》，早已分辨不出哪个字姓赵、哪个字姓李了。

就在李清照写成《〈金石录〉后序》后不久，这年九月，金军便再度对南宋发动全面进攻。面对来势汹汹的铁骑，李清照决定避其锋芒，在十月暂时离开了临安府。直到绍兴五年（1135），李清照再入临安，这一次，她便再也没有离杭避难。

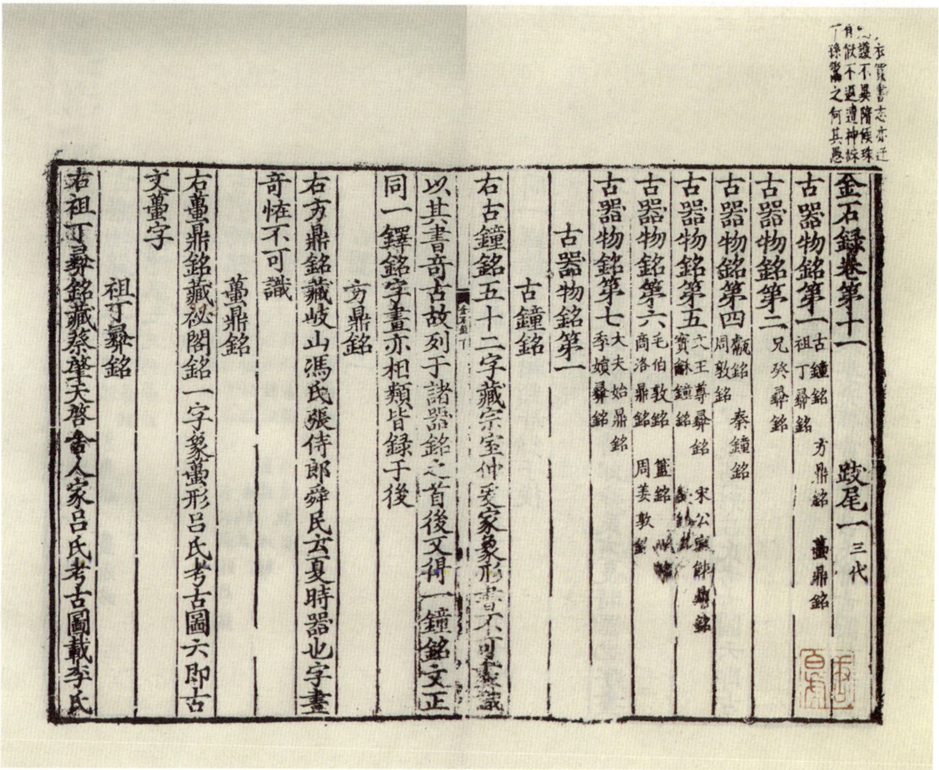

金石錄卷第十一　跋尾一　三代
古器物銘第一　古鐘銘　祖丁彝銘　方鼎銘　蠆鼎銘
古器物銘第二　兄癸彝銘
古器物銘第四　甗銘　周敦銘　秦鐘銘
古器物銘第五　文王尊彝銘　寶龢鐘銘
古器物銘第六　毛伯敦銘　商洛鼎銘　簠銘　周姜敦
古器物銘第七　大夫始鼎銘　季娘彝銘
古器物銘第一
古鐘銘
右古鐘銘五十二字藏宗室仲爰家象形書不可盡識以其書奇古故列于諸器銘之首後又得一鐘銘文正同一鐸銘字畫亦相類皆錄于後
方鼎銘
右方鼎銘藏岐山馮氏張侍郎舜民云夏時器也字畫奇恠不可識
蠆鼎銘
右蠆鼎銘藏祕閣銘一字象蠆形吕氏考古圖云即古文蠆字
祖丁彝銘
右祖丁彝銘藏蔡肇天啓舍人家吕氏考古圖載李氏

宋淳熙龙舒群斋刻本《金石录书影》（中国国家图书馆藏）

回到临安府后，李清照一度居住于余杭门外的西马塍，坊间又素有她曾在清波门附近居住的说法。2002 年，在清波门水杉林的小溪边，人们建了一座茅草小亭，取名“清照亭”，三字榜书集自李清照生前非常喜爱的北宋书法家米芾之字，以纪念曾在清波生活的李清照。

这次回到临安，李清照对赵明诚的思念有增无减。从五十三岁到五十九岁，李清照写下了不少悼亡诗，时至今日仍广为传唱。

当年在开封时，李清照最喜赏梅。如今在临安又见梅花，物是人非，免不得触景生情。她作《清平乐》云：

年年雪里，常插梅花醉。挼尽梅花无好意，赢得满衣清泪。　今年海角天涯，萧萧两鬓生华。看取晚来风势，故应难看梅花。

这么多年过去了，可每当想起故人，想起一在天之涯一在海之角，李清照依然会“满衣清泪”。在另一首《孤雁儿》中，李清照写道：

> 藤床纸帐朝眠起，说不尽、无佳思。沉香断续玉炉寒，伴我情怀如水。笛声三弄，梅心惊破，多少春情意。　　小风疏雨萧萧地，又催下、千行泪。吹箫人去玉楼空，肠断与谁同倚？一枝折得，人间天上，没个人堪寄。

“人间天上，没个人堪寄。”青灯照夜，李清照晚年的精神世界相当凄凉。不过，她也不总是陷在悲伤的情绪中难以自拔，江山社稷也一直让李清照牵肠挂肚。

早在绍兴三年（1133），李清照就曾作《上枢密韩肖胄》诗二首，表达自己的家国情怀。这年六月，同签书枢密院事韩肖胄奉命出使金朝。那时，高宗方才在临安安定下来，一心与金议和。韩肖胄向高宗进奏道：“现在宰执们各有各的想法，以致对金是战是和，朝廷举棋不定。然而，和议只不过是当下的

清照亭

权宜之计，他日我大宋强盛了，还是要收复河山！现在臣等出使金朝，希望朝廷暂时不要发兵。可要是臣半年后还回不来，那肯定是金人别有图谋。届时请朝廷速速进兵中原，不要因为惦念臣等而有半点儿延缓。”

韩肖胄的母亲听说他要出使，便慷慨陈词道：“韩家世代都是大宋的社稷之臣。你既受使命，就应该即刻出发，不要以老母为念。”

韩肖胄是日后权臣韩侂胄的远房堂兄，就是我们前面提到过的，陆游在十六岁时曾以通家之谊登门拜访的韩琦后人。

韩肖胄母子的大义凛然，深深打动了寄寓他乡的李清照。于是，李清照作《上枢密韩肖胄诗二首》，她在诗中呐喊：“欲将血泪寄山河，去洒东山一抔土！”为了收复大宋河山，李清照宁愿牺牲自己，将自己的一腔热血洒在齐鲁大地！

在很多人眼里，李清照是清丽婉约的，而此时的易安居士巾帼不让须眉，一联诉尽豪言壮志，使人不禁想起了岳王庙里的“还我河山”。

绍兴十一年（1141），绍兴和议正式达成，南宋迎来了期盼已久的和平，满目疮痍的临安城，也渐渐重新有了生机。从那时起，在“十里荷花，三秋桂子”的温软清新中，人们渐渐“都忘却、平生志”，渐渐“直把杭州作汴州”，渐渐“不知亡国恨”。

而李清照对汴州的思念，却越来越强烈。大约在六十四岁那年，李清照写下了《永遇乐》：

落日熔金，暮云合璧，人在何处？染柳烟浓，吹梅笛怨，春意知几许？元宵佳节，融和天气，次第岂无风雨？来相召、香车宝马，谢他酒朋诗侣。　中州盛日，闺门多暇，记得偏重三五。铺翠冠儿，撚金雪柳，簇带争济楚。如今憔悴，风鬟霜鬓，怕见夜间出去。不如向、帘儿底下，听人笑语。

本来是元宵佳节，李清照在临安城里却找不到属于自己的半点儿喜气，她在落日余晖中询问自己“人在何处”，在哀怨的《梅花落》中询问“春意知几许”，又在朗朗乾坤之下询问“岂无风雨”。春的暖意，带不走她心中的半点儿凄凉，最后索性连大门都不出，不愿去跟那些香车宝马凑这般热闹。

唯一能让李清照感到快乐的，便是在开封城里看花灯的美好回忆。那时的她还在妙龄，喜欢在正月十五元宵佳节之际，戴上装饰着翠鸟羽毛的帽子，佩着金线捻成的雪柳头饰，打扮得花枝招展地去赏灯。可如今，李清照自嘲形容憔悴，也不愿夜里出门，不如就躲在窗帘底下，听听外面传来的欢声笑语吧。

怀念，怀念易逝的青春，怀念离去的丈夫，怀念繁华的东京，怀念一去不复返的美好时光，怀念再也收不回来的“东山一抔土”。

虽寄寓清波门外，西湖于李清照却如过眼云烟。在临安城里生活了约二十年，李清照竟然连半个有关西湖美景的字眼都没提过。如此的决绝，究竟为了哪般？

也许，夏承焘先生的《瞿髯论词绝句·李清照》诗为这个千古之谜给出了答案：

中原父老望旌旗，两戒山河哭子规。
过眼西湖无一句，易安心事岳王知。

在绍兴二十年（1150），李清照曾携带所收藏的米芾墨迹，两次走访米芾之子米友仁，求其作跋。到了绍兴二十五年（1155），李清照已经七十三岁。此年之后，在各类文献中便再也没有发现她的任何作品，以及关于她的任何记载。人们推断，就在这一年，李清照去世，葬在了她天天过眼却从不曾提及的十里西湖之畔。

七 暗门丹青刘松年

在西子湖畔，“柳浪闻莺”的外围，居然还藏着这样一处画廊。在一段不长的廊庑之下，展陈着十余幅大开大合却又细腻明丽的山水画，虽然只是复制品，但仍不时吸引路过的游客驻足流连。它仿佛清波门外的借景山水，与身前的“古清波门”纪念碑融为一体。

这座小画廊名叫刘松年画廊，为纪念刘松年而建。两宋居住在清波门一带的文人墨客甚多，论起他们在当今人们心中的知名度，除了李清照，就要数这位刘松年了。

刘松年画廊

刘松年是临安府钱塘县人，因常年居住在清波门一带，得了个“刘清波”的雅号。不过，他更出名的是另一个名号“暗门刘”，因清波门俗称暗门而得名。尽管谁也搞不清刘松年生于何年，逝于何时，但大体可以知道，他是宋孝宗淳熙年间（1174—1189）的画院学生，光宗绍熙年间（1190—1194）的画院待诏。到了宋宁宗时，刘松年因进献《耕织图》而获得赏赐，被画院中人称为“绝品”。

简言之，刘松年是一位出色的宫廷画家。

刘松年的名头还不止于此，他以山水、楼台、人物画著名，与李唐、马远、夏圭并称“南宋四家”。他的画究竟有什么独特之处，使他在中国绘画史上有如此崇高的地位？不如让我们一起铺开画卷，品一品刘松年最负盛名的《四景山水图》。

《四景山水图》共分四幅，描绘了南宋中期西湖周边园林一年四季的美好景色。

第一幅《四景山水图 · 春图》，画的是人在长堤穿行，身后柳浪含烟，眼前

[宋] 刘松年绘《四景山水图 · 春图》（北京故宫博物院藏）

桃李争艳，近有芳草丛生，远有高山朦胧。长堤尽头，绿树深处，是一座犹抱琵琶半遮面的园子。园子虽然大门紧闭，阶下却有仆从在整理主人踏春归来的行装。长堤与园子之间，有一条平静地流淌着的河流，河上小桥为画面增加了几分雅趣。河水自远方而来，与那朦胧的远山融为一体。《四景山水图 · 春图》展现了江南初春的烟雨朦胧，在宁静祥和之中，一股勃勃生机含苞待放，使人感受到一种江南特有的含蓄之美。

相比于《四景山水图 · 春图》的含蓄朦胧，第二幅《四景山水图 · 夏图》豁然开朗。画中厅堂宽敞，湖面开阔，绿影婆娑。初夏的荷叶点缀在水榭之间，远山晕染开来，使人心中说不出的敞亮。厅堂中，主人慵懒地坐在椅上，观湖望山，仿佛有一阵习习凉风，夹杂着淡淡的荷香，迎面袭来，将暑气一扫而空。《四景山水图 · 夏图》所绘的景物与今天的“西湖十景”之一“平湖秋月”极为相似，很有可能描绘的便是当时还是“四圣延祥观”的“平湖秋月”。

［宋］刘松年绘《四景山水图 · 夏图》（北京故宫博物院藏）

待到第三幅《四景山水图 · 秋图》，看画人又要随着画家的笔墨换作另一种心情了。干净的院落，明净的窗儿，独坐厅堂的主人，河畔取水的仆童，整座

［宋］刘松年绘《四景山水图·秋图》（北京故宫博物院藏）

庭院恬静而雅致。画卷的左上角空蒙舒朗，与庭院的深邃形成鲜明对比，那是初秋特有的天高气爽。值得一提的是，刘松年将浓墨集中在右边偏下的庭院内部，将看画人的目光全部吸引至此，这种构图对南宋后期的绘画影响深远，最终形成了“一角半边”式的独特构图。

最后一幅《四景山水图·冬图》更为有趣，一座湖畔庭院占据了画面大半部，而庭院的大半部又在院门前挺拔的苍松的遮蔽之下，显得宽阔而神秘。

［宋］刘松年绘《四景山水图·冬图》（北京故宫博物院藏）

远景的山脉不再若隐若现，有了积雪的厚重。院落的主人撑起油伞，骑上小毛驴，仆从牵上缰绳，一路过桥，仿佛要走出画卷的边缘，使人不由得好奇，他们要去何处，是否去往不远处的雪山？真是让人充满探索的欲望。

西湖园林烟雨朦胧的优雅气质，在刘松年笔下的《四景山水图》中表现得一览无余。

在南宋画风的形成过程中，李唐的画作具有开创性的地位。他原本是东京汴梁的宫廷画家，靖康之难后，一路追随朝廷在临安安定下来。李唐的到来，将北方山水的画风强势融入南方风格，于是便有着气势雄伟的特点。

刘松年师从张敦礼，张敦礼又师法李唐。尽管刘松年自幼生活在南方，可他还是受到李唐的感染，广泛吸收了北方山水画家的优势，创造出极具个人审美趣味的新画风，奠定了南宋山水画的格局。

刘松年生活在孝宗、光宗、宁宗三朝，尽管宫廷内的你争我夺一天也没有消停，甚至一度愈演愈烈，可这一时期却是南宋社会最为平稳安定的时期。三位皇帝热爱园林，热爱艺术，时而泛舟西湖，时而流连湖畔。南宋的园林不比北方开阔宏伟，却有着江南独有的娟秀灵妙。常年生活在清波门一带，又以画院待诏身份穿梭于达官贵胄之间，刘松年既得西湖之景，又享园林之趣。他热爱西湖，热爱西湖周边曼妙的园林。除了《四景山水图》之外，刘松年还创作过大量的西湖绘画，如《西湖春晓图》等，无不以独特的艺术眼光与高妙的创作手法，将十里美景收入丹青。明代书画家张丑在《铭心集》中作诗赞叹道：

西湖风景松年写，秀色于今尚可餐。
不似浣花图醉叟，数峰眉黛落齐纨。

不过，要因此就认为刘松年是一位仅仅沉浸于仙林意境的世外高人，那便误会他了。事实上，刘松年对现实有着相当的关注。在他仙风道骨般的神韵之内，包含着一颗火热的爱国之心。

刘松年是主张抗金的，据传，著名的《中兴四将图》便出自他的手笔。如果说此图是根据官方表彰而绘，背后是朝廷的意志，那么《风雪运粮图》则完全体现了刘松年自己的抗金决心。

《风雪运粮图》今已失传，但从古人的观后感中，仍然能够感受到画中透露出的强烈情感。

清代著名词人朱彝尊，曾与蓝秀才一同观赏了刘松年的《风雪运粮图》。一时之间，心情难复，朱彝尊写下了《蓝秀才见示刘松年风雪运粮图》，诗云：

潞河十月橹声绝，连樯如荠啼饥乌。
层檐炙背苦岑寂，有客示我《运粮图》。
遥峰隐隐露积雪，村原高下纷盘纡。
千年老树风怒黑，寒叶尽脱无纤枯。
人家左右仅茅屋，傍有水碓临山厨。
秕糠既扬力输税，安有甔石存桑枢？
大车槛槛四黄犊，疾驰下坂寻修涂。
嗟尔农人岁已暮，妇子不得相欢愉。
披图恍见南渡日，北征甲士连戈殳。
当年诸将犹四出，转粟未乏军中需。
同仇大义动畎亩，输将岂畏胥吏呼。
始知绘事非漫与，堪与《无逸》《豳风》俱。
古来工执艺事谏，斯人画院良所无。
呜呼，斯人画院良所无！
不见宋之君臣定和议，笙歌晨夕游西湖！

朱彝尊生动描绘了运粮图上的积雪、村庄、怒风、寒叶、茅屋、黄犊等景物。百姓因为被征发运粮，要背上沉重的负担，可是为了“同仇大义”，全然无畏。朱彝尊最后感慨，画院里有刘松年这样的“良人”，可南宋君臣却只知道在西湖安逸享乐！

有意思的是，庆元六年（1200）春，陆游曾在家乡山阴作《观运粮图》诗：

王师北伐如宣王，风驰电击复土疆。
中军歌舞入洛阳，前军已渡河流黄。
马声萧萧阵堂堂，直跨井陉登太行。
壶浆箪食满道傍，刍粟岂复烦车箱？
不须绝漠追败亡，亦勿分兵取河湟。
但令中夏歌时康，千年万年无馈粮！

陆游没有明言看到的是谁画的运粮图，但诗中的情怀与朱彝尊如出一辙。因而，向来有不少人主张陆游看到的就是刘松年的画作。其实，宋代有不少画家都画过运粮图，表达自己的抗金情绪，如李唐有《雪天运粮图》、朱锐有《雪山运粮图》。

刘松年与李唐、朱锐都是供职画院的宫廷画家。绍兴年间（1131—1162），高宗仿照宋徽宗的宣和画院，在宫中设置了画院，后人称为“绍兴画院”。在高宗的经营下，南宋的画院名家云集，特别是许多流寓四方的原北宋宣和画院的名家，纷纷来到临安，成为画院的第一批奠基人。南宋画院维持了一百多年，其画家仅姓名可考者就多达近一百二十人，“南宋四大家”更是全部出自画院，可见其盛况丝毫不逊于宣和画院。由于获得了优厚的待遇，画院画家们得以充分展示自己的才华天赋，创造出了一批批精美绝伦的绘画作品。不过，这些优秀的画家，从来没有因为供职宫廷画院，而忘记自己的平生志向。

中国美术学院的南山校区（汪建伟　摄）

今天，中国美术学院的南山校区坐落于西湖之畔，与刘松年画廊的距离还不到一千米。就像南宋书房与南宋时期书坊的文化传承，美术学院也在这一刹那，完成了与刘松年们的历史交接。

八　那些你不认识却让人惦记的文人墨客

◉

在历史上，总是有这样一种人。他们在大众之间知名度并不高，可在专业学者看来却让人眼前一亮。宋代的清波，也住着这样一群人，如周煇、徐度、王明清、周密。这些人是做什么的呢？他们与清波又有着怎样的交集？

先来说说周煇，这家伙相当神秘，在史书中留下的踪迹极为有限。他家族里有不少亲人做官，朋友也几乎都在仕途，而他却终生未仕。年轻时，周煇的足迹也曾踏遍大江南北，到了淳熙十五年（1188），六十三岁的周煇回到临安，在清波门附近安顿了下来。

这样的履历也许会让你大失所望，这样的人为什么会成为名人？为什么会让学者眼前一亮？

因为周煇写了两本书，一本叫《清波杂志》，另一本叫《清波别志》，两本书合称“清波二志”。“清波”从一座城门的名字，到后来变成清波街道这一行政区的名称，与“清波二志”息息相关。

“清波二志”是两本杂著笔记，简单来说就是周煇见到什么就往上写什么，或者想起来什么就往上写什么，大概就像周煇发“朋友圈”。只不过这两部笔记内容实在太丰富，从政治史实、典章制度、社会风俗、都城胜迹、艺文书画，到医药养生、天文地理、奇人奇事，只有你想不到的，没有他写不到的。这样的

[清] 王原祁绘《西湖十景图》中的柳浪闻莺（辽宁省博物馆藏，画中的城门即清波门）

写法，你是不是感到有点儿熟悉？对嘛，沈括当年写《梦溪笔谈》，也是这么写的。

“清波二志”有许多非常珍贵的记录。比如《清波杂志》记载，北宋末年，王黼逼宰相蔡京去位，获得徽宗的同意后，让童贯带着蔡京的儿子蔡攸一起去找蔡京，命他交一份退休申请书。蔡京留二人在家吃饭，酒后鬼扯一气，说什么不肯去位是想报答圣恩，还说自己这份心意，“二公所知也”。“公”是尊称，蔡京管童贯叫“公”也就算了，连儿子都要叫“公”，一时之间左右都在窃笑。蔡京真是为了继续当宰相，毫无原则，不择手段。

《清波杂志》中还有不少关于章惇和蔡京的事迹，全部是独家爆料，不见于其他书籍记载。据周煇说，这些爆料都是从他的叔祖父周元仲那里听说的。周元仲名灵运，字元仲，与两宋之际的名相李纲关系非同一般，两人好到李纲被贬到海南岛，周灵运都想跟着一起去受罪的地步。而李纲与蔡京同朝为官，见惯了蔡京的嚣张跋扈，因此，这些爆料有相当的可信度。

“清波二志”还记录了许多当时有趣的民俗，《清波杂志》里就记录过一个催妆诗的风俗。据周煇说，在新婚之夜喝交杯酒之前，新郎要赋诗一首，催促新妇梳妆打扮，这种诗就叫催妆诗。可能是人们觉得太烦琐，很多地方都把这个环节略去了。

不过，在显贵之家，催妆诗的风俗仍然保留了下来，女方家长也要趁机会看看女婿是个什么样的人物。有一次，一家显贵办婚事，新郎官是个络腮大胡子，老丈母娘看了以后，觉得滑稽又哀怨，笑道：“我女儿像菩萨一样，怎么却

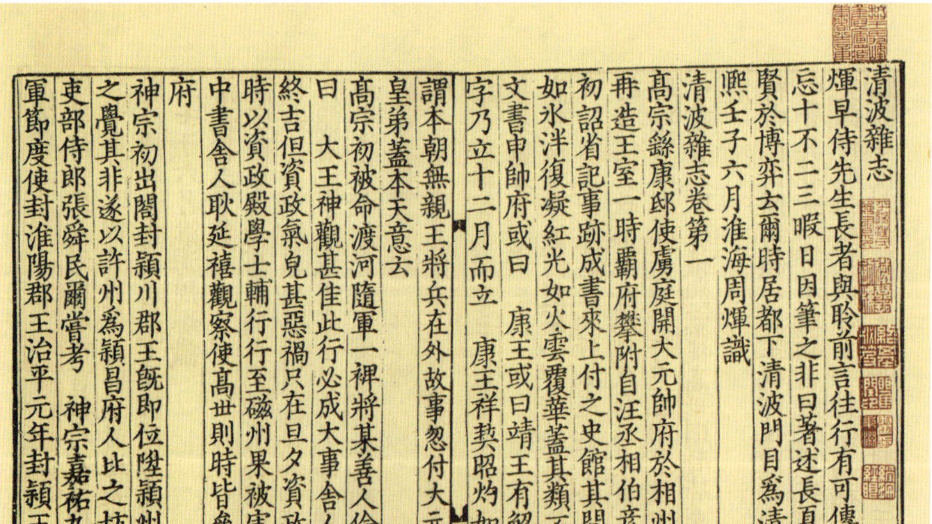
清波雜志
煇早侍先生長者與聆前言往行有可傳者歲晚遺
忘十不二三暇日因筆之非曰著述長夏無所用心
賢於博弈云爾時居都下清波門目爲清波雜志紹
熙壬子六月淮海周煇識
清波雜志卷第一
高宗繇康邸使虜庭開大元帥府於相州繼登寶位
再造王室一時覇府攀附自汪丞相伯彦而次建炎
初詔省記事跡成書來上付之史館其間所紀符瑞
如氷泮復凝紅光如火雲覆華蓋其類不一獨諸路
文書申帥府或曰　康王或曰靖王有解岍靖康二
字乃立十二月而立　康王祥契昭灼如此時識者
謂本朝無親王將兵在外故事忽付大元帥之柄於
皇弟蓋本天意云
高宗初被命渡河隨軍一裨將某善人倫密語同列
曰　大王神觀甚佳此行必成大事舍人觀察亦保
終吉但資政氣皃甚惡禍只在旦夕資政謂王雲也
時以資政殿學士輔行行至磁州果被害于應王廟
中書舍人耿延禧觀察使高世則時皆參謀議於幕
府
神宗初出閤封潁川郡王既即位陞潁州爲節鎮乆
之覺其非遂以許州爲潁昌府人比之坊州生杜若
吏部侍郎張舜民爾嘗考　神宗嘉祐九年授忠武
軍節度使封淮陽郡王治平元年封潁王三年立爲

宋刻本《清波杂志》书影（中国国家图书馆藏）

嫁了个麻胡子！”等到了催妆诗的环节，新郎作诗云：“一双两好古来无，好女从来无好夫。却扇卷帘明点烛，待交菩萨看麻胡！”前来参加婚礼的宾客相互传阅，这才知道，新郎官也不简单。

碰到这样的宝贝作者，学者们能不眼前一亮吗？

说完周煇，再来聊聊徐度和王明清。和周煇一样，这俩人也活动在两宋之际，但不同之处就在于，他们俩可比周煇有来头多了。徐度是钦宗年间宰相徐处仁的小儿子。这位宰相正义感爆棚，拜相后便想方设法罢黜苛政。金军第一次南下而后撤军，徐处仁还建议钦宗发兵追击，简直就是北宋亡国前夕朝堂上的一股清流，因而与李纲等人相当聊得来。只可惜这样的宰相，在乌烟瘴气的朝堂上只能遭到排挤、罢免。南宋建立后，徐处仁死在了地方职任上。徐度则一路南下来到临安，官至吏部侍郎，也就是组织部副部长，家住罗汉洞巷，大概在今天杭州市公安局北面西湖银泰那一带，属于清波街道的辖区。

王明清则出生在一个书香世家。爷爷是欧阳修的弟子王莘，父亲是一代藏书家王铚。王明清少承家学，博闻强识，他写的《挥麈录》记录的宋代政事和制度颇为详尽，连李心传编写《建炎以来系年要录》、官方编写《高宗实录》都要采纳《挥麈录》的内容。

王明清和徐度，还在清波留下了一段小故事。

据王明清自己写的《挥麈前录》说，有一天，他去罗汉洞巷拜访徐度。坐了一会儿，徐度突然发问：“我家对面有一座侍郎桥，你知道这是为什么吗？”

也许你还记得，徐度是吏部侍郎。如果换了常人，心里是不是在犯嘀咕，这位大哥有必要吗？赤裸裸的炫耀啊这是。

只能说，像我这种水平，也只能想到这一步了。那可就全想歪了。

王明清不慌不忙，从容应答道：“仁宗朝有一位叫郎简的杭州人，以工部侍郎的官阶退休，居住在这里。邻居们觉得他的品德很好，于是便将门口这座桥命名为侍郎桥。”

徐度不动声色，又问道：“那你知道郎简的表字是什么吗？”

王明清想也不想，脱口而出："《两朝国史》里有郎简的传记，说他字简之。王荆公的文集里，还专门有一首《寄郎简之》诗，夸赞郎简是个贤德之人。"

徐度闻言，终于按捺不住心中的喜悦，回过身来向周围的宾客们称赞道："我就这么突然发问，他居然全答对了。渊博到如此程度，真是个了不起的俊才啊！"

顺便一提，北宋的那位郎简颇通养生之术，退休后在侍郎桥住了十五年才病逝，在当时也算是个寿星了。知杭州孙沔专门给他住过的地方起了个名字，叫"德寿坊"，既有德又长寿，可谓名副其实。所以杭州的朋友们注意了，叫"德寿"的可不只德寿宫，清波的德寿坊要更早些。

说到清波与郎简，我又想起了周煇。周煇在《清波别志》里曾经写道，自己有一个朋友叫郎晔，字晦之，是杭州本地人。有人说，杭州郎氏只有一个郎简，你一定是他的后人。这种找名人攀亲戚往自己脸上贴金的事，是我国古代的一大"优良传统"。可郎晔根本不在乎虚名，他说："我就是个普通老百姓，哪能随随便便去攀附人家高官显贵作祖宗？"当时郎晔的朋友们，都对他的正直表示认可和钦佩。

"柳浪闻莺"和学士公园一带的学士亭，南宋前期此地曾属于聚景园

最后我们来聊聊周密。他出生于官宦世家，从小就跟着到各地履职的父亲周游全国，属于别人还不敢离家走太远，他已经走遍全世界的那种孩子。可惜这样的见识，并不能帮助他在乌烟瘴气的官场有所作为。

宋理宗后期，权相贾似道推行

公田法，试图通过将豪强兼并的土地收归国家，搜刮民间财富，以充实对抗蒙古的军费。景定四年（1263），周密被派往昆陵督促推行公田法，他深知此法存在的诸多弊端，因此忤逆了贾似道，被迫辞官。此后在贾似道的压制下，周密始终不得重用，渐渐对南宋朝廷失去幻想。

南宋灭亡后，周密隐居，不再出仕。他写下的《齐东野语》《癸辛杂识》《武林旧事》等书，是今人了解南宋的重要史料（比如我写这本书，《武林旧事》就常不离手）。经常看到有人说，周密晚年也住在清波门附近。这个“附近”就有点儿远了，其实是在癸辛街，也就是今天龙翔桥地铁站那一带。

虽然住得有点儿远，但周密确实老往清波门这边跑。这是他作为大宋遗臣、凭吊故国的地方。有一次，他的凄切蕴藉难以掩饰，便做了一首《献仙音·吊雪香亭梅》：

> 松雪飘寒，岭云吹冻，红破数椒春浅。衬舞台荒，浣妆池冷，凄凉市朝轻换。叹花与人凋谢，依依岁华晚。共凄黯。　　问东风、几番吹梦，应惯识当年，翠屏金辇。一片古今愁，但废绿、平烟空远。无语消魂，对斜阳、衰草泪满。又西泠残笛，低送数声春怨。

雪香亭是聚景园里的一座亭子，自然位于清波门外。周密在上阕中，写眼前废园的荒凉，映射出亡国易代的大背景。下阕则追忆昔日的繁华景象，抒发着自己对古今兴亡的感慨，也透露出凭吊故国的哀思。

第七章 柳浪晓春笑语

清波之胜——清波的名胜

清波门外放船时，尽日轻寒恋客衣。
花下笑声人共语，柳边樯影燕初飞。
晓风不定棠梨瘦，夜雨相连荠麦肥。
最忆故山春更好，夜来先遣梦魂归。

——[宋]高翥《春日湖上》

一　阅尽西湖清波的“暗门”

◉

在南宋皇城西面的临湖四门里，清波门的名字大概是与西湖结合得最紧密的。只闻其名，便能想起西湖的碧波荡漾，清波十里。

古清波门，大体位于今清波街与南山路的交会处。1994 年 9 月，杭州市人民政府还专门在清波门的旧址立了一块“古清波门”的纪念碑。

“清波”是一个很小的地名，小到只是一个街道，甚至只是街道在城门旧址处立的一块纪念碑；“清波”又是一个很大的地名，自从周煇撰写“清波二志”，“清波”便成为杭州的雅称之一。

然而，如此诗情画意又饱含深意的名字，在杭州的历史上出现得却甚晚。

“古清波门”纪念碑

提起清波门的前身，却是一桩公案。

在很长一段时间里，清波门的前身被说成是吴越国修建的涵水门。似乎后来的清波门，只是改了个名字，便重新上岗了。

可近年来，人们却发现，事情好像没那么简单。或者说，压根儿就没有什么“涵水门”。

在乾道、淳祐、咸淳三部《临安志》中，都曾提到吴越国时杭州的西城墙上，有“涵水西关”。说清波门的前身是“涵水门”，便是把“涵水西关”当作“涵水”和“西关”了。

然而，仔细翻看史料，又全然不是这么回事。《梦粱录》说，杭州的西城门是“水西关”，这里落掉了一个“涵”字。而《十国春秋》的写法更有意思，说西关门“亦名涵水门”。也就是说，“涵水西关”本是同一座城门的名字。

误会可能是从清代开始的。据底稿写成于光绪年间、民国十一年刊印的《杭州府志》引《康熙杭州府志》说，唐末钱镠筑罗城，开了一道涵水门，到宋代时改为清波门。这是笔者见到的目前最早的清波门就是涵水门的说法。

总而言之，就是一场误会。这座“涵水西关”远在雷峰之侧，与清波门毫无瓜葛。从吴越到北宋，清波门那里就是一堵墙，人根本过不去。要不然，我们前面提到的喜欢到西湖去办公的苏东坡，为什么放着更近的清波门不走，非要绕道从涌金门出城呢？

绍兴二十八年（1158），高宗增筑临安城。清波门可能便是这时加开的城门，以方便城内外的交通。从此，“清波”作为正式地名，载入史册。

清波门俗称“暗门”，这又是为什么呢？有人说，这是因为清波门白天开夜里关，或者皇帝赏玩聚景园时关、皇帝离开后开，以此来保证皇帝的绝对安全。可是在《夷坚志》中，无论是官员、平民乃至于鬼神，都可以根据自己的时间安排自由进出清波门。虽然《夷坚志》是小说，但却一定程度上反映了真实的历史样貌。

画家傅伯星先生提出另一种可能。他在自己观察《西湖清趣图》后指出，西湖东岸的四座城门与西湖的距离并不一样，其中，距离西湖湖面最远的是清波门。平日里在地面上行走，不易觉察出来。可是一旦从高处往下看，立刻就能看出其中的蹊跷了。原来，清波门外就是御园聚景园。作为“柳浪闻莺”之地，聚景园一带种植着茂密的树木。而在孝宗时代，聚景园正处于鼎盛期，园中花木更是繁盛。所以，出了清波门，根本看不到湖面；而从湖面上，包括从苏堤远眺，也根本看不见清波门。岸不见湖，湖不见岸，如此“两不相见”，称

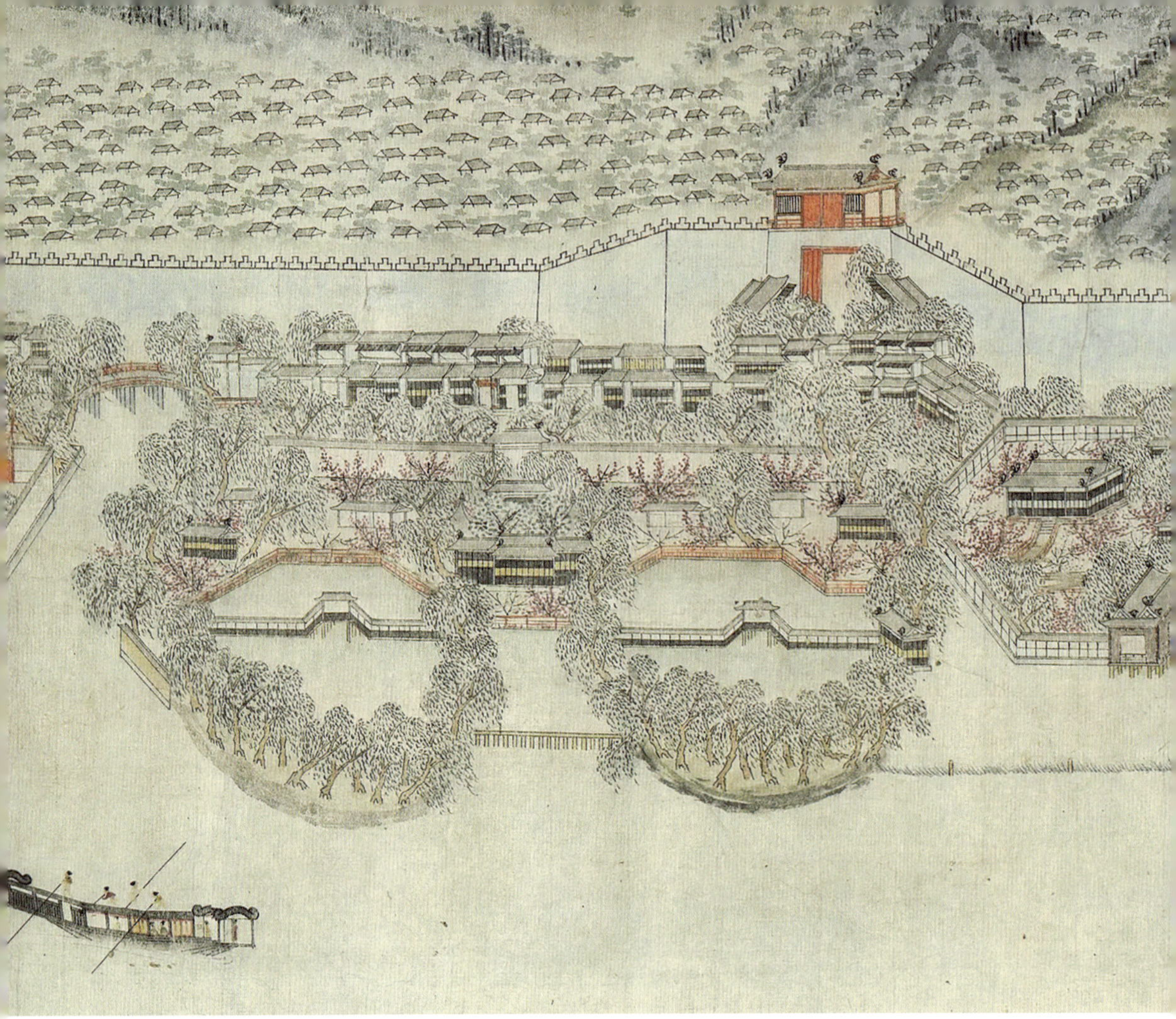

[元] 佚名绘《西湖清趣图》（局部，美国弗利尔美术馆藏。图中的城门就是清波门，前面为聚景园，即今天的“柳浪闻莺”所在地）

呼“暗门”倒是合乎情理。

还有一种说法，认为流福水路从清波门北，走暗沟进入临安城，故而称清波门为“暗门”。

总之，“暗门”或许是指看不见的门、看不清的门。虽然清波门又叫“暗门”，但并不妨碍人来车往，车水马龙。在宋代，有不少人从清波门外出的例子。淳熙十三年（1186）春，陆游写下《夜泛西湖》，诗中就有“骑马出暗门”。在陆游的日记《入蜀记》中，提到自己在乾道六年（1170）闰五月二十八日，“同仲高出暗门，买小舟泛西湖，至长桥寺”。

春暖花开之日，出清波门踏青交游，赏古柳，饮茗茶，是宋人的一大快事。

每年二月十五日，是传统大节花朝节。这一天，临安城里的人们三三两两，外出赏花。但是也有比较独特的游客，不看花而看柳。比如宋末的董嗣杲在《古柳林》中写道：

几眠几醒几清明，万态风流学老成。古翠碧连云洞杳，夕阳西卷射场平。絮团破径应迷蝶，枝压荒墙不蔽莺。松菊剩栽堪卜隐，苦无十亩秫田耕。

绍兴三十二年（1162），周必大在《记西湖登览》中提到“壬午三月己亥，晴，与芮国器、程泰之、蒋子礼出暗门，上风篁岭，酌龙井”，这是出清波门直奔龙井去了。

也有细细品味清波春意的。如高翥在《春日湖上》诗中道：“清波门外放船时，尽日轻寒恋客衣。花下笑声人共语，柳边樯影燕初飞……”描写的就是清波门外的杨柳拂风。

清波门的存在感太强，以至于我们往往忽略了清波地区曾经存在的另一座城门——钱湖门。

清波门往南的下一座城门，便是钱湖门。钱湖门又名青平门，在今万松岭路与南山路的交会处，这里既是“临湖四门”里最南面的一座城门，也是今天清波街道在南山路上的南界。这座钱湖门建于何时，今人无考。有人推测，可能是北宋时，将前面提到的那座涵水西关移过来改建的；也有人说，大概跟清波门一样，是南宋时期才建的。

［宋］叶肖岩绘《西湖十景图》之《柳浪闻莺》
（台北故宫博物院藏，图中的城门即清波门）

南宋时，在钱湖门内至吴山之间的一片区域内，有不少军队屯驻于此。

钱湖门似乎是个防御重地，有那么多军营不说，城门管理还非常认真乃至严格。城门白天开放，夜晚关闭。武衍在《清明湖上》诗中就表示：

榆火初传禁漏残，满城和气在湖山。
接天杨柳风烟里，照水桃花图画间。
旧路人穿新路去，长桥船出短桥还。
吾皇应喜民胥乐，岁许西门入夜关。

看来，清波门一定不是因为开门关门的问题才被称为“暗门”的，不然钱湖门恐怕也得有个“暗门”的绰号那才算公平。

二 吴山上的“神迹”

大观天风

◉

杭州有一个特别有趣的现象：孤山上祭奠的都是人，而吴山上祭拜的全是神。

我们在吴山上已经上上下下、兜兜转转好几圈了，我们与柳永一起登高望海潮，同苏轼在有美堂躲避暴雨；我们同太史局一起历经磨难重造了浑仪，又下山来到宝月寺倾听仲殊诉衷情；我们躲过了竹园山下的惨案，我们甚至来到山后，与苏轼一起望山思乡。

可吴山到底是什么样的呢？

这次，就让我们一起，好好游一游吴山。

［清］王原祁绘《西湖十景图》中的吴山（辽宁省博物馆藏）

吴山又叫城隍山，它是凤凰山的余脉，不仅伸入了城内，甚至差点儿来到了西湖边。吴山是西湖群山中唯一一座插入了城市的山体。

所以这座山会特别热闹，每天早上，晨练的人络绎不绝。而下了山，便是喧嚣的御街与河坊街。

吴山还有一个很有意思的地方，山不高，也不大，但是“山头”特别多。云居山、紫阳山、七宝山、金地山、粮道山、伍公山，这各种山都是吴山。对于初来乍到的人而言，你永远搞不清楚自己在哪座“山头”上。

吴山南起万松岭，北至伍公山、粮道山，伍公山下便是鼓楼、河坊街、大井巷；中为金地山；东南是紫阳山，毗邻十五奎巷、太庙广场和中山南路；西傍云居山、七宝山；下接四宜路、清波街，沿街下山，过了南山路的马路，便是柳

传说由朱熹题写的“吴山第一峰”

浪闻莺、西子湖畔。

吴山衔湖带江，江湖汇观，因而有了柳永的《望海潮》，以及他与完颜亮穿越时空的千古官司；因而有了文人荟萃的有美堂，这还不够，还要有有美亭，有江湖汇观亭。今天的江湖汇观亭前，还截取了明人徐渭的《绍兴府山城隍庙联》：

八百里湖山，知是何年图画；
十万家烟火，尽归此处楼台。

吴山的东北部紧邻御街，向来热闹。吴山的西南部，则是在郁郁葱葱、寒泉幽谷的深寂里，隐藏着文士大德们的摩崖石刻。

吴山的美，要自己去探索寻找。在山间小路中徜徉，冷不丁便会遇到一块块刻石，这边是刻着绍兴二十年敕建三茅宁寿观的尚书省牒碑，那边是传说中朱老夫子亲题的“吴山第一峰”，身在草丛之中，都能不经意间发现地图上没标的“汪王庙税地”石，那里曾有一座供奉着唐代越国公汪华的庙宇。

历史上的吴山，古刹森严，庙宇簇拥。据说在极盛时，山上庙宇多达一百多座，如海会寺、云居圣水寺、宝月寺、七宝寺、仁寿庵、西方庵等。想来暮鼓晨钟之际，也是动彻山谷的。那南朝四百八十寺，跟吴山比起来怕也不过尔尔。

当然，吴山的庙宇也不都是佛寺，儒教的文昌帝君庙、仓圣寺，道教的紫阳庵、三仙阁、玄妙观，还有供奉民间神祇的伍公庙、东岳庙、太岁庙、药王庙、小普陀、界神殿、关帝庙、三官庙、水陆财神殿、城隍庙、火德庙、龙神庙、汪王庙、三茅观等。细数起来，反而佛门净地不多，民间神祇不少。甚至还有从四川迁来的梓橦行祠、河南迁来的惠应庙。当年这么多庙宇，开起庙会来一定非常壮观。

传说，南宋定都临安府后，皇帝在大年初一这一天，都要亲自登临寺庙，拈香礼佛。文武百官也一起随行，与皇帝一起祈求风调雨顺、五谷丰登。杭州一度被称为“东南佛国”，吴山香市也逐渐成为一项杭州人喜闻乐见的文化活动。

明人张岱曾在《陶庵梦忆》中说：“西湖香市，起于花朝，尽于端午。”也就是从每年农历的二月十五日到五月初五。直到晚清民国，吴山香市仍是杭州城内的主要香市之一，与昭庆寺香市、天竺香市不相上下。毕竟，吴山就在城内，住在杭州城里，特别是住在吴山周围的居民，上山跟遛弯儿一样方便。而山中什么样的神祇庙宇都有，总有一款适合你去烧香。再加上山下就是御街河坊，吃喝玩乐一体化，于是人们山上拜神山下游，人人喜笑颜开，可不就热闹非凡？

自宋代起，吴山就有“八景”之说，到了明清又增至“吴山十景”。清代的“西湖十八景”里，有“吴山大观”；当代的“西湖新十景”，又有“吴山

“吴山天风”碑，位于城隍阁广场一侧

天风”。“吴山大观”，已然揽尽山中古树名刹、奇石胜迹；“吴山天风”，那便又要与天公试比高了。

吴山很小，真的很小，小到你没一会儿就能上蹿下跳地把一整座山逛完；吴山很大，真的很大，大到清波和紫阳，两个街道谁也装不下。

吴山的小，小在它的进城，它伸入了杭州城，也被杭州城团团环抱；吴山的大，大在它的底蕴，它承载着杭城的历史，传承着文化的底蕴。

古树茂密

◉

从山外望吴山，它就像是被层层绿意包裹起来；走进吴山，便又像乘风破浪于碧涛之上。每当山风袭来，万木震响，涌如江涛，“吴山天风”倒是有了几分“吴山大潮”之意。

吴山的浓翠可谓“自古以来”。周煇在《清波杂志》中有云：“宝莲山、吴山、万松岭，林木茂密。”那时的吴山，有“云居听松”“瑶台万玉”“枫岭红叶”“万竿修竹”等名胜。韩侂胄在此建阅古泉，亦得陆游“缭以翠麓，覆以美荫”的美誉。

岁月变迁，当年的景观早已无处寻觅，可数百年的古树依旧成绿成荫，守护着吴山的每一寸土地，见证着山中的沧海桑田。

在宋代的有美堂和至德观遗址前，至今仍矗立着几棵七百余岁高龄的“宋樟”。据学者说，所谓“宋樟”，并不是指宋代的樟树，而是因宋人喜植樟而得名。大樟树的年龄，是根据文献记载推算得出来的。

无论樟树植于宋还是植于元，对于我们来说都已经足够久远。大樟树的根部暴露于外，遒劲有力，犹如千年的怪石。而历经七百年的风雨，它们仍然枝繁叶茂，表现出了强大的生命力。在它面前，人类与人类的历史，反而显得渺小了。

除了宋樟，吴山中还有不少古树。比如十二生肖石北六百余岁的龙柏，苍老雄健，傲然山中；伍公山东岳庙前四百余岁的古银杏树，高大挺拔，每逢深秋，金碧辉煌；跟他们比起来，云居山一带一百三十岁的油麻藤还是个宝宝，然而已经缠绕蔓延，让人不禁想起陆游的“寿藤怪蔓，罗络蒙密”。

吴山上的“宋樟”，位于有美堂和至德观遗址前

城隍赏月

吴山的标志是什么？

对于没去过吴山的人，可能会想，是有美堂，是古树，是石刻，还是残存的庙宇？

可对于去过吴山的人，可能想都不用想，便会脱口而出：城隍阁。

白天，吴山上属城隍阁最高；夜晚，吴山上属城隍阁最亮。总而言之，属城隍阁最扎眼。

绍兴三十年（1160），宋高宗敕封城隍神为宝顺通惠侯；乾道元年（1165）以后，城隍神又被累加封号。可城隍神到底叫什么，谁也说不清。直到

落日下的城隍阁（胡鉴　摄）

明代，刚正不阿的官员周新被明成祖朱棣冤杀，激起了朝野官民的不满。人们为了纪念周新而为他立庙，后来渐渐便与城隍庙合二为一，城隍神也终于有了名字。古代的城隍阁早已不在，如今屹立于吴山之巅的，是 1997 年复建的城隍阁。

宋代的城隍阁是吴山上的一处重要观景台。与有美堂一样，这里也可以西观西湖、东眺钱塘江。而且由于视野开阔，人们甚至可以在此远观西湖竞舟，或在中秋节远望江潮。

作为庙宇，城隍阁也有自己的香市。成书于南宋的《西湖老人繁胜录》记载："东岳生辰，都城社陌甚多，一庙难著诸社酌献，或在城吴山行宫烧香……"陆游在《宁德县重修城隍庙记》也说："故自唐以来，郡县皆祭城隍，至今世尤谨。"看来，吴山香市的繁荣，城隍阁功不可没。

除此之外，城隍阁还有一个颇为雅致的活动——赏月。

南宋时，中秋赏月已成为上至皇帝下至百姓全民参加的活动。宫中的帝王后妃，自然选择皇宫里的高处赏月。达官显贵和平民百姓，也会登上高楼广榭，与家人共同赏月。《梦粱录》里说，富家巨室自然要登“危”楼，小老百姓也会登上小小的月台准备家宴，哪怕是衣衫褴褛的乞丐，这一天都要买点儿小酒庆祝庆祝。一直到五鼓，天都快亮了，临安城里赏月的游人依旧络绎不绝。

[宋] 叶肖岩绘《西湖十景图》之《平湖秋月》
（台北故宫博物院藏）

虽然是全民参与，可登高的资源很有限。除了宫室进不去，其他开放地区较好的赏月地点还有吴山城隍阁、宝石山保俶塔、钱塘江畔月轮山六和塔。不过，小老百姓可抢不到这等好位置，只能在自己小院的月台上阖家团圆了。值得一提的是，直到今日，赏月仍然是城隍阁的特色夜游节目。

既然聊到了赏月，我们不妨多说两句。

高楼就那么几座，中秋这天普通人抢不到，实属正常。但是人们还有一个去处，那就是西湖。在平静如镜的西湖上泛舟，阴柔的月光洒在湖面，人仿佛置身于一面明亮的镜子之上。水中的倒影与天空中的明月交相辉映，这正是西湖上“平湖秋月”的由来。

太岁上山

◉

吴山还有一个特别重要的活动，便是太岁上山。

宋理宗绍定年间（1228—1233），朝廷在浑仪台侧建了一座十一曜太岁堂，隶属太史局。它的旁边，便是已经踪迹全无的有美堂。绍定四年（1231），十一曜太岁堂发生火灾焚毁。朝廷决定改建此堂。端平三年（1236），工程完成，宋理宗御书匾额，将其改名为至德观。元代末年，至德观毁于战火，明朝时恢复重建。

十一曜太岁堂或者说至德观因在庙中塑造有天帝诸岁神，故而俗称“太岁庙”。南宋时，每岁立春，临安府都要用泥巴、纸张、芦苇等材料，制作大春牛送入宫中，用来准备迎春和劝农的活动，因而这匹“牛”被称为“春牛”。等到皇帝驾临后，宦官们用五色丝彩杖鞭打春牛，这就是“鞭春”“打春”，来象征春耕就要开始了。后来，民间有了新的祭祀活动。他们要到太岁庙去迎接“春官句芒”和“春牛”。迎神出行时，锣鼓齐鸣，鞭炮不绝，由人扮演的“春官”赶着“春牛”上山。沿途百姓夹道，争着投掷粮食。“春牛”所经之处，家家都要设祀。这便是“太岁上山”。

三 钱塘第一井

“六井”与沈公井

在正式开聊“钱塘第一井”之前，我们先说一组跟清波无关又息息相关的井——六井。说它无关，是因为“六井”不在清波范围之内；说它息息相关，是因为它对杭州城的意义太重要了，只有说明白了六井，才能理解“钱塘第一井”为什么要叫“第一井”。

其实关于“六井”，你应该已经不太陌生了。我们讲苏轼治杭，讲赵与𥲅治西湖，都曾提到过“六井”。

在没有“六井”的很长一段时间里，杭州人是喝苦水的。是的，你没听错，那时的杭州人有多少苦水都要往肚子里咽，每年每月每天，随时都是一肚子苦水。

杭州之地原本沉在水底，经过钱塘江江水日积月累的冲击，才终于形成一块陆地。可是杭城虽然爬出了海平面，水质却相当苦涩，难以下咽。这不仅给当地居民带来了巨大不便，也限制了杭州的进一步发展。

唐朝名相李泌作杭州刺史时，在钱塘门附近挖了六个出水口，并设置水闸将西湖群山所出的淡水，引入城内的六个水池，供城中使用。后来白居易担任杭州刺史，进一步治理西湖、疏浚“六井”，并用巨石隔绝钱塘江江水以防止倒灌，杭州的淡水饮用问题才算完全解决了。

但是，李泌与白居易的这套淡水系统，需要日常维护。到北宋熙宁五年（1072）时，六井年久失修，早就开始堵塞了。杭州人又过上了一肚子苦水的日子。

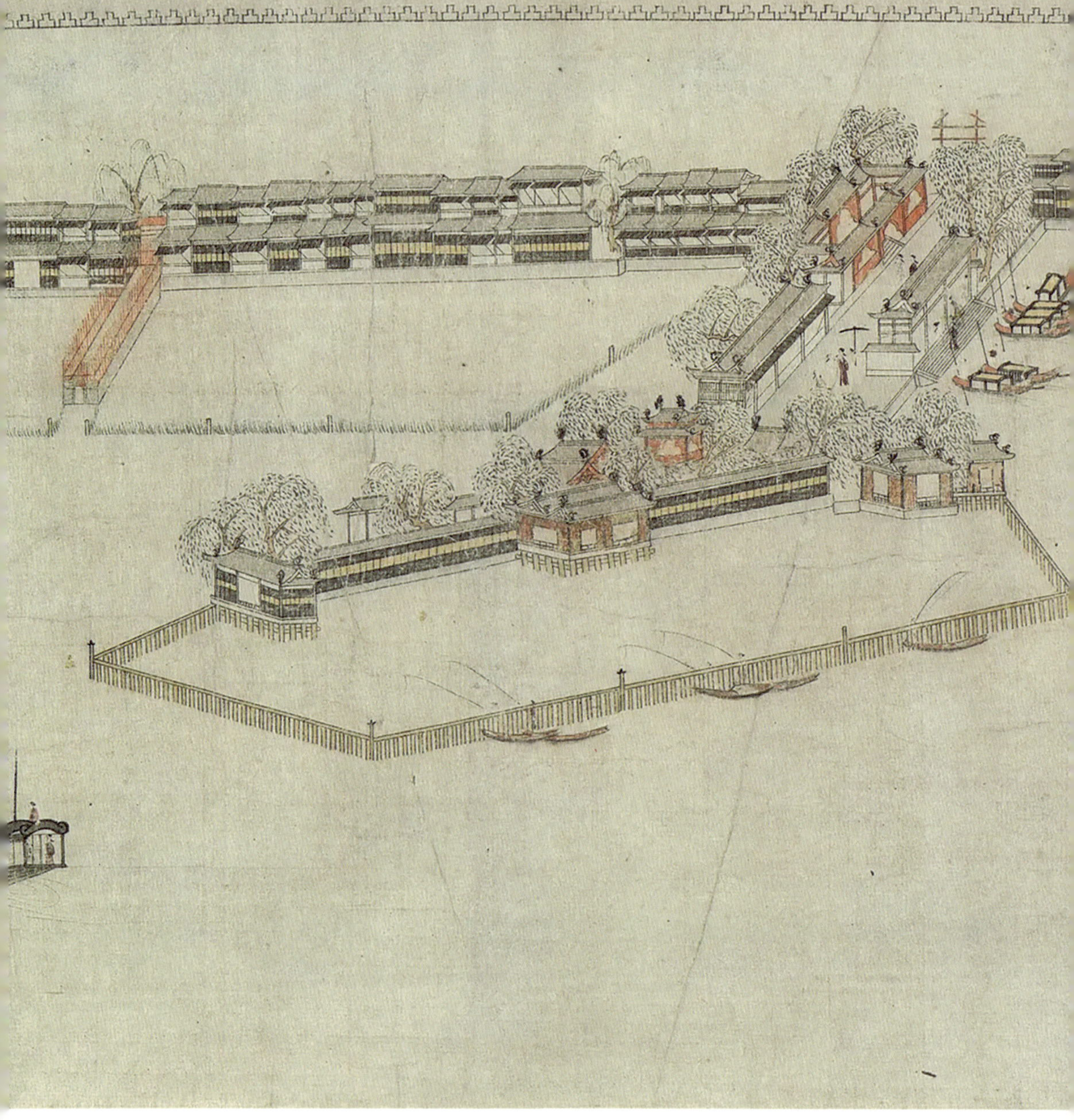

[元] 佚名绘《西湖清趣图》（局部，美国弗利尔美术馆藏。涌金池也是城中著名的蓄水池，图中左上角的“小门”和水道即为涌金池水口）

这年秋天，知州陈襄与通判苏轼召集了一批德高望重的杭州乡贤，询问民间疾苦。没想到这些人几乎异口同声：“我不想咽苦水了。”

大家表示：“六井不治，老百姓的饮水太难了。”

爽利的陈襄当即立下军令状：“只要我陈襄待在杭州一天，就绝不会让杭州的老百姓没有淡水喝！”

陈襄可不是唱高调，“吐苦水”大会刚一开完，他就会同苏轼，邀请精通水利的僧人仲文、子珪、如正、思坦等主持疏浚工作。在经过实地调研后，僧人们制定了非常周密的规划。经过一番治理，六井“死而复生”，杭州百姓喜不自胜。特别是第二年，江淮大旱，水贵如油。很多地方的人都要用小瓦罐将水储存起来，作为极其珍贵的礼物赠送给亲友。这个情景很像西北许多缺水地区的景象。而杭州人赖此“六井”，“富得流油”，从喝水、洗漱，到搞卫生、养牲畜，毫无压力。苏轼应陈襄之请，写下《钱塘六井记》。在这篇题记的最后，苏轼写道：

> 余以为水者，人之所甚急，而旱至于井竭，非岁之所常有也。以其不常有，而忽其所甚急，此天下之通患也，岂独水哉？故详其语以告后之人，使虽至于久远废坏而犹有考也。

苏轼谆谆告诫自己的继任者们，一定要未雨绸缪。

说了半天“六井”，“六井”是哪六个井呢？从南向北，“六井”包括相国井、西井（化成井）、金牛井（金牛池）、方井（四眼井）、白龟井（白龟池）和小方井（六眼井），在今天的湖滨街道境内。

除了“六井”，陈襄和苏轼这次还疏浚了沈公井。这口井位于“六井”之南，又称南井，是嘉祐年间（1056—1063）的知州沈遘所开，引西湖水到三桥西边的金文西酒库北。沈公井的位置特别好，城中百姓取水方便，利用率很高。熙宁年间疏浚“六井”时，子珪顺便以毛竹做水管，连沈公井一起疏浚了。

然而，十六年后，当苏轼再度来到杭州，担任知州时，“六井”和沈公井又堵了。尤其是沈公井，几乎已经干涸，居民们只能到更远的地方去打水，不仅远，而且贵，要七八钱才能买一斛，军营用水尤其艰苦。

苏轼连忙派人去找当年一起疏浚“六井”的四位僧人，才发现三位故人

［元］佚名绘《西湖清趣图》（局部，美国弗利尔美术馆藏。图中为小方井水口）

早已亡故，只有子珪还在，已经七十高寿。好在子珪还有精力。子珪认为，之所以“六井”和沈公井又出问题，就在于十六年前是用毛竹来做水管的，十多年过去，毛竹早就腐坏了。他建议，这次改用瓦筒作水管，外面再砌上石槽，虽然相对费时费力，但是可以一劳永逸。苏轼当即采用了子珪的方案，不过一两个月，“六井”和沈公井就再度焕发新生。一城军民，再不用为水发愁。子珪因功获得了朝廷赐予的“惠迁”师号，沈公井也从此改叫惠迁井了。

惠迁井在南宋乾道初年又出现了堵塞，知府周淙、潜说友分别在乾道四年（1168）、咸淳六年（1270）对其大修。

说了这么多，你应该也体会到了，这些井对于杭州有着关乎生死存亡的意义，而以当时的科技水平，维护水井又是多么费力。

而“钱塘第一井”的神奇之处就在于，它从来不堵塞。

钱塘第一井

“钱塘第一井”的正式名字叫寒泉，俗称大井；因位于吴山北麓，故而又叫吴山井。顺带一提，寒泉大井位于吴山坊中，正因为有这么一口井，所以连带着坊名也被称为大井坊。时至今日，这条街巷还叫大井巷，可见这口井的影响力有多大。有鉴于这口井名字太多，我们先统一一下，后面一律叫大井。

大井相传始凿于五代吴越时期，井水甘甜，体量极大，井周达四丈。淳祐七年（1247），临安城大旱，城中诸井皆枯，只有大井没有干涸，每天为城中人家供水，水量仍然不增不减，毫无压力。临安的居民都觉得这是一口神井。后来大井被称为“钱塘第一井”，可谓实至名归。

钱塘第一井（胡鉴　摄）

今日的大井巷（吴海平　摄）

早先时候，大井没有井盖，闹出了不少人命。有人不甚跌落井中被活活淹死，也有想不开的人跳井自杀。绍兴二十五年（1155），参知政事（副宰相）董德元捐款，买了一块大石板，指挥民众将石板盖在井上，又在石板上开了六个眼供吊水之用。从此，再也没有人掉进井里淹死了。

后来，赵与篡做知府，在井旁设立龙王祠，对井加以保护。参知政事楼钥屡次受邀为大井作记，但因他所搜集到的相关史料太少，对大井无从考证，于是改为赋诗《吴山井》一首，记录大井的功德：

钱塘东南一都会，西湖宛在高城外。
凿为六井引入城，唐相邺侯功尚在。
吴山横亘城中央，左右江湖尽襟带。
寒泉迸溢清且甘，发自灵源匪分脉。

天目两乳龙凤来，秀气所钟此其最。
海滨斥卤润作咸，安得一身独滂沛。
四朝驻跸八十年，民聚五方真众大。
抱瓮桔槔万夫汲，飞泉仰流筒吸快。
大旱不干潦不溢，数里赪肩竟分卖。
人言神龙宅其下，济物阴功至今在。
川泽固多资灌溉，此井犹能济阛阓。
皇家德泽如此泉，福祚与之俱不改。

到了明洪武年间（1368—1398），参知政事徐本立石碑，正面刻“吴山第一泉”五个大字，背面记述南宋淳祐年间大旱时大井利民之事。“钱塘第一井”的称号，大抵就是从“吴山第一泉”演变而来的。如今，钱塘第一井已是浙江省文物保护单位，不少游客慕名而来，参观这口永不干涸的第一大井。

其他名井

除了“六井”、沈公井和大井，清波地区在宋代还有几口井，也很值得一说。

天井，位于天井坊内。世传此井就是宝月寺西的黑龙潭。据《梦粱录》记载，黑龙潭深浅莫测，遇到旱灾也不会枯竭。潭水碧色可爱，可要是哪天水突然变黑了，就预示着第二天要下雨了。相传潭水与浙江（钱塘江）相通，所以宋人在乾道年间（1165—1173）又管这里叫通浙坊。黑龙潭最晚在唐代就已经出现了，白居易做杭州刺史时，还在此祭祀过龙神。

然而，如此神奇的黑龙潭，大概率与天井无关。我们只要打开《京城图》，就能发现显而易见的问题：宝月寺在今天河坊街以南，黑龙潭更远至郭婆井一带，而天井坊在今河坊街以北。这真是“南辕北辙”呀！

其实，天井有自己的历史。据周必大《二老堂杂志》记载，嘉泰二年（1202）张循王府发生火灾，在清理瓦砾时发现了一口古井，阔数丈，井水清澈。据井口所刻，可知此井开于后唐清泰二年（935）。周必大这才醒悟，为什么此坊名叫天井坊。天井水质好，水量足，按时人的记述，简直与“钱塘第一井”一样。

虽然天井坊和宝月寺隔着很远，不过两个地方的井还真有那么一点联系。在天井坊的秘书省内，有一口下八眼井，而在宝月寺又有一口上八眼井。两口八眼井的上下，应该是根据地势高低命名的，又恰巧都有八眼，于是就凑成了一对。上八眼井的眼四大四小，四大眼居中，排列成四角形；四小眼分别列于大眼东西两侧，这口井至今仍存。

黑龙潭旁边确实也有一口井，这就是郭婆井，在铁冶岭北，今吴山西麓的四宜亭之下。关于这口井的来历，有许多传说。一种说法是，曾经有乐善好施的郭氏一家，到处开井帮助别人。郭公开的井就叫郭公井，儿子开的井叫郭儿井，郭妻开的井就是郭婆井。三口井的位置不在一起，只有郭婆井在这里。

可《西湖游览志》的作者田汝成认为，郭婆井是个“谐音梗”，其实应该叫郭璞井。郭璞是西晋人，他给《山海经》做过注释，是个非常著名的“大仙儿”。据说郭璞精通风水之术，通过观察地脉，为杭州寻找甘泉，所以很多美泉都托名是郭璞井。大概中间遇到了几个口齿不清的人，郭璞井传着传着就成了郭婆井。

说实话，两个传说都不可信，但都充满传奇色彩，这也正是民间传说的魅力所在。

郭婆井有十个眼，一天能为千余家提供水源。供水量虽然远不如“钱塘第一井”，但是好在井水水质清美，许多杭州人甚至专门来这里打水酿酒、泡茶、煮药。所以郭婆井的水又有“杭之圣水”的美誉。

流福井，位于临安府治前的流福巷，水口在清波门外。其实和“六井”是

[元] 佚名绘《西湖清趣图》（局部，美国弗利尔美术馆藏。图中左上的水口为流福坊水口）

一个序列，都在西城墙边，直接引西湖水入城。但流福井距离府治最近。据侍郎卢钺的《咸淳重修井记》说，流福井的水导源于聚景园中，但后来还是堵塞了。咸淳六年（1270），知府潜说友鉴于此井湮废太久，干脆另开水路，从学士桥别开大港水脉连通，流福井“起死回生”。

第八章　钱塘自古繁华

清波之盛——繁荣的商业

东南形胜，三吴都会，钱塘自古繁华。烟柳画桥，风帘翠幕，参差十万人家。云树绕堤沙。怒涛卷霜雪，天堑无涯。市列珠玑，户盈罗绮，竞豪奢。

重湖叠巘清嘉。有三秋桂子，十里荷花。羌管弄晴，菱歌泛夜，嬉嬉钓叟莲娃。千骑拥高牙。乘醉听箫鼓，吟赏烟霞。异日图将好景，归去凤池夸。

——［宋］柳永《望海潮》

一　清波御街尽得钱塘繁华

欧阳修说，“钱塘兼有天下之美”，而有美堂“又尽得钱塘之美”。柳永说“钱塘自古繁华”，而我们也可以说，清波御街“尽得钱塘繁华”。

北宋前期，我国的城市还沿袭隋唐，施行市坊分离制度。简单说就是人住在坊里，做买卖就去市（即市场）里。那时整座杭州城只有一个市，就位于惠民路以北，后市街、羊坝头以东的一片区域，也就是清波的东北部。

后来随着商业发展，全国各地的市坊界限渐渐被打破。就像我们今天一样，居住区和商业区是混杂在一起的。历经一百多年的发展，到了南宋以临安为行在，杭州的经济已十分发达。说临安是当时全世界最繁荣的城市之一，是毫不夸张的。

临安府最热闹的地方，就是御街，这条街是纵贯临安南北的中轴线，也是全城最繁华的经济中心和金融中心。御街最黄金的地段，就是和宁门杈子外到众安桥之间。《梦粱录》中记载：“自大街及诸坊巷，大小铺席，连门俱是，即无虚空之屋。每日清晨，两街巷门，浮铺上行，百市买卖，热闹至饭前，市罢而收。”《都城纪胜》更形容这条街是“食物店铺，人烟浩穰”。

这条黄金地段的中段部分从清波穿过。宾客熙熙攘攘，商品琳琅满目，吆喝声此起彼伏。和今天大都市核心商业街的标配一样，这也是一条集商业、金融、酒店、美食、图书文创等多种功能于一身的繁华不夜之街。

不过，关于这条街的介绍，我相信你以前看过的文字，大都是告诉你，酒楼有哪些，茶楼有哪些，饭店有哪些，服装店有哪些，书店有哪些……总之就

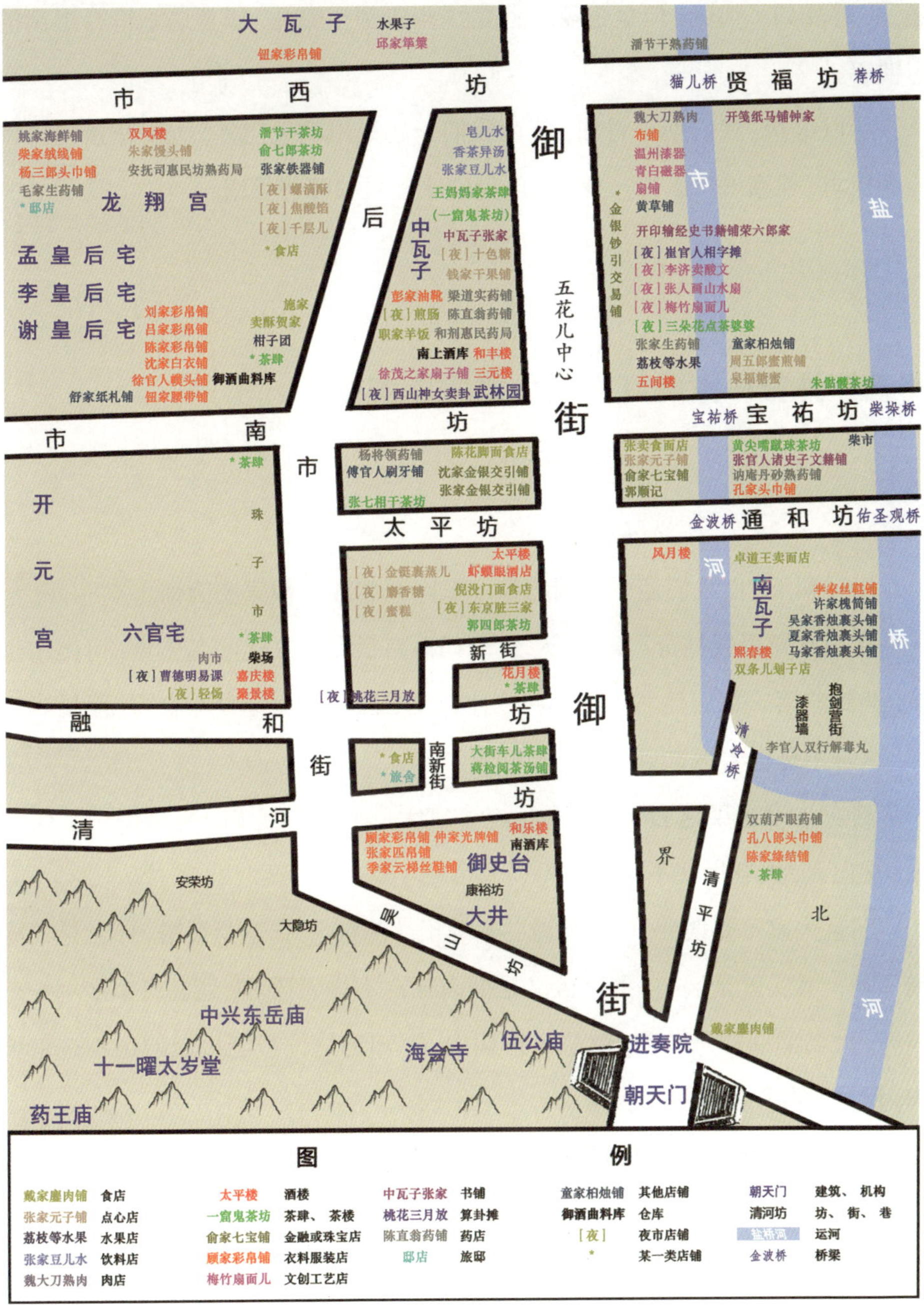

南宋临安御街中段商业图

注：本图根据《梦粱录》《都城纪胜》《武林旧事》《西湖老人繁胜志》及其他史料、文物绘制。史料中的大多数店铺只写明在哪个坊或哪条街，只有个别店铺写明了相对方位，因此无法精确确定店铺的具体位置。图中除个别店铺外，绝大多数店铺只表示在某个坊内或条街内，不表示具体位置。

是，你感受到了热闹，但是也搞不清楚这些店都在哪儿，毕竟这不符合逛街的习惯嘛。

所以这次，我们换个讲法，就让我们一起走出朝天门外，沉浸在接袂成帷的御街里，挨家挨户去探一探，这条街到底都藏着哪些秘密。

朝天门外第一家网红店铺：戴家爊肉铺

出了朝天门，我们迎面遇到的第一家网红店铺是戴家爊肉铺。

有没有觉得很神奇？现如今，大宋朝以有钱和有文化闻名于世，可出了皇城，遇到的第一家店竟然不是卖诗书字画的，也不是卖金银珠宝的，而是卖肉的，这是不是也太不拿皇城大门当回事了？

其实也没必要这么惊讶，毕竟连皇宫大门和宁门门口，也是挤满了餐饮业。文化人、大老板就不吃肉了吗？皇帝就不吃肉了吗？

而且大家不要误会，“爊肉铺”不等于“肉铺”，它是个饭馆。什么是“爊肉”呢？其实就是焖肉。那什么又是焖肉呢？不讲大道理，只说三个字——东坡肉。大名鼎鼎的东坡肉，就是一种焖肉。不知道这位戴老板做的是不是东坡肉，但是手艺一定不错。

离开戴家爊肉铺，我们先不要着急左转走御街，这次我们穿个小巷。这条小巷名叫清平坊，旧称沙皮巷，也就是今天的打铜巷。据说清代时，这条巷子里扎堆制作铜制器具，因而得名。不过宋代的清平坊并不打铜，淳祐以后，这条巷子里有三家出名的商铺，分别是孔八郎头巾铺、陈家绦结铺以及开在巷口的双葫芦眼药铺。

今天位于鼓楼外的店铺（胡鉴　摄）

河坊街与高银街的豪华前世

沿小巷一路向北，出了清平坊，过清冷桥，迎面就是一座豪华大酒楼。酒楼名叫熙春楼，位于桥西，是临安城里几大著名酒楼之一，老板姓王。而熙春楼，又是城中五大娱乐中心之一南瓦子的重要标志。

熙春楼下有双条儿刬子店，双条儿刬子是宋代的一种食物，刬子就是铲子，应该是这种食物形状与铲子相似，故名。至于双条儿刬子到底是什么，就仁者见仁智者见智了，我见过有人说疑似是一种面条的。在南瓦子北面，还有一家卓道王卖面店，也是卖面食的。

这里还有两条街，店铺如云。左手边是漆器墙，不知是否卖过漆器，但这条小巷里最著名的店铺是李官人双行解毒丸。而右手边的抱剑营街里，则有吴家、夏家、马家三家香烛裹头铺，另有李家丝鞋铺和许家槐简铺。

南瓦子我们就不细逛了，因为后面还有更豪华的瓦子等着我们。由清冷桥原路返回，就能沿路回到御街上。西面两条临近的直街，便分别是清河坊与融和坊了，现在它们分别成为河坊街和高银巷。今天我们去杭州御街，大井巷里宁静文艺，开着不少有情调的咖啡小馆和文创小店，就像是躲在大城市里的一座世外桃源。而紧邻的河坊街和高银巷，却是热闹非凡，哪怕不是旅游旺季，不是周末，两条街上依然灯火通明、人声鼎沸，叫卖声、叫好声、砍价声、吵架声，声声入耳，此起彼伏。

南宋的情况不能说很相似，只能说几乎完全一样。那时大井巷的正式名称还叫吴山坊，依然恬静淡雅，就像一盏淡淡的茶。而清河坊与融和坊，那就是烈烈的酒了。

清河坊的南首，有一座官府开的和乐楼，这是我们出朝天门以来见到的第二座酒楼，是我们真正进入闹市区的一大标志。和乐楼的大老板，是负责管理酒库的点检所。

北宋初年，官府和民间都可以卖酒，民间只要交税就行。在市场上竞争，官府卖不过民商再正常不过，因而那时官府的酒库获利非常少。后来王安石变法，严禁民间卖酒，卖酒权被官酒库垄断。官酒库为了赢利，开始在城中投资建酒楼，还把官妓拉过来吹拉弹唱，以招揽生意。官酒库的直接想法当然是通过酒楼卖酒，但挣的钱可不只酒钱。

后来新法罢废，民间又恢复了卖酒权利。但官酒库吃到了甜头，自然也不会把吃进肚子的鸭子吐出来。于是，官酒库开酒楼卖酒的“优良传统”被继承下来。南宋时，临安城中设有点检行在赡军激赏酒库所，简称点检所，隶属于浙西安抚司。点检所共管理临安十三座酒库，每座酒库都设立两名监官负责管理，下有专门吏、酒匠负责具体事务。从点检所的全称也能看出来，这些酒库的赢利用于养兵和奖赏军功。

十三座酒库里，南库和西库就在临安。南库旗下的新酒库位于清河坊，旧称升阳宫，建有和乐楼；西库中的清酒库位于三桥南的惠迁桥一带。此外，十三库中还有一座南上库，据《梦粱录》记载，旗下的清酒库位于睦亲坊北，也投资建了一座和丰楼。不过，周密在《武林旧事》中却说，南上库在武林园，而武林园在中瓦子，也属清波地界。不知道是周密记载有误，还是后来南上库、和丰楼搬迁，抑或开了分号。

这些官营酒楼为了卖酒，招了很多官妓。宋代的各级官府都会从民间选取有才艺的女子加入乐籍，在官府举行庆典和宴会时，会让这些女孩子来表演歌舞，以及劝酒助兴。在官府服役期间，她们不能婚配，也不能跟官员有私情。显然，官营酒楼把她们找来，就是要“色诱”广大顾客来买酒。

别说，这招儿肯定有用。当时有不少“风流才子”，就为了买姑娘一笑，干脆直接跑到酒库去“点花牌”。为了确保万无一失，他们宁可多花点儿钱，也要见一见姑娘们，当面确定“花牌”。

虽然官酒库干的是擦边球生意，但至少还没把酒楼开成青楼。当然，酒楼除了官营的，也有许多民营的。比如融和坊就开有嘉庆楼、聚景楼。这些私营酒楼自然也少不了陪酒的姑娘，只不过都是从民间招募的私妓。

相比于酒楼的擦边球，清河坊内的茶楼，做的可就都是干干净净的高大上生意了。坊内最著名的茶楼有两座，分别是大街车儿茶肆和蒋检阅茶肆。从“大街”两字来看，车儿茶肆应该是开在御街沿街。蒋检阅茶肆又叫蒋检阅茶汤铺，比车儿茶肆要年轻，属于淳祐以后出名的那批商铺。

临安城里的茶楼有三个档次，最高档次的就是“大茶坊”，是士大夫聚会的场所。既然目标都是官场上的文化人，“大茶坊”自然要讲究雅致。

这一类茶楼的四壁，都要张挂名人字画，还要在茶楼内设花架，安顿奇松异桧等花卉盆景，花瓶中插入四时花卉。除了一年四季要“卖奇茶异汤”，冬天里还要卖“七宝擂茶、馓子、葱茶”或“盐豉汤”等温热之物；而夏天卖的

位于高银街的皇饭儿酒楼（今天的河坊街与高银街仍然酒楼林立。步恩撒　摄）

自然是“雪泡梅花酒”“缩脾饮暑药”之类的消暑解渴之物了。

绍兴年间（1131—1162），卖梅花酒的茶楼曾经流行用鼓乐吹奏《梅花引》曲破来招引顾客，而且用银盂、银杓、银盏子作茶具，雅则雅矣，就是成本有点儿高。等风口过去了，这些茶楼也渐渐“恢复正常”，只是敲盏唱歌叫卖，用瓷盏、漆托作茶具了。

来这种“大茶坊”喝茶的大多是富贵人家，他们有时候过来会交点儿学费，学点儿乐器，这叫“挂牌儿”。当然，更多时候是朋友坐在一起高谈阔论，切磋乐技。其实就是一个社会精英维持圈子的地方。

不过，文人士大夫一扎堆，难免会留下一些段子。陆游在《老学庵记》里，就记载过自己一位朋友毛德昭的窘事。毛德昭名文字德昭，是两浙一带的读书人。这位大哥博闻强识，学习到了废寝忘食的地步，是个读书的好苗子。就是嘴上没把门的，不会好好聊天，属于聊不了两句就要骂人的那种。

当然，毛德昭骂人也有道理。毕竟，那时正是绍兴初年，秦桧独居宰相之位，又是跟金朝眉来眼去，又是冤杀岳飞，又是横征暴敛，估计你要是跟毛德昭坐在一起，你也想跟着他一起骂。问题就在于，秦桧忌讳多，手又狠，三天两头搞文字狱。所以搞到最后，就变成毛德昭一人出言不逊，大家只敢听着，没人敢跟着骂。毛德昭也不以为意，自顾自地接着骂。

有一天，毛德昭在朝天门外的茶楼里喝茶，遇到唐锡永。这位唐锡永向来看不上毛德昭，觉得他太狂了。不喜欢归不喜欢，唐锡永竟然坐到了毛德昭这桌，还趴在耳朵边说起了悄悄话："您向来号称敢说话，您看，秦太师这人怎么样？"

真不知道唐锡永葫芦里卖的什么药，我都替毛德昭捏一把汗……

算了，我想多了。

毛德昭听了唐锡永的话，脸色都吓白了，一下从椅子上蹿了起来，一边捂着耳朵一边说："放气，放气！"话还没说完转身就跑，唐锡永要追，那哪里追得上？

解释一下，毛德昭说的其实就是"放屁放屁"，也不知道是"我说的那些话都是放屁，你别当真"，还是"你说的这些话都是放屁，我从来就没说过"？总之，毛德昭被吓得够呛，像只受惊的兔子，一溜烟儿就跑不见了。

也不知道让毛德昭"放气"的这家朝天门外的茶楼，是不是车儿茶肆。

除了酒楼和茶楼，清河坊与融和坊还有一些值得一逛的店铺。

在清河坊路南的升阳宫附近，有仲家光牌铺、季家云梯丝鞋铺，坊内还有顾家彩帛铺、张家匹帛铺，看来是个衣料时装店的专区。清河坊里还有旅社，浙西人郑主簿赴调时曾在此居住，这感觉即便不是住在长安街上的北京饭店，也是住在王府井大街的王府酒店了。

融和坊内除了有众多的歌馆外，还是一座著名的珠宝市场，当时称为"珠子市"。从融和坊向北到市南坊，也就是今天的惠民路，这一路上全是珠光宝气的店铺，而且交易规模极大，动辄数万贯的买卖。在珠子市之间，还开着一些质库，用今天的话说就是当铺，老板都是豪商巨贾，收益也都在千万贯以上。而且融和坊周边也有不少金银业务的店铺，如清河坊西有一家阮六郎铺，杭州博物馆里还藏有他家制作的金叶子。再往西的天井坊里，还有一家张家金银铺。

这条街简直就是用金子铺的，难怪到了明代，融和坊改叫了高银巷。

可让人摸不着头脑的是，这样一条翠绕珠围的巷子，居然还有一个别称——灌肺岭巷，听起来有点儿……毛骨悚然？甚至它还有一个更直接的名字——肉市巷。肉市，当然就是卖肉的（又是卖肉的），那年代又不把肉联厂设在郊区，前台是卖肉的肉市，后面就是杀猪宰羊的屠宰场。临安最大的肉市在修义坊，在今天的三元坊巷一带，坊中住的都是屠户，一天能杀几百头牲畜，而且从天亮杀到临近天亮。

更有意思的是，融和坊这个肉市，周围除了有珠子市和质库，还是达官贵人出入之地。陆游修史时居住的六官宅，宋宁宗登基前居住的嘉王府（即开元宫），都在这个肉市周围。这就是我们在前面提到过的，南宋的皇族后戚、达官显贵，至少在居住方面，真的没那么傲娇。他们无论是走出闹市还是走进闹市，闹市都是活生生的真正的闹市。

不过这里也要解释一下，融和坊这个肉市，只卖肉，不杀生。早先，在融和坊里有一座小丘，肉贩们常常将附近其他肉市里买来的灌肺、下脚之类的货物拿到小丘下面来卖。久而久之，人们便把小丘称为灌肺岭，把融和坊称为灌肺岭巷、灌肺岭巷新街、融和坊新街或肉市巷了，坊中的一座小桥也被称为灌肺桥。到了南宋末年，小丘被夷为平地，成为民居和坦路。灌肺岭也从此走入了历史。

最后要说的是，融和坊里还有一座柴木仓库，当时叫作柴场，类似于我们小时候那种煤厂。临安城里的货物，包括米、酒、油、燃料等，都会依据品质的高低，分门别类地给予存贮。比如柴场，官府在城内外设置了二十一所。和官酒库一样，柴场也有销售任务，所以柴场其实也是燃料的小规模批发与零售市场。

今天的高银街已是名副其实的美食街（汪建伟　摄）

南宋临安的御街，从皇宫后门和宁门的杈子外，一直到朝天门外的清河坊，以及东面的南瓦子，有“界北”之称。至此，我们就要离开界北，去看看张俊开的太平楼，是怎样一个花花世界。

太平坊里的“销金窟”

从清河坊向北，沿着东面的御街或西面的后市街，穿过融和坊，经过太平坊，可以一直走到市南坊。不过，在融和坊和太平坊之间，还有一条新街，大抵是今天的木瓜巷一带。从御街左转沿着新街向西，到达与今天祠堂巷交会的路口，再向南，可以通过融和坊到达清河坊，这条街在当时叫南新街。出了南新街，正对着的就是南宋最高监察机构——御史台的官邸。这条街店铺林立，不过也是京城著名的“群花所聚”之一。新街巷口一座花月楼，算是这条街上最出名的铺子了。

新街往北，就是威名赫赫的太平坊了。前面说过，太平坊因太平楼而得名，太平楼又是张俊修建经营。你一定认为，这是张循王名下的优质资产。可实际上，太平楼是一家官营酒楼，《都城纪胜》说它背后的老板是西子酒库。《宋史全文》说太平楼建于绍兴五年（1135），酒楼取名“太平”，显然和杭州升府“临安”一样，想讨个吉利。可后来秦桧炮制出第二次绍兴和议，“太平”反而变成了讽刺。

和议既成，秦桧以太平宰相自居，气焰熏天，不可一世。据陆游后来在《追感往事》诗的自注中回忆，那时宫中都管秦桧叫“太平翁翁”。太平楼歪打正着，成

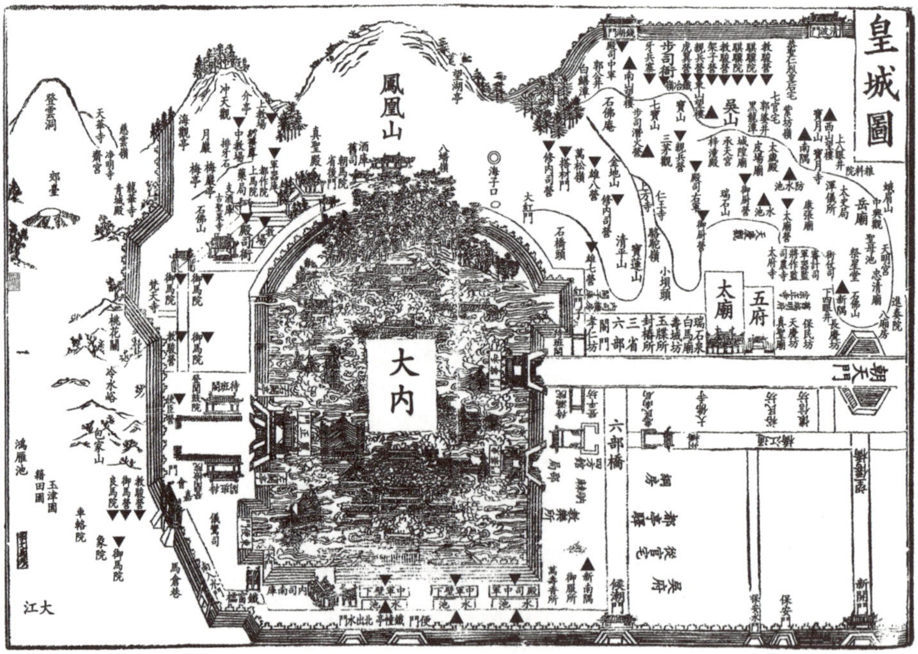

《咸淳临安志 · 皇城图》（图为姜青青《〈咸淳临安志〉宋版“京城四图”复原研究》中的复原图）

为为秦桧歌功颂德的标志性建筑，想来善于奉承的张俊心里是极得意的。

可张俊没想到，太平楼捅了大娄子。

文人们在酒楼喝酒，在旅邸住店，在名胜赏风景，随手就在墙壁上涂鸦，打从唐代以来就是一大“优良传统”。我们今天看到的诗词能流传下来，有一部分就是托了“涂鸦墙”的福。宋代的文人当然也不例外，最著名的涂鸦当属林升那句“直把杭州作汴州”了。

但是林升也就是发发牢骚，骂骂西湖。可太平楼这次，几乎就是指名道姓了。一天，太平楼的墙壁上突然多了一句：“快磨三尺，欲斩佞臣头！”谁是佞臣？要斩谁的头？佞臣自己心里最清楚。

秦桧时代，你汇报个不太平的消息，比如发洪水闹旱灾，都是吃不了兜着走，何况是直接骂他这个“太平翁翁”。

谁这么大胆，敢在官府开的酒楼里骂秦桧？

此人名叫黄中辅，你大概率没听说过，但是他的家世却十分华丽。黄庭坚是他的从伯父或从叔父，宗泽是他的姥爷；六世孙黄溍则有一个好学生，那就是明初太子朱标的老师、主持《元史》编修的名儒宋濂。

黄中辅的故事本来到此为止，可几百年后，人们又为他虚写了新的履历。

最早是明末的《崇祯义乌县志》，说黄中辅题诗后差点儿命都没了，只好躲进深山老林，直到秦桧死了，朝中有人将他的义举上奏，高宗这才赶紧任命他为官。可惜黄中辅还没来得及出山，就病逝了。

到了清初康熙年间的《金华府志》，这故事就更有意思了。说秦桧得知此事后，气得到处拿人，但连黄中辅的影子都捕不到，只好不了了之。黄中辅其实是躲回了义乌老家，虽然躲过一劫，可老有邻居想举报他。眼看就要在劫难逃了，“太平翁翁”却一口气没喘上来，恰在其时见阎王去了。黄中辅这才转危为安。

两本地方志里的故事出现得太晚，又特别有喜感，附会的概率比较大。不过，当年的黄中辅在太平楼直抒胸臆，大快人心，却也确实给自己和家人带来了很大的危险。现在想想，也就不难理解为什么毛德昭要“放气放气”了。

《崇祯义乌县志》里还收录了黄中辅这首词的全文，并题名为《题太平楼词》。虽然很有可能是后人补续之作，也不妨留给大家回味：

> 沥血为词，披肝作纸，片言谁让千秋？快磨三尺，欲斩佞臣头。自恨草茅无路，望九重如在瀛洲。兴长叹，无言耿耿，空抱济时忧。　　休休休，真可虑：才如李广，却不封侯。奈伯郎斗酒，翻得凉州。尽道边庭卧鼓，谁知老了貔貅。凭谁问：边筹未建，建恁太平楼？

好词，好人，连带着太平楼也成了好楼。

淳祐以后，太平坊里又崛起了另一座酒楼，名叫虾蟆眼酒店。听这名字，似乎能想象出创始老板的模样。虾蟆眼酒店位于太平坊大街东南角，临近御街。周密在《武林旧事》中特意提到，这家酒店“只卖好酒”。能够在太平楼眼皮子底下异军突起，虾蟆眼酒店是有自己的经营之道的。

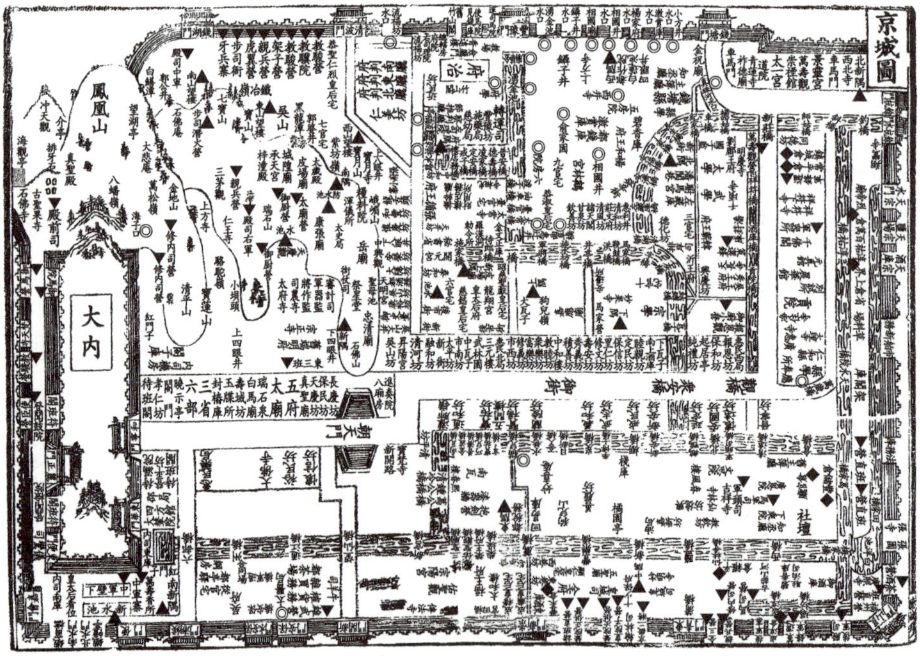

《咸淳临安志·京城图》（图为姜青青《〈咸淳临安志〉宋版“京城四图”复原研究》中的复原图）

百年河坊街（吴海平　摄）

太平坊东口正对着的巷子叫通和坊，因连着金波桥，故俗称金波桥路或金波桥巷，至今仍叫金波桥弄。金波桥附近，有一家由严氏开的风月楼。

太平坊虽然不大，但是茶楼也不少。最著名的两座分别是郭四郎茶坊，以及位于北首的张七相干茶坊。《梦粱录》对它们的评价是“多有炒闹，非君子驻足之地也”。

前面说茶楼的时候曾提到，临安的茶楼分为三个等级，除了最高大上的“大茶坊”外，第二等称为“人情茶肆”，第三等称为“花茶坊”。

“人情茶肆”和今天的茶楼很像，主打的不是茶品，而是为各色人等提供一个交际场所，然后收点儿“茶水钱”。只不过来“人情茶肆”的，往往是些社会地位不高的人：要么是娼妓弟子会聚，消遣娱乐；要么是各大行业的雇佣劳动者，在这里找工作，人称“市头”。这么说来，“人情茶肆”还有人才市场的作用。

至于“花茶坊”，听名字就能知道是什么样的茶楼。这一类茶楼在一楼只是简单放点儿桌椅，实际上在楼上都安排了妓女。所以在茶楼门口，总是有美女“靓妆迎门，争妍卖笑，朝歌暮弦，摇荡心目”。

你要是禁不住诱惑，迈进了她家大门，后面就准备大把“出血”吧。刚一进屋，服务员就端上来一杯茶，几千钱就在这一杯茶里打水漂了，这叫“点花茶”；紧接着上楼再喝一杯，又是几千钱，这叫“支酒”。这只是个开始，后面花钱的地方还多着呢。而很多“色艺冠一”的名妓也因此“富盛”一方，宋末有个叫唐安安的，家里的酒器、冰盆、火箱等，所有装东西的物件，非金即银。难怪吴自牧说这里“非君子驻足之地”。

临安城中的“花茶坊”，最著名的有五座，其中太平坊有两座，便是郭四郎茶坊和张七相干茶坊，此外市西坊两座、宝祐坊一座。也就是说，五座最著名的“花茶坊”全部在清波之内，可见当年这里在繁荣之余，也是个不折不扣的“销金窟”。

一个商铺改变了一条街的名字

太平坊再往北，便是市南坊，即今天的惠民路。淳祐以后，坊内的徐官人幞头铺名扬全城，以至成了市南坊的代言——人们用“巾子巷”来称呼市南坊。后来“巾子巷”又被谐音成“金子巷”，倒也是情有可原，因为市南坊就开着沈家、张家两家大型金银交引铺。市南坊正对面是宝祐坊，又作保祐坊，东有一座宝祐桥，在市河之上。

这一带的美食网红店开始多了起来，太平坊南的倪没门面食店、市南坊巷口的陈花脚面食店、宝祐坊前的张卖食面店，都是淳祐以后红极一时的店面。南方人本来不爱吃面，可这些餐厅饭馆以主打面食为主，说明靖康之难后，确

御街上的万隆火腿庄（胡鉴　摄）

实有大量的北方人来到临安，南北饮食文化交流交融。直到今天，杭州的顶流美食里仍有一道叫——片儿川，其实就是一种杭州特色的面条。你看，不仅杭州人爱吃面，连许多南方人搞不定的“儿化音”，都已经化入他们的方言。南北文化的交融，在杭州人的基因里留下了深刻的痕迹。

市南坊还是个大型衣料服装市场，规模比清河坊的衣料服装市场要大得多。市南坊里，除了火爆到让市南坊改名的徐官人幞头铺，还有沈家白衣铺、钮家腰带铺；在市南坊与更北面的市西坊之间，还有刘家彩帛铺、吕家彩帛铺、陈家彩帛铺。

市南坊与市西坊之间，官府还在此设立了和剂惠民药局，也就是在前面我们提到过的惠民北局，这是一座官营大药房。这座大药房直接带动了周边药店的兴旺，市南坊巷口有杨将领药铺，宝祐坊前有讷庵丹砂熟药铺，宝祐坊的五间楼前有张家生药铺，市南坊北面的中瓦子内有陈直翁药铺、梁道实药铺。

而这一切，仅仅是一个前奏。再往前走，我们即将进入全临安城数一数二的繁华市景——五花儿中心，在这里，人人都会流连忘返、乐不思蜀。

勾栏瓦舍，五花儿中心

◉

在市南坊、市西坊、后市街与御街围起的这片土地里，便是整个清波地区最热闹的娱乐场所——中瓦子。在五大娱乐中心里，中瓦子的规模仅次于市西坊北面的大瓦子。

瓦子，又叫瓦舍。《梦粱录》说：“瓦舍者，谓其‘来时瓦合，去时瓦解’之义，易聚易散也。”这就是一种以戏场为中心、具有商业性质的大型综合性演艺场所。瓦中设有勾栏，作为表演场所，同时又常常与集市结合在一起，所以也被称为瓦肆。

今天的“南宋瓦肆”（吴海平　摄）

早在北宋时期，瓦子就在开封城里盛行了，最盛时多达五十余座。宋室南渡后，把这种娱乐场所搬到了临安。南宋瓦子的兴起，最初与军队有关。临安成为行在后，由于殿帅杨沂中和大量驻军都是西北人，于是便仿照开封，在临安城内外“创立瓦舍，招集伎乐”，作为将领与士兵日常娱乐之地。

虽然临安的瓦子一开始是由军队开创的，但是官府对它的限制并不多，再加上临安的商业迅速发展，瓦子也就成为普通居民的娱乐场所，而且规模越来越大。那时临安一共有十七处瓦子，其中五座在城里，由修内司管理；十二座在城外，由殿前司管理。后来总数又增至二十三座。

在城里的这五座分别是清冷桥西熙春楼下的南瓦子、市南坊北三元楼前的中瓦子、市西坊内三桥巷的大瓦子（旧称上瓦子）、众安桥南羊棚楼前的下瓦子（旧称北瓦子）、盐桥下蒲桥东的蒲桥瓦子（又称东瓦子），其中又以大瓦子和中瓦子规模最大，最为繁荣。南瓦子和中瓦子就在清波，大瓦子与清波也仅仅一街之隔。

中瓦子有多出名呢？隆兴年间（1163—1164），刚刚退位不久的宋高宗，曾带着六宫跑到这里看表演，就坐在相对修内司染坊的位置。

来瓦子的人，无论是皇帝还是百姓，大多就是图个乐和。所以瓦子里面的节目，大多也是喜气洋洋，热热闹闹。据《梦粱录》《武林旧事》《都城纪胜》《西湖老人繁胜录》等书记载，这些“百戏伎艺”包括：唱赚、诸宫调、转踏、大曲、清乐、小唱、弹唱、京词、崖词、耍令、商谜、相扑、女飐、踢弄、踏索、打硬、举重、射弩、竹马、蛮牌、神鬼、扑旗、夹棒、吟叫、合生、象生、道情、泥丸、头钱、沙书、弄水、舞旋、舞绾、鲍老、筑球、下棋、小说、烟火、说药、捕蛇、消息、参军、杂剧、院本、鼓子词、说诨话、学乡谈、教走兽、乔相扑、教飞禽、教虫蚁、装秀才、放风筝、七圣法、划旱船、耍和尚、村田乐、马后乐、藏去之术等六七十种伎艺。

篇幅有限，我们没法把这些项目一一展现给大家，所以就找几个重点来聊聊吧。

说唱艺术在北宋开封曾盛极一时，临安的瓦子里自然也少不了。开封瓦子里最为常见的说话（也就是“说书”），其中的说经、说公案、讲史、小说四类都风靡于临安的各大瓦子，而且还涌现出数以百计的说书名家和话本，后来明清的很多小说，就脱胎于说书。

吟叫，又称叫声、叫果子，是根据民间的各种歌吟和叫卖声，比之当下，诸如什么“磨剪子嘞抢菜刀”之类的，然后运用宋代作曲手法而创造的歌曲形式，有点类似于我们现在的“叫卖组曲”。

叫卖其实就是一种有声广告，吆喝叫卖时自然要嗓音洪亮。从叫卖到吟叫，格调上去了，对表演人员的要求自然不能只停留在“大嗓门”，音色还要优美、悦耳。南宋末年的姜阿得、钟胜、吴百四、潘善寿、苏阿黑、余庆等，都是红极一时的吟叫艺人。

嘌唱是以击鼓、敲盏等打击乐伴奏来歌唱令曲小词。要说击鼓说唱这个事儿，我们老祖宗真是没少研究，东汉就有“击鼓说唱俑”。当然此“击鼓说唱”非彼“击鼓说唱”。南宋的嘌唱，讲究“驱驾虚声，纵弄宫调”。嘌唱有时候跟吟叫合二为一，击鼓、敲盏作伴奏，唱的却是吟叫的内容。

除了“说”与“唱”，“舞”自然也不能或缺。临安城里的民间舞蹈专业团体，不下数十个。仅舞队就有清音、遏云、棹刀、鲍老、胡女、刘衮、乔三教、乔迎酒、乔亲事、焦锤架儿、仕女、杵歌、诸国朝、竹马儿、村田乐、神鬼、十斋郎等社。

这些舞蹈队的表演形式丰富多样。如舞蛮牌，是一种由古代武舞发展演变而来的大型舞蹈节目，以蛮牌为主要道具，既有数百人的群体舞，也有两人的对舞，表演起来既壮观又细腻。

扑旗则以旗子为主要表演道具，两位舞者头扎红巾，一人手中不停地舞动大旗，另一人“手执两白旗子，跳跃旋风而舞，谓之扑旗子”。这种舞蹈就像激烈的打斗，紧张又刺激。

模仿秀也是自古以来就很受大众欢迎的娱乐项目，当然南宋的时候明星

河坊街（吴海平 摄）

没有今天这么多，所以大多数模仿秀不是模仿某明星，而是去模仿某种职业，比如装秀才、谈诨话、学乡谈、装神鬼等。此外，还有许多杂技节目，比如相扑、杖头傀儡、悬丝傀儡、水傀儡、影戏、使棒、踢弄、散耍等。

各大瓦子各具特色，同时也有激烈竞争，瓦中的艺人肯定是最核心的竞争力之一。别看大瓦子、中瓦子财大气粗，可如果只说勾栏这一项，反而是北瓦子最厉害。那时有个叫小张四郎的，一辈子就只在北瓦占一座勾栏说话，从来不去其他瓦子作场。结果连他说话用的勾栏，都被人们称为"小张四郎勾栏"了。

表演到位，服务同样要到位。瓦子里有很多配套的商业设施，就拿中瓦子来说，餐饮、点心、饮料、文创、酒楼、茶楼一应俱全，甚至还有书坊。在这里开书坊的，可是我们的老朋友了——中瓦子张家，他家出版过一部《大唐三藏取经诗话》。这个中瓦子张家就开在中瓦子里面。这边演出，那边编辑，然后雕版、印刷、上市，简直一条龙服务。

顶级酒楼与金融街

中瓦子的兴盛，直接带动了中瓦子内的商铺发展；而这些商铺的发展，又直接带动了整个商圈的繁荣。

中瓦子前的武林园，有全临安城顶尖的酒楼，这就是由康、沈两家经营的三元楼。在临安城里，三元楼说自己是酒楼业的第二，没人敢说自己是第一。

同许多酒楼一样，三元楼装潢时在门首采用了“彩画欢门”，这是酒楼门前特有的一种木质建筑模样，几近牌坊。“彩画欢门”不仅告诉人们本酒楼的经营内容，更给人一种富丽堂皇、吉祥喜庆的气象。

三元楼在其他方面的装潢也很注重细节。酒楼“设红绿杈子，绯绿帘幕，贴金红纱栀子灯，装饰厅院廊庑，花木森茂，酒座潇洒”。向前一二十步一直为主廊，之后分南北两廊，到了晚上，灯烛荧煌，上下相照，甚至还有浓妆艺伎数十人，聚于主廊上，以待酒客呼唤。酒楼的所有餐具，全用白银制成。由于环境幽雅，灯影迷离，远远望去就好像是仙宫神殿一般。

中瓦子对面的宝祐坊，还开了一座五间楼。五间楼虽然稍逊于三元楼，但也是一顶一的大型酒楼，其楼前店铺之多，商业辐射面之大，让三元楼看了都会心生嫉妒。

相比三元楼与五间楼，官营的和丰楼略落下风，但既然在此开了分号，抑或是直接把旗舰店搬了过来，就说明中瓦子一带商业繁荣，对投资者有极强的吸引力和诱惑力。

中瓦子里不仅有档次最高的酒楼，还有档次最高的茶楼，这就是王妈妈家茶肆，别名一窟鬼茶坊。既然档次最高，当然属于第一等“大茶坊”。此楼名气大到三天两头出现在说话和话本里充当背景板。

在宝祐坊张卖面店的隔壁，也有一座“大茶坊”，名叫黄尖嘴蹴球茶坊，不过坊北的朱骷髅茶坊又属于“花茶坊”了。这还真是个雅俗共赏的神奇地界。

市南坊郭顺记制作的金叶子（左）与清河坊西阮六郎铺制作的金叶子（右）

商业发达，人气旺盛，此地必出美食。除了周边太平坊、市南坊、宝祐坊里的网红面食店，中瓦子前开设的职家羊饭也扬名一时。正餐之外，各种点心、水果、饮料店铺也一应俱全，如宝祐巷前的张家元子铺，中瓦子前的皂儿水、张家豆儿水，五间楼前的泉福糖蜜、周五郎蜜煎铺，以及在五间楼昼夜销售的余甘子、新荔枝、木檐、荔枝圆眼汤等热带、亚热带水果。

就像你想不到珠宝市场的旁边是肉市一样，中瓦子这样一座娱乐场所紧邻着金融街。自五间楼往北到官巷南街（位于今官巷口一带），道路两旁林林总总开设了一百多家金银钞引交易铺，简单来说就是有价证券交易所。在这些店面的前边，陈列着金银器皿和现钱，称为“看垛钱”，以备不时之需。除此之外，前面提到过，市南坊还有沈家、张家金银交引铺，宝祐坊前还有一家珠宝商店俞家七宝铺，坊南还有一家叫郭顺记的金店，时至今日，我们还出土了郭顺记制作的金叶子，就藏在吴山脚下的杭州博物馆。

这是一条如假包换的金融街，难怪对面的酒楼、茶楼都器宇不凡。可惜史料对这些店铺的记载实在太少，不然真的可以算算，中瓦子和宝祐街这一带的金融街，与融和坊一带的珠宝街，到底谁更富贵。

有趣的是，中瓦子的下里巴人与五间楼的金街银楼，还吸引了大量文化产业商铺，文创工艺店铺有之，如中瓦子前的徐茂之家扇子铺；书铺更有之，如中瓦子张家、宝祐坊前张官人诸史子文籍铺、开印输经史书籍铺荣六郎家。我们前面提到的书业大战，就发生在这三家书铺之间。

此外，中瓦子商圈还有不少特色店铺，如中瓦前的彭家油靴、宝祐坊前的

河坊街夜色（吴海平　摄）

孔家头巾铺、五间楼前的童家柏烛铺、市南坊巷口的傅官人刷牙铺，以及位于市南坊与市西坊之间的舒家纸札铺。

临安不夜城

◉

隆兴二年（1164）秋，杨万里到临安，寓居在朋友徐元达家。不久，徐家就来了一位重量级人物，杨万里的老师王庭珪。二十一年前，杨万里拜王庭珪为师。在王庭珪的谆谆教诲下，杨万里已成长为一代名士，两人建立了深厚的师生情谊。

久别重逢，师生二人秉烛夜谈，最终一起住到了徐元达家。徐元达家在御

街之侧，生活起居相当方便，但也有一个问题，那就是吵，尤其到了三更半夜，依然很吵。

杨万里一时心烦，便做了一首小诗《宿徐元达小楼》：

> 楼迥眠曾著，秋寒夜更加。市声先晓动，窗月傍人斜。
> 役役名和利，憧憧马又车。如何泉石耳，禁得许喧哗？

对此，王庭珪也深有同感，便以一首《次韵杨廷秀临安小楼不寐之什》来和，诗云：

> 坐待银蟾上，寒禁酒力加。霜清群动息，雁过几行斜。
> 楼角犹吹笛，天街又走车。客眠终未稳，人语已争哗。

为什么大半夜的，御街上还这么吵，以至于杨万里和王庭珪双双失眠了呢？

因为夜市。

河坊街夜色（胡鉴　摄）

临安的夜市是非常火爆的，甚至可以说是疯狂的。每天夜里三四鼓时，宾客才渐渐散去；可到了五鼓钟鸣，早市又开业了。夜市繁荣到与早市几乎无缝衔接，而且一年四季都是这样，这也太卷了。

而在此之中，中瓦子更是"卷王"，《都城纪胜》记载夜市时说，"惟中瓦前最胜，扑卖奇巧器皿百色物件，与日间无异"。有些店甚至连轴转。比如五间楼附近那个卖荔枝等东南沿海水果的，白天卖完晚上卖，也不知道他从哪儿搞来那么多水果。

夜市最重要的项目当然是吃，吃晚饭，吃夜宵。在御街中段，不仅提供夜市美食的店铺鳞次栉比，而且还有很多走街串巷的美食游贩。中瓦子武林园前的煎白肠、灌肺，中瓦子前的十色糖、香茶异汤，融和坊灌肺岭的轻饧，太平坊的东京脏三家，市西坊的螺滴酥、焦酸馅、千层儿等，保证你享足口福。

中瓦子和五间楼前，还有很多临御街的商铺，通宵营业，如梅竹扇面儿、张人画山水扇、李济卖酸文。还有一家叫带三朵花点茶婆婆，应该是个卖茶婆婆，头上戴着三朵花。为了吸引客人，这位婆婆又敲响盏，又掇头儿拍板，不知道兴致高时，会不会再唱两句。御街上的宾客见了这副滑稽模样，都纷纷被逗笑了。

还有个有趣的现象，夜市里的卦摊特别多。中瓦子里有个临时商铺，叫西山神女卖卦，大瓦子、五间楼前还有崔官人相字摊，融和坊也有桃花三月放、曹德明易课等算卦摊。此外，还有好多走街串巷流动算卦的，如心鉴及甘罗次、北算子之类的，还挺有名头。更有意思的是，当时为了招揽生意，好多算卦摊上吆喝的是“时运来时，买庄田，取老婆”，看来古往今来，我们这些普通人一直都是这点儿追求。

除此之外，夜市里还可以买到狼头帽、小头巾抹头子、细柳箱、花环钗朵箧儿头、销金帽儿、罗木桶杖、诸般藤作、时文书集、猪胰胡饼、挂屏头屋儿、行灯、香圆、杏子、画烛、鱼鲜、蜂糖饼等，凡所应有，无所不有。酒足饭饱之后，是不是就该睡觉了？当然不是，中瓦子的大门还没关，您还可以去听小曲、看杂剧。总而言之，就是不让你睡觉。

市西坊、三桥旅邸与后市街

◉

中瓦子、五间楼往北，是市西坊和贤福坊，也就是今天的羊坝头。市西坊在当时就常常被称作“坝头”；因坊西有三桥，因而又称其地为“三桥”，也就是今天的三桥址。

中瓦子和五间楼的繁荣，到这里没有戛然而止。这不仅是因为中瓦子商圈的辐射能量太大了，而且在市西坊以北，就是临安最大的娱乐场所大瓦子。夹在大瓦子和中瓦子中间，市西坊想不繁华都有点儿难度。

市西坊的面食店虽然拳头产品较少，但胜在整体数量多。四更天的时候，夜市刚刚结束，城里各处寺庙的和尚却已经敲钟早起了。每到初一、十五或其他节日，和尚们便出寺乞斋化缘。他们最爱去的有两个区域：一个是御街，找一两处面食店化缘；还一个便是市西坊的众多面食店。等和尚们走了，也五更天该上早市了。市西坊的面食店是真的做到了二十四小时营业。

除了面食，坝头榜亭侧有朱家馒头铺，三桥街有姚家海鲜铺。酒楼茶楼也不少，如施氏在坝头开的双凤楼，全桌银器皿。市西坊的俞七郎茶坊、坊南的潘节干茶坊都是全临安有名的“花茶坊”。衣料服装有坊北的钮家彩帛铺、三桥街的柴家绒线铺、三桥河下的杨三郎头巾铺。药铺有坝头榜亭的安抚司惠民坊熟药局、三桥街的毛家生药铺、贤福坊潘节干熟药铺等。此外，还有市西坊的张家铁器铺。

在贤福坊东侧猫儿桥，沿着运河也有许多小商铺，如有魏大刀熟肉、温州漆器铺、青白碗器铺、布铺、扇铺、黄草铺。

在市西坊的三桥，客邸集中，可谓是临安的酒店街。许多入京公干的官员或上京赶考的士子，都曾临时住在这里。比如岳飞的孙子岳珂，就曾住在三桥旅邸，故自称为“三桥子”。嘉熙四年（1240）九月，担任权户部尚书、淮南江浙荆湖制置茶盐使、知太平州的岳珂曾作《梦尚留三桥旅邸》：

天上归来打六更，梦回搔首正瞢腾。
玉霜初上三更月，绛彩犹明九市灯。
声彻铜鱼催勘箭，影斜金鹊在觚棱。
帝乡东望重回首，佳气何时到五陵。

宋末元初的诗人方回，因为得罪了乡里人不敢回家，也曾长期寄寓于三桥旅邸，并且还传出了很多风流韵事。

淳熙年间（1174—1189），括苍（今浙江丽水）何湛来到临安赴省试，也住在三桥旅邸。发榜的当天晚上，何湛甚至跑到三桥上，希望通过听别人的说话，来占卜自己考试的吉凶。正巧，河畔的一名妇人在喊：“婆惜，你得。”这是一句方言，大概就是因为发怒而要打骂的话，不是什么吉兆。可何湛却非常高兴，自言自语道：“可以为我庆贺了！我小名就是婆惜。”后来一看，何湛不仅中举，而且名列前茅。

市西坊还是后市街的终点。后市街这条南北贯穿的长街，乃是卧龙藏凤之地，两大皇帝潜邸、三大皇后家庙就是在后市街以西。后市街里的名店以美食为主，比如在街口处有施家的肥羊酒店。街中还有一个卖酪面的，名叫卖酥贺家，每个五百贯，要用两个新样油饼夹着吃，这是一种北方风味的小吃。后市街还销售水果，最出名的就是柑子团。

无论是御街，还是诸坊的街道，都是用石板、砖块或河卵石等砌成。道路两边各镶嵌有十步宽的砖，中间再铺上碎石，加上拱形的管道，就可以将雨水疏导到附近的河流之中。因此，这些道路时常能够保持干燥。在今天的鼓楼左右，曾挖掘出一条南宋古道，宽两米，用砖竖铺，两侧各有排水沟，宽二十余厘米，构筑非常精细。

除了御街，清波地区在宋代还有几个其他的名店。比如清波门外，就有一家郑厨分茶酒肆，所卖餐品鲜美，甚至还出售海鲜头羹，而且全桌的器皿全用银制，可谓品相与味道皆上品。钱湖门外南首的省马院前，则有一座钱湖门瓦子，是城外十二瓦之一，后来衰落，直至变成了民居。省马院前还有一家莫家开的肥羊酒店，也很值得一尝。

二　从大运河到海上丝绸之路

南柴北米，生命全靠一条河

西湖的毓秀与吴山的钟灵，孕育了杭州的流文彩韵；西湖的湖水与吴山的井泉，哺育着杭州的代代生灵。御街的繁华炫人耳目，钱江的涛声扣人心弦。而把这些串在一起的，便是杭州城里纵横交错的运河。

宋代杭州城里最重要的运河有三条，分别是盐桥河、市河和清湖河。三条运河上建有许多桥梁，比如望仙桥、荐桥、金波桥、宝祐桥、猫儿桥、侍郎桥乃至临安府治门口的州桥，全都架在这三条运河之上。

杭城里的生活必需品依靠水路运输，与陆路相比，水路运输所需人力相对少，运输能力也更强，因此水路运输远比陆路运输更重要。

吴自牧在《梦粱录》中说："谚云：'东菜西水，南柴北米。'杭之日用是也。"周必大也记录过临安城里类似的谚语："东门菜，西门水，南门柴，北门米。"临安城外，自东北至东南，全是菜园，因而副食品供应集中在东部，比如位于东北部的东青门，城外有菜市，此门就被人们称为"菜市门"。此为"东菜"的来源。

"西水"，说的是城市淡水供应主要靠西部的西湖，我们在前面提过的六井、沈公井、郭婆井都在城市西部，连有"钱塘第一井"之称的大井和张循王府里挖出的天井，也是靠近西部。

"南柴"说的是柴、炭等燃料供应。杭州的柴炭主要来自钱塘江上游的严、

《咸淳临安志 · 西湖图》（姜青青《〈咸淳临安志〉宋版“京城四图”复原研究》中的复原图）

婺、衢、徽等州，商人承载着这些燃料沿钱塘江运输，聚集于杭城之南。

“北米”说的自然是粮食。也许你还记得，本书开始时讲到那几位“抗灾知州”范仲淹、赵抃、苏轼时，提到了杭州的重要粮食来源——太湖平原。产自太湖周边的粮米通过运河，源源不断运入杭州，在城北集中储藏。

在“东菜西水南柴北米”中，“南柴北米”尤其依靠运河运输。它们进城靠运河，万一运河水浅或是河道堵塞，大宗的生活必需品就根本运不进来；它们在城中的转运同样需要运河。比如融和坊柴场的柴炭，就需要经过运河运到附近，再卸货搬运。

由此可见，运河对于杭州人来说，就是生命线。

在三条运河中，最重要的一条便是盐桥河，因河上有一座盐桥而得名。由于这条河是城内河道最长、航运量最大的运河，因此宋人也称其为大河。这条运河至今仍存，就是今天杭州市里的中河。

河花池头古建筑群（吴海平　摄）

盐桥河南起碧波亭州桥、通江桥，与保安水门里的横河汇合后向北流淌，直至天宗水门出城，全程长达十四五里；另有一条支流，由余杭水门出城。盐桥河北衔太湖左右而连通长江，南接钱塘大江而汇入大海，不仅沟通了长江与钱塘江两大水系，更通过大运河体系，与全国水网相连。

这里，就是京杭大运河的起点。

盐桥河上名桥济济，发生刺杀秦桧案的望仙桥，城中最大柴木交易市场所在的柴垛桥，临近王府后宅东区的荐桥，都在盐桥河之上。而清波地区之外，盐桥河的北端西岸，是全城著名的粮食集散地。“南柴北米”的全城运输，很大程度上就是依靠盐桥河。因此，这条河的疏塞，历来受到知州或知府的高度重视，而最著名的一次疏浚工程，便是我们前面提到的苏轼那一次。

盐桥河的西面不远，便是市河。市河的得名，不知是否与这条河穿过位于市西、市南两坊之间的杭州旧市有关。时人又将它与大河相对，称为小河。今天，市河早已不存，但仍能清晰找到它的脉络。御街与中河之间那条长长的光复路，便是昔日市河的身影。宋代的市河东自清冷桥附近，从盐桥河分出，西流至南瓦横河口而转北，至城北东西分途，最终汇入盐桥河，由余杭水门而出。

清湖河的名字，咱们曾经提到过。清河坊和清河郡王的名号，大概率就是因此河而得。清湖河的河水引自西湖，河水清澈见底。由于位置偏西，因而俗称西河。清湖河在流福坊，也就是今天的荷花池头入城，经流福水路绕临安府治，而与涌金门内的涌金池水汇合，又东过三桥，一路向南至开元宫、六官宅附近的断河头，其上有侍郎桥，也就是郎简、徐度的居所附近；一路折北，在清湖桥东路西路分道扬镳，东路过御街上的众安桥而汇入市河，西路北去最终也在余杭水门出城。

由于清湖河引自西湖水，所以长期以来作为城内清水供应的源头。后来经过苏轼的治理，清湖河在保持饮用水源的同时，也增加了水运能力，两岸也迅速繁荣起来。

运河之于杭州城内各坊，是生活必需品运输的重要通道；之于杭州城，是南柴北米入城的重要保障；之于全国，是京杭大运河的起点，是南北交流与天下统一的精神信仰；之于世界，则又是海上丝绸之路上不可或缺的重要节点了。

因为运河与钱塘江，杭州成为海上丝绸之路上的一颗明珠。不过，一切还要从一艘沉船说起。

从一艘沉船说起

◉

2023 年 5 月 21 日，国家文物局、海南省人民政府等在海南三亚发布了重磅消息，公布了我国深海考古工作取得的重大进展。2022 年 10 月，在我国南

2015 年底暴露的沉船基本轮廓及各船舱货物

海西北陆坡约一千五百米深度海域发现两处古代沉船。通过考古工作，发现这是两艘明代中期的沉船，沉船保存相对完好，文物数量巨大，时代比较明确，具有重要的历史、科学及艺术价值。

很多不明所以的朋友，会为这两艘五百年前的沉船文物之多感到不可思议。其实，迄今为止，我国已经发现了很多沉船，其中有不少就是宋代的，最著名的当数“南海 I 号”。

1987 年，在我国广东省阳江市海域，发现了一艘南宋沉船。这艘沉船被命名为“南海 I 号”，并于 2007 年打捞出水。

“南海 I 号”是迄今为止世界上发现的海上沉船中年代最早、船体最大、保存最完整的远洋贸易商船。它是一艘尖头船，残存的船体长约二十二点一米，最大船宽约九点三五米。而船体的实际长度为三十点四米，最宽处应为九点八米，船身（不算桅杆）高约四米，排水量估计可达六百吨，载重可能近八百吨。这是一艘相当巨大的木船。

学者们早年曾估计，“南海 I 号”修建于南宋初年；不过近年来，也有学者认为，“南海 I 号”其实是南宋中晚期的沉船。但无论如何，“南海 I 号”是一艘南宋木船，这一点是大家公认的。

毫无疑问，“南海 I 号”古沉船本身就是一件价值连城的文物，这艘在海底沉睡了八百年的沉船，为中国古代造船工艺、航海技术以及木质文物长久保存的研究提供了实物标本。

除此之外，“南海Ⅰ号”上装载着数量众多的文物，其中不少文物非常精美，丝毫不亚于今天许多博物馆里珍藏的“国家宝藏”。2019年8月，在打捞出水近十二年后，“南海Ⅰ号”舱内的货物才全部清理完毕，入围“2019年度全国十大考古新发现”。“南海Ⅰ号”出水文物总数竟然超过了十八万件，堪称中国水下考古之最！

在这十八万件文物中，占比例最大的莫过于陶瓷和铁器。海上丝绸之路素有“陶瓷之路”的别称，瓷器自然是“南海Ⅰ号”运输出口的大宗贸易商品。从“南海Ⅰ号”出水的瓷器汇集了南宋著名窑口的精品：江西景德镇的影青瓷、福建德化窑的青白瓷、福建的建窑黑釉、泉州磁灶窑及浙江龙泉的青瓷……随便拿出一件，如青白釉六方执壶、青白釉四系罐、青白釉印盒等，便是国家一级二级文物。

仅次于瓷器的大宗商品是铁器，其中最具代表性的竟然是铁锅。2007年4月，水下考古工作人员在对“南海Ⅰ号”做整体打捞前的最后一次周围清理

宋德化窑青白釉印花四系罐（广东海上丝绸之路博物馆藏）

和探摸工作时，发现了大量铁锅。这些铁锅大多分层套叠，用篾片包扎后再盖上竹席，码放在瓷器上方，十分整齐。铁锅仍然保持着黑色，但因为在海底待得时间过久，早就发生了氧化，还跟周围的物质发生了化学反应。结果，一口口铁锅就这样变成了一坨坨凝结物。宋代的铁锅在海外非常受欢迎，这些铁锅可能生产于当时重要的冶铁中心佛山。

与典雅别致的瓷器和颇具烟火气的铁锅相比，“南海Ⅰ号”出水的金银器则是众多文物中最惹眼、最气派的一类，其中包括一只鎏金手镯、一对纯金手镯、一条鎏金腰带、一段金丝等。

鎏金手镯有成人中指粗，饭碗口大小，估计有二百克重。手镯上装饰着几何图案和龙、云等花纹。可能因受到海水腐蚀，鎏金手镯的表面已经略有剥落。纯金手镯有纸杯底大，截面呈方形，不封口，出水之后依然金光灿灿，根本看不出来这是在海水里泡过整整八百年的古物。金丝有半米多长，毛线般粗，弹簧状卷曲，非常柔软。

最惹人眼的当数那条鎏金腰带，长一百七十二厘米，重五百六十六克。这条腰带呈麻花状，接口处有大量细致的花纹，形制独特具有明显的波斯风格，可能是船主或船员所用。这也暗示着“南海Ⅰ号”与西亚存在着密切的联系。如今，鎏金腰带已成为收藏“南海Ⅰ号”的广东海上丝绸之路博物馆的镇馆之宝。

鎏金腰带（广东海上丝绸之路博物馆藏）

在“南海Ⅰ号”沉船上，还出水了近两万枚铜钱，最早的是王莽时期的“货泉”，然后按照年代由远及近，依次是隋唐时期的“五铢”钱和“开元通宝”，后周的“周元通宝”、南唐的“唐国通宝”等五代十国钱币，接下来是占了铜钱绝大多数的北宋年号钱，最晚的则是南宋初年的“绍兴元宝”。除此之外，“南海Ⅰ号”出水了大量铜镜、漆器、玻璃器、石砚、石枕、石雕佛像、石雕观音坐像、银锭、动植物标本、船木等价值连城的文物。这些文物不仅是精美的艺术品，而且为我们了解南宋时期的对外贸易、经济发展提供了珍贵而真实的实物资料。

海上丝绸之路上的明珠

之所以花了那么多篇幅，去说一艘不在清波甚至不在杭州的船，就是为了让大家看一看，宋代的海上商船和他承载的货物有多么让人叹为观止。而这些货物，都来源于那条“海上丝绸之路”。

自张骞出使西域以来，通往西域的丝绸之路一直是中国对外贸易中最重要的商路。然而，随着西夏的崛起，这条北方的商路受到了阻隔；南宋以后，我国经济重心南移，外贸经济的重心也转移到南方。在这样的背景下，依托东南沿海港口的海上丝绸之路兴起，宋代海上贸易空前繁荣。

宋代航海技术的领先和造船业的发达，为海上贸易提供了技术条件。航海技术领先的最重要标志，是指南针的应用。据北宋人沈括《梦溪笔谈》记载，当时人们利用天然磁石的磁场作用，以磁石磨针锋，使其具备磁性，成为指南针；然后将指南针放入盛水的容器里，或用线悬挂在空中，以指示方向。南宋以后，这两种指南针的使用方法演变为水罗盘和旱罗盘。

早在宋徽宗崇宁年间（1102—1106），指南针就已经普遍应用于航海。有了指南针，人们在任何气候条件下都可以辨别方向，从而为全天候航海提供了可能。随着远洋航海技术日趋成熟，人们开始绘制精确的航海图。宣和五年（1123），徐兢撰写《宣和奉使高丽图经》，其后所附海道图，是目前我国文献

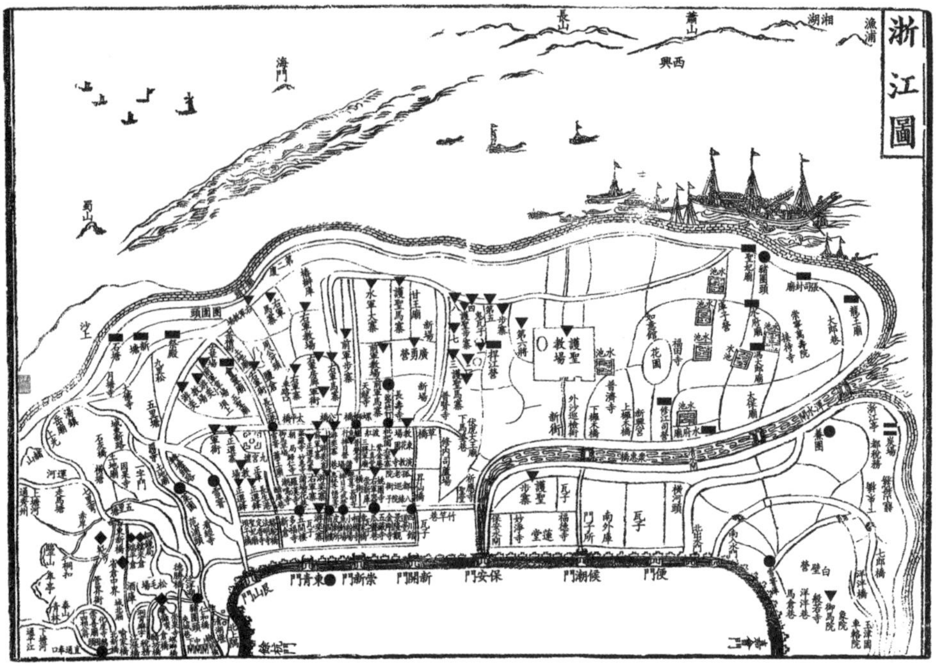

《咸淳临安志·浙江图》（姜青青《〈咸淳临安志〉宋版“京城四图”复原研究》中的复原图）

中明确记载的最早的航海图。

有了先进的航海技术和发达的造船业，加上宽松开放的环境，宋代海上贸易蓬勃发展起来。

宋朝在外贸港口设立市舶司或市舶务作为外贸管理部门。舶商、船主和船员在获得市舶机构颁发的许可证后，就可以合法出海从事海外贸易。

民间舶商是从事海外贸易的主体，其中大商人能够独立置办大型海船；中小商人无力造船，就出钱购买海船上的空间（一般一人可得数尺见方的面积），将货物屯贮在船舱里，自己则睡在货物上，跟随海船扬帆远航。

为了管理对外贸易，宋朝设有专门的机构市舶司。早在唐朝时，对外贸易频繁，因而在广州等外贸城市设立市舶司，负责检查进出船只的蕃货、征榷、贸易等事务。其主事或为专任，或由当地节度使兼任。五代时，市舶司被废止。开宝四年（971），宋灭南汉，在广州重新设立市舶司，管理海上贸易。此后，宋朝陆续在杭州、明州等地设司。

杭州城中的市舶机构几经兴废。《乾道临安志》载，保安门外诸家桥之东设有市舶务。那里是盐桥河入城之处。在此设立市舶务，方便对外贸事务进行管理。到了《咸淳临安志》中，在城北的梅家桥以北，又设立了市舶新务。此地仓库云集，又是运河的出城口，市舶新务专管收货。

南宋后期，两浙路的市舶事务一度并入转运司管理。在临安府治附近办公的两浙转运司，内部就设有市舶案，约略相当于在省里设立一个国际贸易厅。淳祐七年（1247），两浙转运司为理宗生日而进奉银锭，银锭上的铭文为："两浙路转运司市舶案，进奉淳祐七年天基圣节银五百两，每铤五十两，计一十铤。十二月二十一日，朝请郎、直秘阁、两浙路转运判官臣尹焕上进。"这说明，两浙转运司的市舶案是当时分管市舶外贸事务的专门机构，而且很有可能由转运判官（当时转运司的实际负责人）直接负责。

满载货物的海船进入宋朝的港口后，无论中外商人，都要按当地规定，向市舶司缴纳百分之十或百分之二十的税，或者以低价将大部分海外舶来品售卖给官府，官府再在境内销售，赚取丰厚的垄断利润。

宋初，市舶司每年收入只有三十万贯；宋仁宗时已经一度增至五十三万余贯。靖康之难中，金人的"斩首行动"不仅成功灭亡了北宋，也使一百六十多年的财政体系瞬间崩溃。南宋之初，宋高宗是支持北伐也好，乞求和议也罢，都要依靠巨额军费来维持军队。钱从哪儿来？

市舶司第一次发挥了举足轻重的作用。

绍兴六年（1136），泉州官员向高宗汇报了两件并不起眼儿的事。一件是关于商人纲首，也就是商人小头目蔡景芳，这位大哥靠着倒卖海外商品，从建炎元年（1127）到绍兴四年（1134），也就是抗金最艰苦的七年，总计赚了九十八万贯。另一件事说的是大食（阿拉伯）商人蒲罗辛，靠着卖大食国的土特产乳香，赚了三十万贯。两人加一起，赚了近一百三十万贯钱，给朝廷贡献财政收入二十万贯左右。这笔钱，勉强够岳家军撑上半个月的。你可能说了，没多少哇。可是别忘了，这仅仅是两个商人贡献的财政收入。

泉州方面表示，海外贸易奇货可居，应该奖励中外商人共同开发海上贸易，缴纳税款达到五万至十万贯，就加官封赏。

自古都是商人花钱买官，为的是提高自己的社会地位。哪怕后来的明清亦然，哪怕是日后的“红顶商人”胡雪岩也不过如此。而这一次，朝廷主动赐官了。

因为生意做得好，宋高宗对蔡景芳和蒲罗辛都赏赐了一个低级武官。尽管这小官不仅品阶低，而且半点儿权力没有，完全就是安慰鼓励奖，可它却预示着，那个从北方中原来到临安的大宋，正在背靠大陆，面向海洋。

绍兴七年（1137），南宋市舶外贸收入达到了一百万贯；绍兴二十九年（1159），破天荒地突破二百万贯。而那时一年的财政收入，总计一千多万贯。

国际贸易的兴盛，吸引各色人物参与其中。这就不能不提南宋初年的“敛财专业户”张俊了。

有一年春天，张俊在府中后花园里遛弯儿，看见一名老兵正在大太阳底下躺平。张俊很生气，用脚踢了踢他，问道：“你怎么这么懒哪？”老兵爬起来慢悠悠地回答：“无事可做，我只好躺平睡觉。”张俊好奇，问：“你能干吗呀？”老兵答：“我什么事都略懂略懂，像回易之类的，我也能凑合做一做。”回易，就是边境贸易或者海外贸易。

张俊一听回易，俩眼顿时射出金光。他嘴角一扬，脸朝老兵那边靠了靠，随后伸出一根手指，略带挑衅地问：“你能回易，那我给你一万贯钱怎么样？”老兵摆摆手：“不够，不够哇。”张俊又伸出另外四根手指，斩钉截铁地问：“五万！五万贯钱，怎么样？”老兵摇了摇头：“还是不够。”

张俊就纳闷儿了，这还嫌少啊，于是又问：“你到底要多少？”

老兵成竹在胸地答：“没有一百万，你也得给我五十万。”

好家伙，狮子大开口哇。要是放别人，早就觉得这老兵在诈骗了。可张俊竟然十分欣赏这老兵，当即拍板：“好！我就给你五十万，你爱怎么用就怎么用。”

老兵拿了巨款，便去打造了一艘极尽华美的大船，然后到处收购绫锦奇玩、珍馐佳果和金银器皿，又买来一百余名能歌善舞的美女，招募了十来个形象好气质佳的文吏以及一百多名兵丁，排演了一个多月，然后便扬帆渡海，飘然而去。

一年过去了。正当人们开始嘀咕，这老兵是不是一个大宋版的徐福时，老兵的大船满载而归，船舱里装满了珍珠、犀角、香料，利润高达数百万贯，赚了十几倍。当时诸将都缺马，只有张俊因此而买了大量马匹，军容雄壮。俩眼闪着星星的张俊当即跑去向老兵询问经营经过，听得他是赞叹不已，赶紧给予老兵丰厚赏赐。张俊想让老兵再出次海，提成已经拿到手的老兵却表示："我这次纯粹是玩儿，再去就要失败了，您还是赶紧让我到后花园养老去吧。"

张俊歪打正着，做出了这辈子最大的"贡献"。海上丝绸之路繁荣，张循王也是有"功劳"的。

早在北宋时，广州、明州、杭州、泉州、密州板桥镇（今山东省胶州市）、秀州华亭县（今上海市松江区）、温州等地就已是著名的外贸港口。

与宋代直接或间接贸易往来的国家或地区，从唐代的三十余个增至六十余个，包括位于今东亚的高丽（今朝鲜半岛）和日本，中南半岛的交趾（今越南北部）、占城（今越南南部）、真腊（今柬埔寨）和暹罗（今泰国），马来群岛的摩逸（今菲律宾）、三佛齐（今苏门答腊）、渤泥（今加里曼丹），南亚的锡兰（今斯里兰卡），以及位于波斯湾、阿拉伯半岛、地中海和东非海岸的麻嘉（今沙特阿拉伯麦加）、层拔（今坦桑尼亚的桑给巴尔）等国。

在海外贸易中，进口商品从北宋前期的五十种，猛增至南宋时的三百余种，包括香料、犀角、象牙、珊瑚、珍珠、药材、矿产、染料和木材；出口商品主要为丝麻织品、陶瓷器、铜器、金银饰品、漆器、茶叶等。其中，香料、绢帛和陶瓷是所有商品中的大宗，因此学者们把当时的海上商路称为"香料之路""海上丝绸之路"或"陶瓷之路"。

北宋杭州作为东南地区内河航运的中心，是连接海上航道与内河航道的枢纽，是海上丝绸之路长三角港口体系的重要节点。进入南宋，杭州升级为临安，成为东南地区连接内河航运与海外航线的中心。繁盛的临安成为明州、上海镇、澉浦等港口的腹地中心，无论是产品的生产，还是进口物品的消费，文化的交流与传播，临安都成为这些“外港”的有力后盾，成为南宋时期海上丝绸之路中心。

附录　清波寻宋大事记

唐昭宗大顺元年（890）

闰九月，杭州防御使钱镠在杭州修筑夹城，并修建夹城北门朝天门。

唐昭宗景福二年（893）

七月，钱镠修筑杭州罗城。朝天门渐废。

后梁太祖开平元年至宋太宗太平兴国三年间（907—978）

吴越国王在涌金门外西湖东南岸建西园，园中种有灵芝。

吴越国时期。石佛院建于吴山东麓。

吴越国时期。湖光院建于西湖东南岸。

吴越国时期。大井始凿。大井井水甘甜，体量极大。

后梁末帝龙德二年（922）

吴越国王钱镠在宝月山下始建瑞像寺。

后唐末帝清泰二年（935）

吴越国时期。天井始凿。天井水质好，水量足。

后晋天福年间（936—944）

吴越国时期。水心寺建于西湖东南岸。

后晋高祖天福五年（940）

吴越国时期。资福院建于涌金门外西湖东南岸。

后晋出帝天福八年或九年（943—944）

吴越国王钱弘佐之妻仰氏在西湖东南岸建释迦院。

后汉高祖乾祐元年至宋太宗太平兴国三年（978）

吴越国王钱俶在位。冬，传说水心寺有七朵莲花当道盛开，绍严禅师命人割去了莲花，陆莲庵由此得名。

后周太祖广顺元年（951）

吴越国时期。护国罗汉院建于西湖东南岸。

宋太祖开宝二年（969）

吴越国王钱俶在西湖东南岸建兴福院。

宋太宗太平兴国元年（976）

吴越国王钱俶将西园改建为灵芝寺。

宋真宗咸平五年（1002）

夏秋之际，柳永登吴山，作《望海潮》，谒见两浙转运使孙何。一说《望海潮》作于宋仁宗至和二年（1055）之后，受谒者为知杭州孙沔。

宋真宗大中祥符元年（1008）

回头和尚受命在瑞像寺中建塔，宋真宗赐额“宝月寺”。

护国罗汉院改名法善院。

宋真宗大中祥符初年（约 1008）

高僧元照翻修灵芝寺，宋真宗赐额“灵芝崇福寺”，民间仍简称灵芝寺。此后，元照在此聚徒讲学，弘扬佛法，有“灵芝律师”之称。

资福院改名慧明院。

水心寺改名水心保宁寺。

湖光院改名定水院。

宋真宗大中祥符年间（1008—1016）

释迦院改名宝成院，民间又称宝成寺。至元代，宝成寺迁至今紫阳山，与积善海会寺合并，仍号宝成寺，即今址。

宋仁宗庆历年间（1041—1048）

杭州出版印刷业兴隆。毕昇在杭州发明活字印刷。

宋仁宗皇祐元年（1049）

正月，范仲淹始知杭州。

夏，范仲淹至杭州。

宋仁宗皇祐二年（1050）

杭州大饥。知杭州范仲淹“宴游兴造”，通过市场规律和以工代赈的方式，使杭州平安度过饥荒。

十一月，知杭州范仲淹徙知青州。

宋仁宗嘉祐二年（1057）

九月五日，梅挚始知杭州，宋仁宗赐诗，有“地有湖山美，东南第一州”句。梅挚抵达杭州后，在吴山建有美堂。

宋仁宗嘉祐三年（1058）

六月十七日，知杭州梅挚徙知江宁府。

宋仁四年（1059）

知江宁府梅挚派人至开封，请欧阳修为有美堂题记。经六七次邀请，欧阳修乃可。八月十三日，欧阳修作《有美堂记》。后梅挚请蔡襄书丹，并立碑于有美堂。

宋仁宗嘉祐六年（1061）

八月，沈遘始知杭州，治平元年（1064）九月徙。其间，凿南井，后称沈公井；又为水心保宁寺好生亭命名。

宋英宗治平二年（1065）

二月，蔡襄始知杭州，明年五月徙。

九月九日，蔡襄登有美堂，作《重阳日会有美堂南望》诗。

某夜，蔡襄登有美堂，作《和夜登有美堂》诗。

宋神宗熙宁年间（1068—1077）

张挥在宝月寺出家，法号仲殊。

宋神宗熙宁三年（1070）

四月，前参知政事赵抃始知杭州。

十二月，知杭州赵抃徙知青州。

宋神宗熙宁四年（1071）

七月，苏轼出为杭州通判。

十一月二十八日，苏轼至杭州。

宋神宗熙宁五年（1072）

秋，苏轼与知杭州陈襄疏浚相国井、西井（化成井）、金牛井（金牛池）、方井（四眼井）、白龟井（白龟池）和小方井（六眼井）等“六井”，及沈公井。

宋神宗熙宁六年（1073）

春，苏轼借宿西林法惠院，遥望吴山，作《法惠寺横翠阁》诗。

五月，苏轼在有美堂会客，周邠泛舟西湖上，两人隔空唱和。

七月，苏轼与陈襄游有美堂夜归，苏轼作《与述古自有美堂乘月夜归》诗。是月，苏轼再登有美堂，逢暴雨，遂作《有美堂暴雨》诗。

九月九日，苏轼与周邠泛舟西湖上，见通判鲁有开在有美堂宴客，多歌伎，苏轼遂作《九日，舟中望见有美堂上鲁少卿饮，以诗戏之二首》诗。

宋神宗熙宁七年（1074）

五月，杭州通判苏轼徙知密州。

六月，知杭州陈襄徙知应天府。

七月，陈襄在有美堂设宴告别亲友，苏轼作《虞美人·有美堂赠述古》诗。

九月下旬，苏轼离开杭州。

宋神宗熙宁九年（1076）

正月，苏颂始知杭州，至明年五月徙。其间，苏颂宴客于有美堂，在杯酒酬唱间消兵变于无形。

宋神宗熙宁十年（1077）

五月，赵抃再知杭州，救饥荒。

十月，赵抃在龙山始建表忠观。元末，表忠观毁。明嘉靖三十九年（1560），浙江督抚胡宗宪在今址重建表忠观，又称钱王祠。

宋神宗元丰二年（1079）

二月，知杭州赵抃致仕。

表忠观修建完成。苏轼撰写《表忠观碑》，张有题写碑额。

七月二十八日，“乌台诗案”发，苏轼被捕。杭州人连续数月为其作解厄斋场。

林希为水心保宁寺思白堂命名。

宋神宗元丰七年（1084）

赵抃游杭州。四五月间，赵抃与远在庐山的苏轼兄弟唱和，作《和二苏题白鹤观》诗。赵抃后患病返衢州，八月去世。

宋哲宗元祐四年（1089）

岁初，杭州遭水灾。

三月，苏轼以龙图阁学士充两浙西路兵马钤辖、知杭州。

五六月间，杭州遭旱灾。

七月，苏轼至杭州，常在西湖畔办公。在有美堂宴客，两浙兵马都监刘季孙作《有美堂燕集》诗以赠，苏轼答以《次韵答刘景文左藏》诗。

九月，苏轼上《乞赐度牒修廨宇状》。

十月，苏轼开始疏浚盐桥河与茅山河。

十一月，杭州饥荒。苏轼救灾，其间在安众桥一带建安乐坊。今坊间传言安乐坊在惠民路，不确。

宋哲宗元祐五年（1090）

岁初，浙西暴雨，太湖泛滥，明年饥荒已成定局。

春夏，杭州平安度过荒年。

四月，盐桥河与茅山河疏浚工程竣工。二十八日，苏轼开始疏浚西湖。

七月，仲殊自苏州承天寺回到杭州宝月寺，与苏轼交游，苏轼作《安州老人食蜜歌》以赠。是月，苏轼上书朝廷备荒，并联合两浙其他官员商议救灾方案。

八月，杭州饥荒。

十一月下旬，浙西米价大涨。苏轼于七月提出的由朝廷以官价购粮的计划，因朝廷拖沓而无法实施。

十二月，苏轼完成对“六井”与沈公井的疏浚。疏浚主持者子珪得“惠迁”师号。沈公井改称惠迁井。

宋哲宗元祐六年（1091）

三月，苏轼被召入京，离开杭州。

宋哲宗绍圣元年（1094）

秦观任杭州通判，送高僧回到水心保宁寺，作《送僧归保宁寺》诗。

宋高宗建炎三年（1129）

秋，传说在竹园山一带突然鲜血喷涌。

七月十五日，宋高宗升杭州为临安府。

十月八日，宋高宗至临安，以府治为行宫；十五日，弃城逃往越州。

十二月十六日，完颜宗弼率金军主力攻破临安，大肆杀掠。不久，金军出城，继续追击宋高宗。

宋高宗建炎四年（1130）

二月七日，完颜宗弼率金军主力回到临安，驻扎于七宝山上。兀术下令洗城，“自州门杀人”，并满城放火，大火烧了三天三夜；大火熄灭后，城中各处的零星余火仍然烧了十几天。有美堂毁。灵芝崇福寺毁，只存师塔。金军在竹园山杀戮万人。十一日，金军在城中大掠。十三、十四日，金军撤出临安。

七月六日，知临安府季陵提议，将府治由凤凰山北迁至祥符寺故基。

宋高宗绍兴元年（1131）

四月十四日，皇太后孟氏崩。谥号昭慈献烈皇后；绍兴三年（1133）改谥号为昭慈圣献皇后。其宅在后市街一带。

临安府学由行宫正门外北迁至慧安寺故基，即今杭州孔庙处。

宋高宗绍兴二年（1132）

正月十四日，宋高宗回到临安，以此作为驻跸之地。二十九日，知府宋辉提议，将府治迁回凤凰山，于行宫外府学故地办公。

李清照来到临安，大病。四、五月间，下嫁张汝舟。

秋，李清照与张汝舟离异。

九月，宋高宗命太史令丁师仁等制造浑仪。

在清河坊门北乡置御史台。

以油车巷北法惠寺置秘书省。

在法惠寺以东置敕令所，敕令所街东置太常寺。

以朝天门外石佛院置都进奏院。

宋高宗绍兴三年（1133）

正月，以法惠寺为遥祭北宋诸帝陵墓之所。工部员外郎袁正功向宋高宗进献小型浑仪木样。

五月，丁师仁制造浑仪失败，宋高宗改命工部侍郎李擢制造。

六月，以韩肖胄为同签书枢密院事，出使金朝。李清照作《上枢密韩肖胄》诗二首。

九月九日，岳飞首次到临安，过朝天门，觐见宋高宗。十三日，宋高宗颁赐岳飞“精忠岳飞”旗。

宋高宗绍兴四年（1134）

八月，李清照作《〈金石录〉后序》。

十月，李清照离开临安，逃往金华避难。

宋高宗绍兴五年（1135）

张俊始建太平楼，太平坊因之得名。五月，杨沂中部协助张俊建楼。

李清照回到临安，居住于余杭门外西马塍，又传居住于后来的清波门一带，作《清平乐》《浣溪沙》《孤雁儿》等词。

传说，周敦颐之孙于南宋初避难至临安，建周元公祠。其居住地后世称孝子坊。

宋高宗绍兴六年（1136）

正月，设行在和剂局、行在太医局熟药所，太医局熟药北所设于临安市南坊与市西坊之间。

宋高宗绍兴七年（1137）

袁正功向宋高宗进献浑仪小样，但正式的浑仪始终未能建成。

宋高宗绍兴八年（1138）

二月二十二日，宋高宗自建康府回到临安府，仍以临安为行在。临安府成为南宋事实上的都城。

二月二十九日，张澄始知临安府。

九月六日至十七日间，岳飞到达临安，过朝天门，觐见宋高宗，反对和议。

十一月，知临安府张澄疏浚城内外大小河流。

绍兴初，殿帅杨沂中仿照东京开封府，在临安城内外兴建瓦舍勾栏。

宋高宗绍兴九年（1139）

元旦，第一次绍兴和议正式缔结。

八月，知临安府张澄指定钱塘县尉兼管疏浚西湖事务，并为其调配了两百余人，西湖治理开始有了较为固定的队伍。

宋高宗绍兴十年（1140）

六月一日，知临安府张澄升户部侍郎。

陆游至临安应试，借宿于灵芝崇福寺。

毗卢寺僧净琳在钱湖门外修建毗卢廨院。

宋高宗绍兴十一年（1141）

四月二十四日，朝廷以韩世忠、张俊为枢密使，岳飞为枢密副使。二十七日，罢三大将兵权。

八月九日，岳飞罢枢密副使。

十一月，第二次绍兴和议达成。

十二月二十九日，岳飞含恨冤死大理寺狱中。

宋高宗绍兴十二年（1142）

四月，起居舍人杨愿上奏，“请以临安府学增修为太学”。

五月，洪迈在灵芝崇福寺附近的西湖畔纳凉。

六月六日，张俊在清河坊内的府第建成。其时竹园山亦为张俊所有。

秦桧授意殿中侍御史江邈，弹劾张俊据清河坊居住以应谶，并霸占承天寺作为宅基地。

十一月五日，张俊罢枢密使，封清河郡王。十二日，宋高宗下诏对临安府学进行扩建，以府学作为临时太学。

绍兴初，士人毛德昭多咒骂秦桧。后在朝天门外茶楼，为唐锡永所问，遂逃。黄中辅在太平楼上题词，有“快磨三尺，欲斩佞臣头”句。

宋高宗绍兴十三年（1143）

正月，宋高宗改在岳飞故宅上兴建太学，临安府学仍为府学。在秦桧建议下，以高宗御书刻《南宋石经》，藏入太学首善阁。《南宋石经》残碑今藏于杭州孔庙碑林。

十月，宋高宗再次命太史局制造浑仪。

是岁前后，《金石录》杀青，进献于朝，并于十二三年后付梓面世。

宋高宗绍兴十四年（1144）

六月二十二日，秘书省自法惠寺迁至天井坊左。此后，法惠寺渐废，又改为台谏官舍。

十一月三日，张澄再知临安府。任职期间，疏浚城内外河流。

宋高宗绍兴十五年（1145）

四月，秦桧迁居于望仙桥东北。

宋高宗绍兴十六年（1146）

九月十八日，知临安府张澄改知温州。

宋高宗绍兴十七年（1147）

李清照《永遇乐》《添字丑奴儿》等词或作于是岁或稍后。

宋高宗绍兴十八年（1148）

六月十九日，汤鹏举始以直敷文阁兼知临安府。

位于市南坊北的行在太医局熟药北所改名为行在太平惠民北局，简称惠民北局。惠民路因此而得名。

宋高宗绍兴十九年（1149）

七月二日，宋高宗见“西湖近来秽浊”，要求治理西湖。

八月，知临安府汤鹏举开始治理西湖。十七日，升司农卿。

宋高宗建显应观于龙山之西。一说在绍兴十八年（1148）建。

宋高宗绍兴二十年（1150）

正月九日，殿前司后军使臣施全在望仙桥行刺秦桧失败。十四日，施全被处以磔刑。其后，人们建施公庙以纪念施全。晚清时，在四条巷有供奉施全的兴福庙。

是岁或上年，李清照携所藏米芾墨迹，两次走访其子米友仁，求作跋。

敕建三茅宁寿观。

宋高宗绍兴二十一年（1151）

十月，张俊在清河郡王府宴请宋高宗。

宋高宗绍兴二十二年（1152）

六月一日，位于中瓦子南街东面的开印输经史书籍铺荣六郎家，刻印《抱朴子内篇》。

宋高宗绍兴二十四年（1154）

七月二日，清河郡王张俊薨。宋高宗追念其功，追封为循王。

宋高宗析灵芝崇福寺，将显应观自龙山之西迁移至此。

宋高宗绍兴二十五年（1155）

八月至十二月，董德元任参知政事，其间捐款在大井上置石盖。

李清照去世。

宋高宗绍兴二十六年（1156）

九月八日，荣薿始以直秘阁兼知临安府。任职期间，罢废临安府的扰民政策。

宋高宗绍兴二十七年（1157）

七月十一日，荣薿升任权户部侍郎。

宋高宗绍兴二十八年（1158）

宋高宗增筑临安城。清波门或开于此时。

宋高宗绍兴二十九年（1159）

十二月，金主完颜亮派施宜生带领使节团访宋。使节团回朝后，完颜亮命画工作画，并作《题临安山水》诗，有“立马吴山第一峰”句。

宋高宗绍兴三十年（1160）

宋高宗敕封城隍神为宝顺通惠侯。

宋高宗绍兴三十一年（1161）

敕令所并入刑部，太常寺迁至敕令所旧址，即法惠寺旧址以东。

传说，金主完颜亮移驾开封，闻宫人李贵儿唱柳永《望海潮》，遂决意南征。

宋高宗绍兴三十二年（1162）

三月三日，周必大与友人出清波门上风篁岭，酌龙井。

内侍邵鄂制成三座浑仪。其中，两座大浑仪分别置于吴山太史局司天台和秘书省测验所，浑仪小样置于钟鼓院。

敕令所复建，置于法惠寺旧址。后迁至朝天门以南。

宋高宗绍兴末年（1162 年左右）

慧明院、延恩院、水心保宁寺、兴福院、定水院、法善院等九座庙宇迁移他处，其地用于兴建聚景园。其中，兴福院移建于清波门城下。

宋高宗绍兴年间（1131—1162）

卖梅花酒的茶楼流行用鼓乐吹奏《梅花引》曲破来招引顾客，用银盂、银杓、银盏子作茶具。

宋孝宗隆兴年间（1163—1164）

太上皇宋高宗携六宫至中瓦子观看表演。

宋孝宗隆兴元年（1163）

四月二日，周必大自清波门出城，借宿宝成院。

十二月，杨万里受张浚举荐任临安府学教授。

宋孝宗隆兴二年（1164）

正月十五日，杨万里因父亲患病，辞去府学教授而返乡。

秋，杨万里复至临安，寓居在御街侧的徐元达家，并与老师王庭珪相聚。时御街夜市繁荣，杨万里苦于无法入睡，作《宿徐元达小楼》诗；王庭珪作《次韵杨廷秀临安小楼不寐之什》诗以和。

宋孝宗乾道年间（1165—1173）

灵芝崇福寺大规模扩建，规制日渐宏大。

张俊女孙真寂妙明惠懿大师自幼奉敕为尼，守慈福宫香火，建慧光院于聚景园前。

宋孝宗乾道元年（1165）

二月一日，宋孝宗从太上皇宋高宗、太上皇后吴氏游聚景园。

是岁以后，城隍神累加封号。

宋孝宗乾道二年（1166）

钱湖门外的毗卢廨院改名永隆院。

宋孝宗乾道三年（1167）以前

临安府治自大内丽正门南，北迁至净因寺，即后世所称“临安府治”址。中和堂、有美堂、清暑堂等移于新府治中。

宋孝宗乾道三年（1167）

三月六日，宋孝宗从太上皇宋高宗、太上皇后吴氏游聚景园。

三月十日，宋孝宗从太上皇宋高宗游聚景园赏花。

五月二十六日，周淙始知临安府。

宋孝宗乾道四年（1168）

知临安府周淙疏浚惠迁井。

宋孝宗乾道五年（1169）

五月，知临安府周淙开始治理西湖，置撩湖兵。

宋孝宗乾道六年（1170）

三月九日，宋孝宗从太上皇宋高宗、太上皇后吴氏游聚景园。

三月二十日，宋孝宗从太上皇宋高宗、太上皇后吴氏游聚景园。

闰五月二十八日，陆游出清波门，泛舟西湖至长桥寺。

宋孝宗乾道七年（1171）

二月八日，立恭王赵惇为皇太子。

四月十八日，宋孝宗从太上皇宋高宗、太上皇后吴氏游聚景园。十九日，以皇太子赵惇判临安府。二十七日，以皇太子赵惇领临安府尹。

宋孝宗乾道九年（1173）

三月十六日，宋孝宗从太上皇宋高宗、太上皇后吴氏游聚景园。

四月二十七日，皇太子赵惇免领临安府尹。

是岁，临安府治建简乐堂。

宋孝宗淳熙年间（1174—1189）

刘松年在画院学习，居住于清波门一带。

何湛赴临安参加省试，住在三桥旅邸。

宋孝宗淳熙元年（1174）

四月十二日，宋孝宗从太上皇宋高宗游聚景园。

宋孝宗淳熙三年（1176）

正月六日，李椿始以试司农卿暂兼知临安府。

三月三日，知临安府李椿因不阿权贵，被迫离职。

三月十八日，宋孝宗游聚景园。

宋孝宗淳熙四年（1177）

三月二十六日，宋孝宗游聚景园。

七月，太府寺迁至临安府治后和剂局西醋库地段。

截至是岁，秘书省仅收藏的诸州印版书就已达六千零九十八卷、一千七百二十一册。

宋孝宗淳熙六年（1179）

三月二日，宋孝宗游聚景园。

三月十六日，宋孝宗从太上皇宋高宗、太上皇后吴氏游聚景园，园中千朵牡丹盛开。

宋孝宗淳熙七年（1180）

四月二日，宋孝宗游聚景园。

宋孝宗淳熙八年（1181）

三月二十五日，宋孝宗游聚景园。

宋孝宗淳熙十年（1183）

五月十五日，宋孝宗游聚景园。

宋孝宗淳熙十一年（1184）

五月二十九日，张杓始以两浙转运副使兼知临安府。

宋孝宗淳熙十二年（1185）

四月十一日，宋孝宗游聚景园。

是岁，张杓疏浚西湖。

宋孝宗淳熙十三年（1186）

春，陆游骑马出清波门，作《夜泛西湖》。又乘船过聚景园，作《小舟过御园》二首。

四月二十四日，宋孝宗游聚景园。

八月十八日，知临安府张杓徙知镇江府。

宋孝宗淳熙十四年（1187）

宋高宗病危，王泾受杖脊于朝天门外。十月八日，宋高宗在德寿宫中崩。

宋孝宗淳熙十五年（1188）

三月十五日，文思院将用于葬礼的方相氏龙輴影殿，以及高宗出殡时用于载乘梓宫的大升舆运往德寿宫，朝天门外的围观群众发生踩踏致死的惨剧。

六月，位于朝天门南的敕令所裁撤，太府寺自临安府治后迁出至此。

周煇回到临安，居住于清波门一带。

宋孝宗淳熙十六年（1189）

二月二日，淳熙内禅，宋孝宗退位，称至尊寿皇圣帝。皇太子赵惇即位，是为宋光宗。立皇太子妃李凤娘为皇后，其宅在后市街一带。

三月九日，平阳郡王赵扩进封嘉王，其王府在泰和坊内。

六月，张杓以权兵部侍郎再兼知临安府，继续治理西湖。

宋光宗绍熙年间至宋宁宗前期（1190—1207）

刘松年约在此时任画院待诏，居住于清波门一带。

宋光宗绍熙元年（1190）

四月，寿皇圣帝宋孝宗至灵芝崇福寺施饭。

十一月，兵部尚书张杓免兼知临安府。

宋光宗绍熙二年（1191）

三月，寿皇圣帝宋孝宗至灵芝崇福寺施饭。

四月八日，宋光宗从寿皇圣帝宋孝宗、寿成皇后谢氏游聚景园。

五月，寿皇圣帝宋孝宗至灵芝崇福寺施饭。灵芝崇福寺住持法光以孝宗捐款，修建依光堂；又塑千手观音像、作水陆大斋所于寺西。

宋光宗绍熙四年（1193）

三月二十六日，宋光宗从寿皇圣帝宋孝宗、寿成皇后谢氏游聚景园。

宋光宗绍熙五年（1194）

七月二日，知枢密院事赵汝愚与工部尚书赵彦逾见，称要在朝天门外自杀明志，以取得赵彦逾支持。五日，赵汝愚成功发动绍熙内禅，宋光宗退位。嘉王赵扩即位，是为宋宁宗。六日，立崇国夫人韩氏为皇后，其宅在军将桥一带。

十月二日，朱熹至临安。四日，面见宋宁宗。十日，开始担任侍讲官。十四日，宋宁宗开始首次经筵。

闰十月十九日晚，朱熹罢侍讲官，借宿于灵芝崇福寺“待罪”。二十六日，朱熹离开临安。

宋宁宗前期（1195—1207）

刘松年进献《耕织图》。

宋宁宗庆元二年（1196）

正月二十日，前宰相赵汝愚在衡州贬所暴卒。赵汝愚生前受到韩侂胄构陷迫害，引起朝野贤士大夫不满。时人在朝天门外作匿名诗，以讽斥韩侂胄。

宋宁宗庆元六年（1200）

二月甲申，封婕妤杨桂枝为贵妃。

三月十六日，宋宁宗邀太皇太后谢氏游聚景园。

春秋之间，陆游应韩侂胄之请作《南园记》。

十一月七日，皇后韩氏崩。谥恭淑皇后。韩侂胄权势渐式微。

张循王府内作香火院，名安和寺。

宋宁宗嘉泰年间（1201—1204）

泰和坊内修建宝山院，又名华光庙。清湖河水流到宝山院而断流，时人称其为断河头。

宋宁宗嘉泰元年（1201）

四月十九日，宋宁宗改嘉王潜邸为开元宫以供奉荧惑，又分其地属大宗正司。大宗正司自睦亲坊迁至泰和坊。

宋宁宗嘉泰二年（1202）

五月，韩侂胄以陆游为直华文阁、提举佑神观权兼实录院同修撰，参与国史、实录的编撰。

六月六日，张循王府焚毁，朝廷批准在旧址建张氏家庙，张循王府重建。在清理瓦砾时，发现已湮没多年的天井。

六月十四日，陆游抵达临安，下榻六官宅第六位，称其住处为老学行庵。

十月八日，陆游为韩侂胄祝寿，作《韩太傅生日》诗。

十一月，陆游升任秘书监。

十二月十四日，立贵妃杨桂枝为皇后，其宅在清波门内。

宋宁宗嘉泰三年（1203）

三月十六日，宋宁宗游聚景园。

四月七日，陆游为韩侂胄作《阅古泉记》。十六日，《孝宗实录》《光宗实录》成书，陆游留宿秘书省道山堂东直舍。十七日，《孝宗实录》《光宗实录》进献，陆游递交辞呈。

五月十四日，陆游约自清波门离开临安。

宋宁宗嘉泰四年（1204）

诏命临安府在开元宫明离殿左另建皇伯宣明王殿。

宋宁宗开禧二年（1206）

三月十八日，宋宁宗从太皇太后谢氏游聚景园。

五月一日，吴兴郡王赵抦薨，追封沂王，谥号靖惠。无后，以秦王赵德芳十世孙为嗣，赐名赵均，又改赐名赵贵和。

宋宁宗开禧三年（1207）

十一月三日，韩侂胄在入宫面圣路上遭遇暗杀。主使者史弥远命人将其头颅挂到朝天门外，昭告天下。宋宁宗随即开启“嘉定更化”。

宋宁宗嘉定二年（1209）

正月二十三日，楼钥始任参知政事。其间，作《吴山井》诗。

宋宁宗嘉定三年（1210）

十一月一日，参知政事楼钥奉敕作《中兴显应观记》。

宋宁宗嘉定六年（1213）

临安府治重建七间堂。

宋宁宗嘉定九年（1216）

临安府学大规模扩建，此后学校规制完全具备。

宋宁宗嘉定十三年（1220）

八月六日，皇太子赵询薨，谥景献。立沂靖惠王嗣子赵贵和为皇子，赐名赵竑，封祁国公，其宅在泰和坊内。

宋宁宗嘉定十四年（1221）

八月十三日，赵与莒赐名赵贵诚。

九月二日，立赵贵诚为沂靖惠王嗣子。

宝莲院自宝莲山迁到西湖东南岸。

宋宁宗嘉定十五年（1222）

元旦，宋宁宗在大庆殿举行受宝仪式，恩赏泛滥。不久，宗室赵某在朝天门发布《以宗室推赏太轻致同姓榜文》。

五月十日，祁国公赵竑进封济国公。

宋宁宗嘉定十六年（1223）

四月，史弥远与同乡郑清之密谋废立。以郑清之辅佐赵贵诚。

宋宁宗嘉定十七年（1224）

闰八月二日，宋宁宗病危。史弥远矫诏立赵贵诚为皇子，赐名赵昀，封成国公。

闰八月三日，宋宁宗崩，史弥远矫诏立成国公赵昀为帝，是为宋理宗。济国公赵竑封济阳郡王，后进封济王，往湖州就藩。

宋理宗宝庆二年（1226）

张循王府建慈光寺。

宋理宗宝庆三年（1227）

九月，通义郡夫人谢道清晋封为贵妃。

十二月，立贵妃谢道清为皇后。其宅在后市街一带。

张循王府以慈光寺为功德庵。

宋理宗绍定初年（1228—1231）

朝廷赐灵芝崇福寺田七百亩。

宰相郑清之重建宝山院，奉五显祠。

在吴山浑仪台侧建十一曜太岁堂，隶太史局，俗称太岁庙。

宋理宗绍定四年（1231）

大宗正司遇火灾，自泰和坊迁回睦亲坊，其地重新划入开元宫。

十一曜太岁堂遇火灾焚毁，其地改建为房屋。

永隆院毁。

宋理宗绍定五年（1232）

重建御史台。

宋理宗端平元年（1234）

了悟开始独立重建永隆院，是岁主殿建成。

宋理宗端平初年（约1234）

以开元宫内旧大宗正司地建宁宗神御殿。

宋理宗端平三年（1236）

十一曜太岁堂改建工程完成，赐名至德观。

宋理宗嘉熙四年（1240）

九月，权户部尚书、淮南江浙荆湖制置茶盐使、知太平州岳珂作《梦尚留三桥旅邸》诗，岳珂曾在临安住于三桥旅邸。

永隆院门建成。

宋理宗淳祐年间（1241—1252）

显应观改名昭应观。

宋理宗淳祐元年（1241）

四月二十一日，赵与篙始以司农卿兼知临安府。在职十二年，颇有政绩。他在大井旁设立龙王祠，对大井加以保护。

宋理宗淳祐二年（1242）

知临安府赵与篙仿苏堤，在西湖西南岸修筑赵公堤。

宋理宗淳祐四年（1244）

改沂王潜邸为龙翔宫，以供奉感生帝君。因工程浩大，强折周边三分之二民舍，万余人无家可归。

宋理宗淳祐五年（1245）

永隆院僧堂、厨室、两庑建成。

宋理宗淳祐六年（1246）

知临安府赵与篙在吴山至德观之侧，发现刻有宋仁宗御赐梅挚诗的古刻小碑，有美堂旧址的具体位置越发清晰。

宋理宗淳祐七年（1247）

二月二十八日，龙翔宫建成。

六月，临安遭遇百年大旱，西湖湖水干涸，知府赵与篙受命疏浚西湖。时城中诸井皆枯，唯大井没有干涸。

十二月二十一日，两浙转运司为宋理宗生日天基圣节进奉银锭，银锭上铭文有"两浙路转运司市舶案"字样。两浙转运司市舶案为分管市舶外贸事务的专门机构。

宋理宗淳祐九年（1249）

司农卿兼知临安府赵与篙自张循王府买下竹园山，并入临安府治，于山上建竹山阁。

宋理宗淳祐十一年（1251）

宋理宗御笔亲题“竹山阁”匾额以赐。

宋理宗淳祐十二年（1252）

知临安府赵与篡徙知绍兴、浙东安抚使。

宋理宗宝祐二年（1254）

永隆院法堂建成。

宋理宗宝祐五年（1257）

宝成院赐额“宝成”。

宋理宗景定元年（1260）

永隆院钟楼建成。至此，了悟独立主持的永隆院复建工程完成。

宋理宗景定三年（1262）

太府卿兼知临安府魏克愚因信风水之说，将竹山阁从临安府治移至钱塘门外，并将府治内玉莲堂的匾额一并移于此处悬挂；“竹山阁”匾额移至府治东部的另一处院落。又建景苏堂，以纪念苏轼。

宋度宗咸淳元年（1265）

闰五月二十二日，李芾始以将作监兼知临安府。李芾不畏贾似道强权，而遭到其党羽诬陷。

九月二十七日，李芾罢知临安府。

宋度宗咸淳初年（约1265）

林希逸为永隆院撰《重建院记》。

宋度宗咸淳二年（1266）

太傅贾似道捐款灵芝崇福寺，建云会堂，王庭书匾。

龙翔宫福庆殿改为宋理宗神御殿。

知临安府洪焘翻修重建府治的简乐堂。

宋度宗咸淳三年（1267）

开元宫建顺福殿、申祐殿，分别供奉太后谢道清和宋度宗的元命长生牌，并改璇玑殿为北辰殿。

宋度宗咸淳四年（1268）以前

融和坊内的灌肺岭被夷为平地，成为民居和坦路。

宋度宗咸淳四年（1268）

闰正月十七日，潜说友始以司农少卿兼知临安府。

宋度宗咸淳五年（1269）

知临安府潜说友扩建府治内的七间堂，改名见廉堂。

宋度宗咸淳六年（1270）

知临安府潜说友疏浚惠迁井；又从学士桥别开大港水脉连通，疏浚流福井。

宋度宗咸淳七年（1271）

知临安府潜说友在临安府治内玉莲堂旧址建香远楼。香远楼景区是临安府治中风景最美的地方。

十月十三日，潜说友罢知临安府。

宋恭帝德祐元年（1275）

十一月，文天祥自平江府回临安府，临安城中人心惶惶。文天祥在朝天门外发布告示，自证清白。

宋恭帝德祐二年（1276）

正月四日，文天祥始知临安府。二十四日，以文天祥为右丞相兼枢密使、都督诸路军马。文天祥坚辞不受，使元营议和，遭到拘留。

二月五日，太皇太后谢道清、宋恭帝降于元。南宋作为全国性政权结束。元朝改临安府为两浙大都督府杭州路，官署设于张循王府。

三月十二日，宋恭帝入朝元大都。

八月，太皇太后谢道清入朝元大都。

后 记

今年元月小年那天，南宋书房的主理人赵群伟老师找到我，想约一部清波街道宋韵文化的书稿，写写清波街道在宋代的方方面面。说实话，当时我有一点疑虑，一个街道，辖地又在临安皇城之外，而且也没有明清以后那种留存下来的海量史料做支撑，真的能撑起一部完整的书吗？会不会最后成稿，就变成了一本轻飘飘的旅游手册？

直到我开始查阅史料，阅读前辈们的专著、论文，才发现，这个街道真的不简单。就像我在序言里写的，仅仅是那一大串与清波结缘的名人名单，就足以让人眼花缭乱、惊叹不已。当我把这串名单告诉一位朋友时，那位朋友惊呼："神仙街道！"从此，"神仙街道"就变成了我们对清波街道的雅称。

4 月 11 日下午，在赵总的组织下，《清波寻宋》编撰研讨会在南宋书房顺利召开。

上城区清波街道党工委，办事处主要负责人、宣传委员、文化站负责人莅临会场，进一步明确了本书的立意，并希望更好地挖掘、传播宋韵文化。作为一名宋史的爱好者与研究者，能够参与到宋韵文化的推广传播，能够穿越时空与这样的"神仙街道"为伴，确实是我的荣幸。

研讨会邀请了浙江省社会科学院历史研究所所长徐吉军、杭州市社科院南宋史研究中心兼职研究员姜青青、西泠印社出版社总经理吕凤棠、《都市快报》文化记者潘卓盈作为特约嘉宾。当时这个阵势着实给我吓了一跳。在构思写作思路时，徐老师的专著《南宋都城临安》、姜老师发表的多篇论文和文章曾是我重要的参考文献，而西泠印社与《都市快报》更是名声赫赫。四位老师在表达自己建议的同时，也指出了写作思路中存在的许多不足。也正是这次研讨会，使《清波寻宋》的写作思路更加清晰明确起来。《清波寻宋》的最终成书，正是得益于专家们的宝贵意见与建议。

该如何写这部《清波寻宋》呢？首先，不能讲得过深，也不能写得太死板。毕竟，这是一部普及读物，文字要好看，图片要精彩，不然大家买了书，又读不下去，那作者就太对不起大家了。最好大家真的能够拿着《清波寻宋》，到清波街道去寻宋，那便是读者对本书的最大肯定了。不过，对于这样一个名人云集、层次丰富的"神仙街道"，我觉得也不能写成"故事会"，否则就太对不起清波的历史了。

其次，要有故事，也要有厚重；要好看，也要有灵魂。于是，便有了现在这本《清波寻宋》的基本架构，它折射着两宋的时代特征，也反映了清波的独特气质；它有宋人们的嬉笑怒骂，也保持着触手可及的历史温度。愿这本小书为探寻清波宋史、传播宋韵文化，做出一点小小的贡献。

在清波街道寻宋，是一件轻松又繁复的事情。清波地区的宋代历史内容十分丰富，一本小书不可能对这段历史面面俱到。这本书更像是一部清波宋韵的大纲，每一个纲目的背后，都有许多有趣而耐人寻味的故事；而每一个故事背后，还有许多许多的故事，有待我们一起去追寻，去探索，去发现。

由于笔者学识有限，成稿时间有限，书中文字难免有不尽如人意或不甚妥当之处，盼望读者批评指正。

最后，感谢清波街道蒋晓斌书记、胡文进主任对宋韵文化的支持，感谢特邀专家徐吉军老师、姜青青老师、吕凤棠老师和潘卓盈老师对本书提出的大量宝贵意见，感谢汪建伟老师、吴海平老师、步恩撒老师、胡鉴老师和姜青青老师为本书提供的精美图片，感谢清波街道王弘、徐洁、朱国新、戚晓峰、姜明、汤安、任敏琦、周霞、郑刚、张鹭翔、邬晓华、周宏等为本书提供的素材与帮助，感谢赵群伟老师和编辑老师们为本书付出的极大心血。

刘　路

2023 年 6 月 4 日